一生要读的国学经典

Yisheng Yaodude Guoxue Jingdian

汪思源 著

内蒙古科学技术出版社

图书在版编目（CIP）数据

一生要读的国学经典 / 汪思源著. — 赤峰：内蒙古科学技术出版社, 2018.4（2021.1重印）
ISBN 978-7-5380-2905-5

Ⅰ.①一⋯ Ⅱ.①汪⋯ Ⅲ.①国学－推荐书目—中国 Ⅳ.①Z835

中国版本图书馆CIP数据核字（2018）第001559号

一生要读的国学经典

著　　者：汪思源
责任编辑：张文娟
封面设计：李　莹
出版发行：内蒙古科学技术出版社
地　　址：赤峰市红山区哈达街南一段4号
网　　址：www.nm-kj.cn
邮购电话：0476-8227078
印　　刷：三河市华东印刷有限公司
字　　数：280千
开　　本：960mm×640mm　1/16
印　　张：25
版　　次：2018年4月第1版
印　　次：2021年1月第2次印刷
书　　号：ISBN 978-7-5380-2905-5
定　　价：58.00元

如出现印装质量问题，请与我社联系。电话：0476-8237455　8225264

目　录

隋唐五代篇

宋元明清篇

先秦秦汉篇

| 1.《山海经》

佚名

汉武帝在位时，曾有人向他进献了一只奇异的鸟。可是不管朝臣们用什么东西喂它，它都不肯进食。当时东方朔以才气学识闻名，皇帝就让他来看看这只鸟。结果，东方朔不仅一下说出了鸟的名字，还说了它是吃什么食物的。朝臣们又把东方朔说的东西放到那只鸟跟前，它果然开始吃了。汉武帝问东方朔，他是怎么知道这种鸟的。东方朔说，《山海经》里有详细的记载。

为什么一只奇异罕见到连见多识广的文武百官们都不认识的鸟，《山海经》中却有详细的记录呢？那是因为《山海经》中就记录着形体各异的诡异怪兽。实际上，《山海经》记述的内容不仅神奇，而且非常丰富，不仅有奇形怪状的异兽，还有山川河流、花草树木、美食灵药、日月异变以及上古帝王谱系等等，堪称一本知识庞杂的百科全书。

《山海经》里面描述的内容涉及天南海北，包罗万象，但是因记录的大多是光怪陆离之事，历来被斥为荒诞不经，因此很长一段时间并没有公之于众。这本书的名字第一次出现在史料中是在司马迁的《史记》中，但司马迁也只是感叹："至《禹本纪》《山海经》所有怪物，余不敢言之也。"直到西汉成帝时，刘向、刘歆父子奉命整理经传诸子诗赋，这本书才真正得以问世。这之后，围绕此书的内容和成书时间而展开的争论从未停止过，尤其是关于它的作者是谁，至今仍是学术界的千年未解之谜。

最早的"正统"说法是《山海经》为大禹和伯益所著，后被人们以"在《山海经》中有发生在大禹、伯益之后的史实"推翻。隋朝的颜之推虽然坚持旧说，并以"后人羼入，非本文也"掩饰，但是无法平息后人的种种猜测，各种假说也流传了下来。如：有人说是夷坚所著，有人说是邹衍所著，有人说是后人根据炎黄两族的传说所著；也有"巴蜀人作说""早期方士作说"等。当代学者袁珂认为，《山海经》非同一时期一人所著，因此并无一个确定的作者。

流传至今的《山海经》主要由《山经》《海外经》《海内经》《大荒经》组成。其中《山经》涵盖了山川地理、动植物以及矿物的分布情况；《海外经》记载了四海之外的东西南北以及各个国家的奇风异貌；《海内经》主要记载海内发生的奇事、存在的奇物；而《大荒经》则记载了女娲、黄帝、大禹这一时期的神话故事，也是中国神话遗存、发展的源头。

《山海经》中保留了大量的神话传说，如夸父逐日、女娲补天、精卫填海、羿射九日、鲧禹治水、共工怒触不周山等，这些人们耳熟能详的民间传说都出于此书。还有很多民间习俗在此书中也有迹可循，比如"为什么晚间要收回小孩子的衣服"等。

《山海经》不仅仅是神话传说，我们从中也可以看到一些史实。例如《大北荒经》里有关黄帝大战蚩尤的记载："蚩尤作兵，伐黄帝，请风伯雨师，纵大风雨。"排除神话色彩，我们可以体会到古代两大部落之间的这场战争的残酷。《大荒西经》中记载了黄帝的一个谱系：黄帝妻嫘祖，生昌意；昌意降处若水，生韩流；韩流擢首、谨耳、人面、豕喙、麟身、渠股、豚止，取淖子曰阿女，生帝颛顼。这与《大戴礼记·帝系篇》《史记·五帝本纪》以及皇甫谧在《帝王世纪》中的记载有着惊人的相似。只是基于它浓郁的神话色彩，几乎没有人相信它在忠实记录以往的真实历史，同时也给真实历史蒙上了一层神秘的面纱。

神话本身就具有浓郁的浪漫主义表现手法和基本特色，其对浪漫主义文学创作也有深远的影响。而《山海经》这部最早保留大量神话的古籍对后世的影响更是可见一斑。例如《诗经》《楚辞》中都有古神话的影子，尤其是屈原的《离骚》《九歌》《天问》等篇，神话色彩具有非常大的冲击力，使文章充满了浪漫主义色彩。还有吴承恩的《西游记》，郭沫若的《女神》等，这些以《山海经》为文学母体的天马行空的想象作品更是不胜枚举。可以说《山海经》是广大读者朋友们了解神话传说，体会古人的想象力和文学创造力的宝藏。

《山海经》也有一些科学的影子，它记载了一些古代科学家们的科学实践活动和创造发明，体现了当时人们的科学思想以及科学技术水平。例如《大荒海内经》中记载后稷时开始播种百谷，叔均时开始用耕牛耕种。在《大荒北经》中记载，叔均为耕田业的鼻祖，还有《大荒海内经》中记载：巧倕发明了世间的各种工艺技巧 ……这些都体现了当时手工业的发展水平。《大荒海内经》中记载：噎鸣发现了木星十二年绕太阳运行一周的规律。《大荒西经》中记载：帝颛顼命令重托着天用力往上举，又命令黎撑着地使劲朝下按。于是黎来到地下并生了噎，他就处在大地的最西端，主管着太阳、月亮和星辰运行的先后次序。这反映了当时天文、历法的发展状况。像这样的记载还有很多，就不一一列举了。还有一些对自然现象的观察记录，如《海外北经》中记载：钟山的山神，名字叫烛阴，他人面蛇身，全身通红，有一千里那么长，居住在钟山之下。他睁眼是白天，闭眼是黑夜。所处的地方"积冰""不见日""天白皓皓""寒凝凝"。这种貌似神灵般的生物其实是先民根据北极极光塑造出来的形象：将绚烂如长龙般显现在天上的极光想象成一条巨大的烛龙。这便是古时候关于极光的记载，在其他古代文献资料中却很难找到。

经过历代学者们对《山海经》的探究、解析，发现它对民俗、古代历史、文学、科技、地理、文化乃至中外交通等均有重要的参考价值。

《山海经》流传至今，由于其浓郁的娱乐性和故事性，有好多神话故事被印成白话文版本的儿童读物。所以《山海经》在作为一部研究古文化的古籍的同时，作为一部少儿启蒙读物也未尝不可。

2.《周礼》

周公

　　西汉初年，河间献王刘德从民间征集到了一批古书，其中有一部叫《周官》，也就是儒家的经典代表作《周礼》。但此后这本书一直被藏在秘府中，无人问津。直到西汉末年，刘向、刘歆父子在校对秘府中的文献时才发现了它。

　　在西汉年间已经出现的儒家经典，如《诗》《书》《春秋》等，史料中都有明确的记载，唯独《周礼》从未被提及。因此，此书的作者、成书年代等都成了谜。刘歆认为，此书出自周公之手，记录的是西周的典制。周公是周文王的第四子，周武王的弟弟。武王死后，成王继位，因成王年幼，便由周公辅政七年。其间，周公建立了一整套完善的礼乐制度，主要包含嫡长子的继承制和贵贱等级制，以及一系列严格的君臣、父子、兄弟、亲疏、尊卑、贵贱的礼仪制度，对后世影响极大。刘歆据此推测《周礼》是周公的作品是很有依据的，后世普遍接受了这种说法。但除此之外，还有春秋说、战国说、秦汉说、汉初说、王莽伪作说等六种说法，两千多年来，史学家们一直为此争议不断，难有定论。

　　《周礼》全书分为天官、地官、春官、夏官、秋官、冬官六篇（冬官篇已经失传），而天、地、春、夏、秋、冬即天地四方六合，也就是古人心目中的宇宙。其中，天官主管宫廷，地官主管民政，春官主管宗族，夏官主管军事，秋官主管刑罚，冬官主管营造，涉及社会生活的方方面面。六官中的每一官都统领六十个官职，全书共计三百六十个官职，形成了一个完善的官制体系，对后世影响深远。隋朝年间开始实行的"三省六部制"中的"六部"，便是仿照《周礼》中的"六官"设置的，唐朝又将六部定名为吏部、户部、礼部、兵部、刑部和工部，共同构成了中央政府的主体官制，被此后的历朝历代沿用。

在阐述这种官制体系的同时，《周礼》还建立了一整套礼的体系，既包含祭祀、朝觐、封国、巡狩、丧葬等国家大典，又包含用鼎制度、乐悬制度、车骑制度、服饰制度、礼玉制度等具体规制，还包含各种礼器的等级、组合、形制、度数，名目繁多，内容丰富，为后世所借鉴，也为今人研究这方面的历史提供了丰富的史料。

除此之外，书中还包含了丰富的治国思想。天官篇将这些思想概括为"六典""八法""八则""八柄""八统""九职""九赋""九式""九贡""九两"十大法则，其后各篇更进一步做出了阐释，既严谨又翔实。比如其中对官员、百姓采取的儒法兼融、德主刑辅的政策，就展现了当时执政者非常成熟的政治思想与管理技巧，值得此后的历朝借鉴。纵观中国古代历史上的很多重大政治变革，如西汉的王莽改制、北宋的王安石变法等，都是从《周礼》中寻求的指导思想。时至今日，周礼中记录的很多治国思想依然毫不过时，不光能用于治国，还能用于企业管理。

3.《诗经》

佚名

　　孔子曾在教育自己的儿子时说："不学诗，无以言。"孔子口中的诗就是指《诗经》，这句话的意思是说，不读《诗经》就不会有优雅的谈吐。众所周知，《诗经》乃中华第一诗集，它集大俗大雅于一身，用诗歌的形式再现了当时的历史，其中不仅有对美好生活的向往，还蕴含着唯美的文学修养以及浓厚的浪漫主义色彩。孔子说，《诗经》每一篇都是一个故事，也正是缘于此，他才如此推崇《诗经》。

　　《诗经》收录了西周初年至春秋中叶五百多年的诗歌，先秦时称其为《诗》。春秋时期，孔子对《诗》进行了编订，以合乎礼仪为标准进行删减，保留了三百一十一首诗歌，但其中《南陔》《白华》《华黍》《由康》《崇伍》和《由仪》六首只有题目，没有内容，称为笙诗，故实际上只有三百零五首，所以《诗经》又称《诗三百》或《三百篇》。《诗经》这个称呼在西汉时才使用，因为它在此时开始被列入"五经"，奉为儒家经典。

　　《诗经》的作者并非一人，有周王朝的乐官，也有公卿列士等，另外里面还收集了许多流传于民间的歌谣，且来源地域非常广泛。相传中国周代历朝都设有采诗官，他们经常深入民间收集民间歌谣，把一些能够反映民间喜乐、疾苦的歌谣整理后交给乐官谱曲，演唱给天子听，作为天子了解民生的主要途径，也是施政的重要借鉴信息。于是这些民歌便被朝廷收集了起来。

相传尹吉甫是《诗经》的主要采集者，因此他被尊称为中华诗祖。他是中国历史上著名的政治家、军事家，辅佑过三代帝王，辅佐到周幽王时，幽王因听信谗言将他杀了，后知道错杀了他，便为其铸了一个金头厚葬。尹吉甫还是一个文学家，《诗经》中的《大雅·烝民》《大雅·江汉》等便是他所作。

《诗经》是配乐演唱的乐歌，按音乐类型分为风、雅、颂三部分。

"风"是从十五个诸侯国采集上来的土风歌谣，又有"十五国风"之称，总共一百六十首，占《诗经》诗歌总量的一半以上。因为是地方民歌，"风"大多显得风格活泼、感情细腻，生活气息很浓。例如开篇的《关雎》道出了初涉爱河的青年的心声，其中"窈窕淑女，君子好逑"一句轻快活泼，广为流传；《谷风》是用弃妇的口吻陈述被抛弃的痛苦，甚至连一些生活细节也描写得细致入微；还有《伐檀》《硕鼠》《氓》等一些"风"的代表都有很强的故事性，让人感觉其所塑的形象更为鲜活。"风"在《诗经》中的思想性和艺术价值为最佳。

"雅"是正统的宫廷乐歌，是宫廷宴享或朝会时的乐歌，又分为大雅、小雅。"大雅"分为三十一篇，多半为士大夫所作；"小雅"分为七十四篇，大部分是贵族文人所作，抒发的是个人情感，其中也有类似民歌的劳人咏歌。

"颂"全部为贵族文人所作，共四十篇，其中"周颂"三十一篇、"鲁颂"四篇、"商颂"五篇，其内容多是用于宗庙祭祀的舞曲歌辞，内容上大部分是祖先的歌功颂德之辞。

《诗经》中主要运用了赋、比、兴三种表现手法。"赋"就是直接铺陈叙述，直抒胸臆，比如"死生契阔，与子成说。执子之手，与子偕老"。"比"是"以彼物比此物"，即比喻，包括明喻和暗喻。比如，用"他山之石，可以攻玉"来比喻一国的人才也可以为另一国所用；还有在《硕人》一篇中，用"柔荑"喻美人之手，"凝脂"喻美人肌肤，"瓠犀"喻美人的牙齿，等等。

　　"兴"又称"起兴"，一般用在诗篇的开头，"先言他物以引起所咏之辞"，也就是先吟咏其他事物，为要吟咏的内容做铺垫，在诗歌中具有渲染气氛、创造意境的重要作用。例如，《卫风·氓》开头写到"桑之未落，其叶沃若"，只是表现人物思绪游移不定，同下文并无意义上的关系，这是比较原始的"兴"。在后来的发展中，"兴"又有了比喻、象征、烘托等较有实在意义的用法，如《关雎》开头的"关关雎鸠，在河之洲"，开头本是诗人所见之景，但关雎和鸣也可以比喻男女表达爱意，恰可借此兴起下文窈窕淑女，君子好逑"。

　　《诗经》中的诗歌在词句结构上大多采用叠复的形式，同时注重叠字、双声、叠韵词的使用，因此《诗经》中的语言准确、形象、优美。但是，《诗经》并不仅仅是一部诗集，透过它的字里行间，我们能看到周代（从西周到东周春秋中期）的社会生活，它是中国奴隶社会由盛到衰的历史面貌的真实反映。比如，《大雅·生民》《大雅·公刘》《大雅·绵》《大雅·皇矣》《大雅·大明》等叙事诗，记载了周部族的兴起、发展，到建立周朝的历史；《魏风·硕鼠》《魏风·伐檀》等，揭示了奴隶主的贪婪和坐享其成，反映了人民反抗的呼声和对理想生活的向往，说明奴隶们开始觉醒；《小雅·何草不黄》《豳风·东山》《唐风·鸨羽》《小雅·采薇》等表现了征夫思念家乡亲人以及对战争的怨恨，而《王风·君子于役》《卫风·伯兮》等表现了家中妇人对征夫的思念。由此可见，西周时期不合理的兵役制度和战争徭役让人民深受其苦。除此之外，《诗经》中还完整描述了当时的劳动场景，如《周南·芣苢》《豳风·七月》《小雅·无羊》等；还有很多记述青年男女的爱情的诗，如《秦风·蒹葭》《郑风·溱洧》《邶风·静女》《王风·采葛》等。

《诗经》之所以能被奉为儒家经典，是因为除了其诗集本身的独特含义之外，它更表现出了一种"饥者歌其食，劳者歌其事"的现实主义精神。汉乐府诗"缘事而发"的特点，建安诗人的"慷慨之音"，陈子昂的诗歌革新，白居易和新乐府诸家所表现出的注重现实生活、关心人民疾苦，无不体现了这种精神。可以说，《诗经》是我国古典文学中现实主义传统的源头。

4.《黄帝内经》

佚名

　　中医理论注重养生，通过调节饮食、颐养心神、控制情绪等各种方法，达到预防疾病、强身健体、延年益寿的目的。中医养生来自古代精华医学，具有整体性和系统性，讲究的是预防疾病，治未病，中医养生理论的著名代表作就是《黄帝内经》。

　　《黄帝内经》简称《内经》，大约成书于战国至秦汉时期，一部研究人的生理学、病理学、诊断学、药物学和治疗原则的医学巨著，为我国现存医书中最早的医学典籍。

　　书中采用黄帝、岐伯、雷公对话、问答的形式阐述病机病理。黄帝是远古时代华夏部落的联盟首领，据说是他征服了东夷、九黎族，最终统一了华夏部落，因此黄帝被尊为华夏始祖。传说是黄帝创立了医学，而岐伯、雷公则是黄帝时期的名医。但是黄帝只是传说中的人物，现实中并没有可考的史料证明他和他的事迹的真实性。《黄帝内经》也并非出自黄帝之手，而是医家、医学理论家们托黄帝之名联合创作的，是我国劳动人民在长期与疾病斗争中进行的第一次医学上的理论总结。《淮南子·修务训》载："世俗之人多尊古而贱今，故为道者必托之于神农黄帝而后能入说。"由此可见，《黄帝内经》之所以冠以"黄帝"之名，是为了顺应厚古薄今的风气，意在取信于人。

《黄帝内经》原书十八卷，分《素问》和《灵枢》两个部分。

《素问》原九卷，至南朝齐梁时部分亡佚，后经唐王冰订补，改编为二十四卷，计八十一篇，以人与自然的统一、阴阳学说、五行说、脏腑经络学为主线，重点论述摄生、经络、脏腑、病因、病机、治疗原则以及养生防病等，偏重人体生理、病理、疾病治疗的原则和原理。

《灵枢》原也有九卷，最早称《针经》，由于长期抄传，出现多种不同名称的传本，如《九卷》《九灵》《九墟》等。后经南宋医学家史崧整理校正，扩充为二十四卷，也就是流传至今的版本。《灵枢》与《素问》内容相似，着重介绍经络腧穴、针具、刺法及治疗原则等，偏重于人体解剖、脏腑经络、腧穴针灸等。

这部医书具有比较全面的医学理论体系和学术思想。在世人的眼中，《黄帝内经》是一本记录中医理论的医书，其实，《黄帝内经》不但是一部中医理论宝典，还是一部养生宝典，一部关于生命的百科全书。

《黄帝内经》继承了我国古代唯物的气一元论的哲学思想，认为宇宙万物皆由气而生，而人是整个物质世界中的一部分，"与天地相参"，"与日月相应"，道法自然。按照这种思想，人的正常生理活动和病理变化是与自然息息相关的。这样的思维方式很像是道家的思想。道家创始人老子曾说过："有物混成，先天地生。寂兮寥兮，独立而不改，周行而不殆，可以为天下母"，"道之为物，惟恍惟惚"，"其上不皎，其下不昧"，"视之不见名曰夷，听之不闻名曰希，搏之不得名曰微"。这是道家学说中形而上者的道，阐述了构成世界的原初物质，这和西方的分子、原子学说有着异曲同工之妙。分子、原子学说如同见微而知微，而气一元论则更形象地体现为"观全局而知微妙，窥一斑而晓全身"。天地由气贯穿，从而把自然环境与人体的内部环境相结合，形成一个天地人的循环。这种思想在《黄帝内经》中最直接的体现就是把人的脉象分为春弦、夏洪、秋毛、冬石，以春夏秋冬不同时节的气候变化感知人体气血的适应状态。

《黄帝内经》中的生命观，阐述的更是一种无神而注重修养的思想，它否定超自然、超物质的神明存在，认识到生命现象来源于生命体自身阴阳二气的矛盾运动。这种无神论思想的萌芽可谓是医学上的进步。

大多数人成不了医生，但可以成为一个懂得医理、珍惜生命的人。《黄帝内经》这本书能让人从理论上认知生命的运动，更有益于趋利避害，修身养性。《黄帝内经》原本大多为文言文，读起来显得有些晦涩难懂，不过现在的版本大多有译文注释，读起来也不是特别吃力。

5.《道德经》

老子

　　众所周知，《道德经》是道家学派创始人老子所作的一部语录体著作。老子原名李耳，又名伯阳，是中国古代最伟大的哲学家、思想家之一，被奉为道教的始祖，与战国时期另一位道家的代表人物庄子合称为"老庄"。

　　老子所生活的春秋时期，周朝衰落，各诸侯国为了争夺霸主地位，征战不断。根据司马迁《史记·老子传》的记录，老子原本是周朝的守藏史，也就是皇家图书馆的史官，"居周久之，见周之衰，乃遂去"。他本打算归隐，途经函谷关时，遇到了守关令尹喜，尹喜对他说："子将隐矣，强为我著书。"老子于是以当时的社会现实为依据，提出了一系列治国安民的主张，写成了传世名作《道德经》。

　　《道德经》又称《道德真经》《五千言》《老子五千文》，《道德经》这个书名是后来才出现的，在战国时韩非子称之为《周书》，在秦朝时《吕氏春秋·注》称之为《上至经》，在汉朝时则直呼《老子》。全书共有八十一章，前面三十七章是"道篇"，后面四十四章是"德篇"，道为体，德为用。其中的"道"就是宇宙之道，自然之道，也是个体修道的方法。"德"是修道者必须具备的特殊世界观、方法论和为人处世的方法。

老子尝试在这本书里建立一种把宇宙万物都囊括在内的理论，宇宙万物都遵循这样一种"道"。借助这种"道"，老子又解释了宇宙万物的演变，正所谓"道生一，一生二，二生三，三生万物"，这是一种朴素的唯物主义观点。另外，书里还有很多朴素的辩证法思想，比如认为所有事物都有正反两个方面，既相互对立又相互转化，所谓"有无相生，难易相成，长短相形，高下相盈，音声相和，前后相随"。由于老子十分关心百姓疾苦，书中还提到了很多民本思想，比如传诵极广的"天地不仁，以万物为刍狗；圣人不仁，以百姓为刍狗"，比如"民之饥，以其上食税之多"，比如"民之轻死，以其上求生之厚"，比如"民不畏死，奈何以死惧之"等。

《道德经》成书距今已有大约两千五百年，对后世有极为深远的影响。先说哲学方面，先秦诸子多多少少曾受过《道德经》的影响，尤其是同为道家学派的庄子，他的代表作《庄子》全书都贯穿着《道德经》的思想。战国时期法家的重要代表韩非、申不害的政治思想也明显受到《道德经》的影响。为此，司马迁在《史记》中，特意把老子、庄子、申不害、韩非四人的列传合成了一篇《老庄申韩列传》。而此后，魏晋的玄学、宋朝的理学也深受《道德经》的影响，魏晋时期有名的玄学家王弼还曾为《道德经》作注。

再说政治方面，西汉初期的惠帝、文帝、景帝都在《道德经》的影响下倡导清静无为，由此创立了"文景之治"的盛世。汉武帝在位期间，"罢黜百家，独尊儒术"，但实际上他所推崇的儒家思想同样包含了老子在《道德经》中的政治思想，这种情况在中国整个封建王朝中延续着，很多颇有作为的皇帝都对《道德经》赞不绝口，如宋太宗曾说："伯阳五千言，读之甚有益，治身治国，并在其中。"明太祖朱元璋曾说："朕虽菲材，惟知斯经乃万物之至根，王者之上师，臣民之极宝。"清朝顺治皇帝也曾说："老子道贯天人，德超品汇，著书五千余言，明清静无为之旨。然其切于身心，明于伦物，世固鲜能知之也。"

最后是文学方面，《道德经》对中国文学最直观的影响在于山水田园诗的创作领域。魏晋时期，道家思想盛行，出现了陶渊明、谢灵运等有名的山水田园诗人，《道德经》对此居功至伟。

除了对国内的影响外，《道德经》的影响力还波及海外。欧洲对《道德经》的研究从十九世纪初就开始了。德国的哲学大师黑格尔、尼采，俄国大文豪托尔斯泰等都研究过《道德经》，发表过相关的研究成果。《道德经》的译本在欧美、日本等国家广为流传，掀起了一股持久不衰的"老子热"。根据统计，《道德经》现在已成为出版发行量仅次于《圣经》的世界文化著作，真令人赞叹。

外国人尚且如此关注《道德经》，更何况是中国人？真正的名著都拥有超越时空的魅力，直至今时今日，这部短小精悍的作品依然能作为中国人修身治国的参考书。不过，原版的《道德经》理解起来颇有难度，为方便读者理解，中国古代就出现了很多注本，比较有代表性的有西汉严遵的注本、三国曹魏王弼的注本等，现代的注本更是层出不穷。阅读时可参考这些注本，以方便理解。

6.《论语》

孔子弟子

　　众所周知，孔子是儒家学派的创始人，生活于春秋时期。孔子年轻时便积极想要从政，可却终生郁郁不得志。五十多岁时，他终于得到机会，入仕为官，但几年后便因国君昏庸无能，失望离去。政治上的失意，让孔子将一生的大部分精力倾注在了教育事业中，他开办私学，广收弟子。这些孔门弟子中不乏贤士，很多成了各国的栋梁之才。为了记录老师孔子的思想，战国初期，孔门弟子将孔子及其弟子的言行记录下来，编纂成了一部语录体散文集，这便是《论语》。

　　现存的《论语》共一万一千七百零五字，分为二十篇，四百九十二章，其中有四百四十四章记录孔子与其弟子、时人的交流，另外四十八章记录孔子的弟子之间的交流。这本书的内容十分广泛，涉及社会生活的方方面面，书中运用了语录体和对话体的模式。语录体是中国古代散文的一种体式，常用在门人弟子记录导师的言行以及佛门的传教记录中。语录体不重视篇章结构以及段落、内容间的关联，所以《论语》中的每一篇都包含多种主题，各自独立，没有关联。以《学而篇》为例，在探讨学习之余，又探讨了孝敬父母、尊敬兄长、施行仁政等内容，显得很散乱。

语录体最突出的特色是言简义丰，往往一两句话中便包含着丰富的人生哲理与经验，有些语句已成为广为流传的格言警句或成语。比如《论语》中的"温故而知新"，"敏而好学，不耻下问"，"有教无类"，"工欲善其事，必先利其器"，"杀身成仁"，"己所不欲，勿施于人"等等，无一不家喻户晓。

不过，《论语》中也并非全都是简短的语录，比如在《季氏将伐颛臾》一篇中，鲁国大夫季氏将要讨伐鲁国的附庸国颛臾，孔子在从自己的弟子、季氏的家臣冉有和季路口中得知此事后，用三段话论述了季氏不应讨伐颛臾的理由，层层递进，逻辑清晰，相当具有说服力。

作为一部语录体散文集，《论语》通过对孔子及其弟子言行的记录，生动刻画了这些人物的形象。其中最突出的要数孔子，书中生动描绘了孔子讲话时的神态举止，使其形象跃然纸上，既令人敬重，又让人感到亲切随和，完全不同于很多人心目中那严肃的圣人形象。南朝文学家刘勰在理论著作《文心雕龙》中曾评价《论语》"夫子风采，溢于格言"。另外，《论语》中还成功画了孔子多个弟子的形象，如直率鲁莽的子路、温文尔雅的颜回、聪敏机智的子贡、洒脱不羁的曾皙等，同样令人印象深刻。

《论语》是儒家学派的经典之作，儒学从西汉年间便成了中国统治者眼中的正统科学，以至于在此后长达两千多年的中国古代封建社会中，《论语》一直是读书人初学的必读作品。就算到了今天，书中很多道理对我们为人处世、修身治学等也依然颇具实用价值，常常阅读、揣摩它，必能有所得益。

7.《庄子》

庄子及其弟子

　　春秋战国时期，哲学家和哲学著作层出不穷，《庄子》虽不是其中最引人注目的一部，但也是绝对不容忽视的一部。《庄子》的作者是战国时期有名的思想家、哲学家庄子及其弟子。相传，庄子曾在南华山隐居，唐玄宗在位时下诏封他为"南华真人"，所以《庄子》也叫《南华经》。

　　庄子，名周，很多人称其为庄周，他生活于战国中期的宋国，是道家学派的主要代表，后世将他与老子并称为"老庄"。《庄子》是他的代表作，《汉书·艺文志》中记载《庄子》共计五十二篇，而根据司马迁所言，《庄子》原书有"十万余言"。但现存的《庄子》只剩了三十三篇，六万五千余字，有相当一部分已经失传。现存的《庄子》全书分为内篇、外篇、杂篇三部分，其中内篇七篇，外篇十五篇，杂篇十一篇。内篇是全书的精华之所在，由庄子所作，外篇和杂篇通常认为是其弟子所作。

　　庄子的文章风格极其鲜明，经常采用寓言故事的形式，想象奇谲，富于幽默讽刺的意味。清朝刘熙载曾在自己的文艺理论专著《艺概》中评价其"意出尘外，怪生笔端"。这种风格在《庄子》内篇最有名的《逍遥游》一篇中，得到了最淋漓尽致的体现。不过，此处的"逍遥"跟我们平时所说并不完全一致，是指人超越世俗观念及其价值的限制，达到的最大限度的精神自由。"游"主要是指精神之游，所谓"逍遥游"就是超脱于世俗以外，与自然融为一体，不受任何束缚，自由自在地浮游于世间的至高精神境界。

为了揭示"逍遥游"的内涵，庄子在文章中罗列了很多寓言，展现世俗中的"有待"，即有所凭借。如大船要在深水之中才能航行，大鹏鸟要借着风力才能展翅高飞，所以都是"有待"的。而要实现"逍遥游"，必须要"无待"，具体说来就是要做到"至人无己，神人无功，圣人无名"。其中，"至人""神人"和"圣人"都是庄子心目中的理想人格。所谓"无己"便是顺应客观，追求绝对的自由、通达，忘掉自己，是庄子感悟到的最高人格境界；所谓"无功"，便是顺应大道，不仕功名，表达了庄子无为而治的政治观；所谓"无名"，便是不求名望，表达了庄子扬弃功名，摆脱外物束缚的人生追求。

作为中国历史上第一个以豪放不羁的态度追求绝对自由的人，庄子表达自由思想的《逍遥游》影响了此后无数文人的思维方式与处世态度。现代哲学家李泽厚曾说："中国文人的外表是儒家，但内心永远是庄子。"而对于忙碌的现代人来说，这种人生态度同样颇具参考价值。

除了《逍遥游》，《庄子》中的名篇还有内篇的《齐物论》和《养生主》两篇。其中，"齐物论"包含两个意思：齐物和齐论。"齐物"是指世间万物包括人的品性和感情在内，表面看来都是千差万别的，但归根结底又是齐一的。"齐论"是指世人的言论表面看来是千差万别的，但既然世间万物是齐一的，那人的言论归根到底也应该是齐一的。《齐物论》通篇思想丰富，内涵精妙，是全书最难把握的一篇。而"养生主"就是养生的要领，谈的是养生之道。庄子的观点是，养生贵在顺应自然，忘却情感，不为外物所滞。

以上三篇是《庄子》全书的精髓，阅读时要格外留意。除此之外，《庄子》中内篇的其余篇目也都有很高的文学价值，有必要仔细研读。外篇和杂篇的文学与思想价值都逊色于内篇，阅读时可以粗略一些，留出更多精力更好地理解内篇。

8.《左传》

左丘明

　　"外强中干""东道主""尔虞我诈""居安思危""鞭长莫及""狼子野心"都是我们非常熟悉的成语和词语，但极少有人知道它们全都出自战国初期一部重要的史书——《左传》。

　　《左传》，全称《春秋左氏传》，原名《左氏春秋》，是中国第一部叙事详细的编年体史书，作者相传是左丘明。左丘明是春秋末期鲁国的史官，通常认为其姓丘，名明；因其父担任左史官，世称左丘明。另外还有两种说法，一是其复姓左丘，名明；二是其单姓左，名丘明。左丘明和孔子生活于同一时代，孔子十分尊敬他，称他为"君子"。相传《左传》就是左丘明根据孔子修订的鲁国编年史《春秋》写成的。司马迁曾在《史记·十二诸侯年表》中提及："鲁君子左丘明惧弟子人人异端，各安其意，失其真，因孔子史记具论其语，成《左氏春秋》。"唐朝刘知几也在《史通·六家》中指出："左传家者，其先出于左丘明。"清朝纪昀在《四库全书总目》中同样认为《左传》出自左丘明之手。不过历朝也有很多人提出反对意见，争议颇多，一直难有定论。现在一般认为，《左传》并非某个人独自完成的，而是多位学者共同合作的结果，左丘明可能是其中一位学者，完成了书中的主要部分。

尽管《左传》的作者是谁仍存疑，但其和《春秋》之间的密切关系却是毋庸置疑的。《左传》的记事基本依照《春秋》中鲁十二公的顺序，时间跨度从鲁隐公元年，即公元前722年，到鲁哀公27年，即公元前468年，实际记事比《春秋》多出二十六年。书中的事件大部分属于《春秋》，不过结尾部分已步入战国。

　　在内容方面，《左传》补充并丰富了《春秋》，在记录鲁国历史的同时兼顾其余各国，在记录政治大事的同时，兼顾社会各领域的小事，具体包括各诸侯国之间的聘问、会盟、征伐、婚丧、篡弑等内容，为研究春秋时期的历史提供了重要史料。而在记史方法方面，《左传》用系统的史书编纂方法，代替了《春秋》中的"流水账"方法，在记录春秋历史的同时，援引了大量古代历史资料，更增加了全书的史料价值。

　　《左传》不光是一部重要的史学著作，还是一部价值很高的文学著作。它可以算是中国第一部大规模的叙事性作品，将一个个历史事件记叙成一篇篇完整的叙事散文。

　　在叙事顺序方面，《左传》主要采取大家最熟悉的顺叙手法，另外还采用了倒叙、预叙等手法。比如写郑穆公兰，就采取了倒叙手法，先写郑穆公兰的死亡，之后回顾了他的出生和姓名由来：他的母亲梦到天神和兰草，怀孕生下了他，因此为他取名为兰。而预叙就是先叙述出将要发生的事，或预见事件的结果。多种叙述方法的运用，使得《左传》的各个章节显得错落有致，更具美感。

　　在叙事角度方面，《左传》多采用第三人称，以旁观者的角度来写，会使得视角广阔自由，几乎不受任何限制。但书中也有部分章节从参与事件的人物角度出发来叙述，比如叙述鄢陵之战中"楚子登巢车以望晋师"中阵地的状况时，就完全借助了楚子和伯州犁的对话。

在叙事之余，《左传》一书中还加入了一些对事件、人物的议论以表明作者的态度，增加叙事的情感色彩，这在当时是一种全新的尝试，事实证明，这种尝试取得了很好的效果。

人物是叙事中一个非常关键的因素，作者在《左传》中成功地塑造了大量立体、鲜明的人物，比如晋文公、晏婴、楚灵王等。而这些人物的语言、行为分布在各个年代的各个事件中，要将其前后关联，才能得到完整的人物形象。有些人物的形象伴随其经历不断地发生转变，这种转变也在书中得到了清晰地展现，比如暴君楚灵王，即位前好勇斗狠，即位后荒淫暴虐，最后走投无路，后悔不迭。

春秋时期多战乱，《左传》也不可避免地记录了多场战争，每一场都在大国争霸的大背景下，用精练的文笔写出战争的起因、各国关系的变化、战前筹备、战争过程以及战争影响，既严谨，又有力度。

整部《左传》文笔简练，文采斐然，有着很强的可读性，堪称先秦时期最具文学色彩的历史散文集，开启了文史结合的传统，对后世《战国策》《史记》等史书的创作产生了巨大影响。对于我们来说，阅读《左传》，既能增加历史知识，又能增强文学修养，可谓一箭双雕。

9.《国语》

左丘明

　　《国语》是跟《左传》成书于同一时期的重要史书著作，相传也是左丘明所作。司马迁在《报任安书》中写道："左丘失明，厥有《国语》。"班固也在《汉书·艺文志》中提及："《国语》二十一篇，左丘明著。"根据他们的说法，左丘明在写完《左传》后，不幸双目失明，却"雅思未尽"，利用《左传》剩余的资料创作了《国语》，因此《国语》也被称为《春秋外传》或《左氏外传》。不过，从晋朝开始，很多学者开始质疑这种说法。最早提出异议的是晋朝思想家傅玄，他指出："《国语》非左丘明所作。凡有共说一事而二文不同，必《国语》虚而《左传》实，其言相反，不可强合也。"其后，宋朝的刘世安、吕大光、朱熹，清朝的尤侗、皮锡瑞等学者，也都对左丘明作《国语》的说法提出质疑。宋朝之后，很多学者还提出了"《国语》是西汉刘歆所作"的观点。到了今时今日，有关这个问题的争论还没有定论。现在人们通常认为，《国语》是由生活在多个地区、多个时期的多个熟悉各国历史的人合力完成的。

　　作为中国最早的国别体史书，《国语》记录了公元前11世纪到公元前476年，周朝王室和鲁国、齐国、晋国、郑国、楚国、吴国、越国总共八国的历史人物、事迹和言论，尤以言论为主，具体涉及经济、财政、军事、兵法、外交、教育、法律、婚姻等方方面面的内容。

全书共二十一卷，包括周语三卷、鲁语二卷、齐语一卷、晋语九卷、郑语一卷、楚语二卷、吴语一卷、越语二卷，其对每国历史记录的侧重点都有所不同：周语侧重于论证记言；鲁语主要对一些小故事发表议论，少有对重大历史事件的记录；齐语主要记录齐桓公和管仲的论证之语，记录齐桓公如何称霸；晋语篇幅最长，对晋国的历史记录得相对具体、全面，但也有所侧重，以晋文公的事迹为主；郑语主要记录周太史伯论西周末年天下兴衰继替的大局势；楚语主要记录楚灵王和楚昭王时期的历史事件；吴语只记录了吴王夫差讨伐越国和吴国的灭亡；越语只记录了勾践灭吴。

从历史价值的角度说，《国语》比不上《左传》，不如《左传》的内容完整丰富。但《国语》首创了以国分类的国别史体例，对之后中国史书的创作产生了很大影响，如陈寿的《三国志》，崔鸿的《十六国春秋》，吴任臣的《十国春秋》等，都继承了《国语》这种体例。而书中提出的政治思想也比较先进：以民为本，重视民意，反对专制和腐败，并重视人才。这些思想就算放在现在，也颇具现实意义。

从文学价值角度说，《国语》也在《左传》之下。不过，相较于《尚书》《春秋》等历史散文集，《国语》的文学水准明显更高，尤其是作者擅长借助某些历史人物的精彩言论说明社会问题。如周语中"召公谏弭谤"一节，便借召公之口提出了"防民之口，甚于防川"的重要论题。书中精练、生动、真实的语言，也为后世的文学创作提供了很好的借鉴。

整体而言，不管是从历史价值还是文学价值来说，《国语》都是先秦时期一部重要的作品，值得认真阅读。

10.《孙子兵法》

孙武

孙子名为孙武，字长卿，是春秋时期齐国人，出生于军事世家。受到将门家庭的熏陶，孙武自幼便表现出对军事的爱好，并且非常有军事天赋。后来孙武由齐国来到吴国，经吴国大夫伍子胥举荐，以所著兵法十三篇献给吴王阖闾，而受到重用被任命为将。而这俘获吴王的心的兵法十三篇正是孙武的传世名著——《孙子兵法》。

《孙子兵法》是我国最古老、最杰出的兵书，也是世界上最早的军事著作，被誉为"兵学圣典"。孙武在吴国受任为将后，领兵助阵，战无不胜，与伍子胥率吴兵六万破楚，五战五捷，大败二十万楚军，攻入楚国郢都，几乎灭了楚国，从而震慑了吴国北部的齐国、晋国和南部的越国，显名于诸侯。孙武也因此被称为"兵圣"，后世称他为"东方兵学的鼻祖"。

这部书问世之后，备受后人的推崇。研习者也是人才辈出，从军事战争到商界竞争，可谓一切有关谋略的，不管阴谋阳谋，都能从《孙子兵法》中汲取智慧，得到启发。《孙子兵法》的核心思想可以用一句话概括——不战而屈人之兵，讲的就是不用战争就能使敌人屈服，让兵者懂得"上善伐谋"的道理，也说明孙子虽然是一个杰出的军事家，但并不是一个战争狂人。

日本研究孙子的学者逢屋千村说：《孙子兵法》不是打仗的，是教人和平的，是和平主义，是不战主义。

　　《孙子兵法》共十三篇，全书总共六千多字，几乎涵盖了军事的方方面面，而且每方面都提出了很深刻的见解。这十三篇分为始计篇、作战篇、谋攻篇、军形篇、兵势篇、虚实篇、军争篇、九变篇、行军篇、地形篇、九地篇、火攻篇、用间篇。其中"始计篇"主要是讲述了战争的重要性，孙子认为，战争是一个国家的头等大事，关系到军民生死、国家存亡，所以不得不慎重；"作战篇"讲述的是一些关于士气、赏罚的方法，孙子认为，对士兵赏罚分明士兵才会愈战愈勇，优待俘虏才会削弱敌方壮大己方，从而拉大双方的差距；"谋攻篇"是《孙子兵法》中的核心思想，"不战而屈人之兵""知己知彼，百战不殆"等兵家名言便出自这一篇；"军形篇"主要是讲攻守兼备的战争准备，孙子认为，战争就要做好被攻击而不被打败、攻击就要致胜的心理和战争策划，主张狮子搏兔亦要用全力的思想；"兵势篇"大多是讲寻找敌人的弱点，趁势追击并以假象、利益来分散和调动敌人的军队进入埋伏。其他几篇也都是讲一些克敌制胜的方法和心理。为了赢得胜利，《孙子兵法》中可谓是无所不用其极，如欺诈、伏击、离间、间谍等，主张避开敌人的优势，专攻其弱点，只要能胜利就毫无底线可讲，因为战争多持续一分钟就会多带来一些不必要的损失，谋者就是要实现绝对的己方利益最大化。

　　孙子通过这十三篇详尽地讲述了战略、战役、战术上的战争艺术，被称为镇国之宝，李世民曾说"观诸兵书，无出孙武"，可见对《孙子兵法》的评价极高。

新中国成立之后，《孙子兵法》又有了新的发展。以毛泽东、刘伯承、郭化若等老一辈革命家为首的研究《孙子兵法》之风掀起后，便出现了大批研究《孙子兵法》的力作，像吴如嵩的《孙子兵法说浅》、杨丙安的《孙子会笺》、陶汉章的《孙子兵法概论》、吴九龙的《孙子校释》等。在《孙子兵法》汉简本问世后，更是扩展到多个学术领域，各方学者开始从经济学、管理学、预测学、决策学、心理学、谈判学、地理学等多个不同角度将《孙子兵法》进行分析、研究。《孙子兵法》在当今社会的非军事运用研究方面已占有主流趋势，也渐渐地发展成现在的"孙子学"。"孙子学"的确立，进一步促进了《孙子兵法》的多方向研究，体现在人们生活中的各个领域。

11.《墨子》
墨翟及其弟子

　　墨子，姓墨名翟，是战国时期著名的思想家、政治家，墨家学派的创始人。墨子曾经学过儒术，对儒术中"礼"的学说极其厌烦，因此另立门派"墨家"发表新说，聚徒讲学，走向了儒家学派的对立面。

　　《墨子》是墨子及墨家学派的著作汇编，集中阐述了墨家学派的思想，是研究墨家学派的主要典籍。过去称这部书的著者为墨家学派的创立者墨翟，但书中包含了墨子弟子乃至后期墨家的著述资料，因此后世一般认为此书由墨子的弟子及后学记录、整理、编纂而成。

　　墨家在秦朝时期便饱受压制，到汉朝时已经完全绝迹，儒学便占据了统治地位，这直接造成了《墨子》许多章节的丢失、损毁，至险些失传。它的文本也从最初的七十一章减少到当今的五十三章，例如"反对儒学"的三章就只剩下了一章。

　　现存的《墨子》一书中有《尚贤》《尚同》《兼爱》《非攻》《节用》《节葬》《天志》《明鬼》《非乐》《非命》等篇。作为先秦墨家学派的创始人，墨子对中国哲学史有着重大的影响。

　　其中，墨子提出的"兼爱"就与儒学的"仁爱"有所不同：

儒家的"仁爱"其实是一种差等之爱，强调亲疏尊卑，虽然有很强的封建制度的影子，但却以人的感情为出发点，更加合乎实际，合乎人情。墨家的"兼爱"讲的是一种大仁大爱，完全跳出了阶级的束缚，类似于现代的共产、民主的思想。碍于时代的束缚，这种"兼爱"的思想注定是沦为空想的乌托邦、象牙塔之类的理想，但也正是这种过于进步的思想产生了墨家的一个特殊团体——墨者。

墨者是指战国时期创造和追随墨家思想的人，这些人大多出身于下层农民和小手工业者。他们有着无私奉献的精神，对人类社会有着深厚的、难以为平常人所理解的爱。

墨者们都信奉墨家的一众学说思想，而且有作战能力，同时立掌门人，形成军事组织，舍身行道，试图在人间创造一个"兼爱"互利的理想国，这听起来像是丐帮大侠和梁山好汉的综合体。儒家的宗旨是告诉人们怎样去修自身德行、统治国家，而墨家更有"路见不平我自己管"的意味。

在《墨子》一书中，《非攻》讲的是反对侵略战争；《尚贤》讲的是不分贵贱唯才是举；《尚同》说的是执政者应上下一心为人民服务，为社会兴利除弊；《非命》强调的是通过自己的努力掌握命运；《非乐》谈的是摆脱礼乐束缚，专注实业生产；《节用》《节葬》讲的是节约扩大生产，反对奢侈享乐生活，不在死人身上浪费财富等。这些思想都显得进步而前卫，在诸子百家中独称一家，可见墨家思想的独到之处。

《墨子》不单单局限于哲学思想，在时空的论证上也有很高的造诣。就其宇宙论来说，墨子把整个宇宙看作一个连续的整体，整体包含着个体，不同的个体又构成一个连续的整体。

墨子从这一连续的宇宙论出发，建立了关于时空的理论：把时间定义为"久"，空间定义为"宇"，并给出了"久"和"宇"的定义，即"久"为古往今来朝夕循环的一切时间；"宇"为包括东西南北中的一切空间；而时间和空间是连续不断的。在此之后，他又思考了时空是有限还是无限的问题，认为对于整体而言，时空是无限的，对于部分而言，时空是有限的。

体会墨子这一广阔思想时，我们还应该把心态甚至眼界放平，也许墨子想的并没有我们那么远，"时空说"中的"部分"也许就是所有可见事物的本身，用以认识自身的渺小和有限；而整体正是眼界所限，古往今来不能穷其尽头，山川地域不能穷其边缘的感叹，视为无穷。只是现在我们的眼界宽了，想得更远了。由此可见，墨子的一些思想还是很能激发我们的想象力和创造力的。

12.《楚辞》

刘向辑录

　　楚辞是战国时期屈原首创的一种新诗歌体裁,因屈原生活在楚地(也就是现在的湖南、湖北一带),便将楚地的文学样式、方言声韵等融入到这种诗体中,形成了浓郁的地方色彩,所以人称之为"楚辞"。当时,楚地巫风盛行,受此影响,当地的文学艺术也充满了浪漫奇幻的色彩,楚辞也不例外。另外,楚地的民歌常出现"兮"这个语气助词,屈原也将其引入楚辞中,成了楚辞最一目了然的语言特色。到了西汉年间,刘向将屈原等人所作的楚辞收录起来,编成了有名的《楚辞》一书。

　　屈原是中国文学史上第一位留下姓名的伟大的爱国诗人,他出身于显赫的家族中,是楚国的贵族,而且才华出众,忠君爱国,早年深受楚怀王宠信,身居高位。可惜后来楚怀王听信谗言,流放了屈原。公元前278年,秦国将领白起一举攻破楚国都城郢都,屈原得知此事后悲痛欲绝,在汨罗江投江自杀。

　　一生忧国忧民的屈原,以笔写心,创作了很多爱国题材的作品。纵观《楚辞》全书,最具盛名的莫过于他的《离骚》。根据司马迁在《史记》中的说法,"离骚"这个题目便是遭遇忧患的意思。这是一首带有自传性质的长篇政治抒情诗,屈原在诗中叙述了自己的身世、品德和理想,痛斥楚怀王昏庸无能,朝中小人当道，自己空怀报国之志，却得不到重用。在诗中，屈原用男女爱情比喻楚怀王和自己的君臣关系，将自己比喻为弃妇，将楚怀王比喻为抛弃自己的丈夫，将朝中奸臣比喻为嫉妒自己的其他女子。这种写法相当别致、鲜明。整首诗刻画出了一个坚贞、高洁、执着追求政治理想的爱国者形象，鼓舞了后世很多文人。1926年，鲁迅在自己的短篇小说集《彷徨》的书前题词中，还引用了《离骚》中的"路漫漫其修远兮，吾将上下而求索"等诗句自勉。

另外，《楚辞》中收录的《九歌》《九章》《天问》等篇，也是屈原的代表作。《九歌》原本是楚人祭祀时的巫歌，被屈原改编成楚辞。《九歌》总共包含十一篇，除悼亡楚国战死将士的《国殇》外，其余各篇都以神灵的爱情故事为主题。《九章》总共包含九篇，分别创作于不同的时间、地点，有着不同的主体，在文学成就方面也有很大的差别，其中以《橘颂》《哀郢》《涉江》《怀沙》四篇成就最高。《天问》全诗以问句构成，接连对天地、自然、社会、历史、人生提出了多达一百七十三个问题，想象奇异，字里行间展现出作者的才华横溢，令人叹为观止，被誉为"千古万古至奇之作"。

除屈原的作品外，《楚辞》还收录了战国时期的宋玉，西汉时期的淮南小山、东方朔、王褒等人的辞赋作品，也都有较高的文学价值。

《楚辞》是继《诗经》之后，中国文学史上影响最为深远的一部诗歌集。中国几乎所有的文学题材，都不同程度地受到《楚辞》的影响，后世大量的诗歌、散文、小说、戏剧都带着《楚辞》的影子。以诗歌为例，后世的招隐诗、游仙诗等都直接源自《楚辞》，李白等人的浪漫主义诗风也明显受《楚辞》启发。一如现代文学家郑振铎所言，"《楚辞》像水银泻地，像丽日当空，像春天之于花卉，像火炬之于黑暗的无星之夜，永远在启发着、激励着无数的作家"。《楚辞》的影响力还波及海外，早早就流传到了日本、朝鲜、越南等国家。明朝年间，《楚辞》又被意大利传教士利玛窦引入西方。目前，国际上已经出现了德语、法语、意大利语等多种译本的《楚辞》。

由于年代久远，刘向编辑的《楚辞》原本已经失传，今人只能从此后的注本中一窥其全貌。东汉年间，王逸所作的《楚辞章句》，一直被认为是最完整的《楚辞》注本。除此之外，还有宋朝洪兴祖所作的《楚辞补注》等多部《楚辞》注本。阅读《楚辞》时，若能参照这些注本，会更有助于理解。

13.《韩非子》

韩非

　　大家应该都听说过《自相矛盾》这个寓言：楚国有人既卖矛又卖盾，他先夸自己的盾任何东西都无法刺穿，接着又夸自己的矛能刺穿任何东西。有人问他，若用他的矛去刺他的盾，结果会怎样？楚人顿时哑口无言。这个寓言看似简单，却在中国哲学史上首次提出了"矛盾论"的概念，对中国的哲学发展意义非凡。这个寓言的出处便是战国法家集大成者韩非的著作——《韩非子》。

　　《韩非子》是韩非的作品集，由后人在其去世之后辑录而成。韩非本是韩国人，和秦国丞相李斯同为荀子的学生，其才华在李斯之上。韩非口吃，不善于辩论，但非常擅长写文章，他的几篇文章流传到秦国后，受到了秦王嬴政的赏识。司马迁在《史记》中记载："秦王见《孤愤》《五蠹》之书，曰：'嗟乎，寡人得见此人与之游，死不恨矣！'"后来，韩非来到秦国，李斯嫉妒他的才华，生怕他会夺走自己的地位，于是联合姚贾在嬴政面前诋毁他，说他心向韩国，日后必定会对秦国不利。秦王听信了李斯的谗言，囚禁了韩非。李斯乘机逼韩非服毒自尽，等到嬴政后悔想赦免韩非时，已经来不及了。

　　韩非终年四十七岁，可谓英年早逝，幸而有《韩非子》一书流传于后世。《韩非子》全书共十多万字，五十五篇，是一部说理散文集，其风格鲜明，文笔犀利，说理精密，议论透彻，有的放矢，结构精巧，描述大胆，语言风趣，耐人寻味。另外值得一提的是，韩非非常擅长用通俗的寓言故事说明抽象的道理。书中很多寓言直到现在依然家喻户晓，如《郑人买履》《智子疑邻》《三人成虎》《讳疾忌医》《滥竽充数》《守株待兔》等。

作为战国时期法家最具代表性的人物，韩非毕生的思想在书中的五十五篇文章中却得到了全面的展现。

首先是他的君主专制中央集权理论。韩非主张君主要独自掌控国家大权，就像《物权》一篇所言："事在四方，要在中央；圣人执要，四方来效。"为实现这一目标，君主应竭尽所能清除世袭的奴隶主贵族，从基层选拔一批封建官员填补他们的空缺，就像《显学》一篇所言："宰相必起于州部，猛将必发于卒伍。"而为了适应中央集权的需求，还必须统一全国百姓的思想，独尊法家，废黜其余各家学说。

其次是实行法治。要"废先王之教"，"以法为教"，即在制定法律之余，还要宣传法律，普及法律知识，让整个社会形成"知法、懂法、守法"的良好风尚。"法"要严格执行，不能有任何例外。儒家主张"礼不下庶人，刑不上大夫"，韩非却主张法律面前人人平等，就像《有度》一篇所言："法不阿贵，绳不挠曲。法之所加，智者弗能辞，勇者弗敢争。刑过不避大臣，赏善不遗匹夫。"这对于清除贵族特权、维护法律尊严发挥了积极作用。而要实现法治，必须要有君主的权势作为保障，就像《难者》一篇所言："尧为匹夫不能治三人，而桀为天子能乱天下。"

第三是进行改革。韩非认为，历史是不断发展进步的，当代必然胜过古代，因此不必遵循古代传统，而应依据现实情况进行改革，改革以图治，变法以图强。为此，需要除"五蠹"，"蠹"就是蚀木的害虫，"五蠹"也就是扰乱法治的五种人：一是学者，也就是儒家；二是言议者，也就是纵横家；三是带剑者，也就是墨家侠者和侠客；四是患御者，也就是担心被征调作战的人；五是工商买卖者。在除"五蠹"之余，君主还要提防"八奸"：一是"同床"，也就是君主的妃嫔；二是"在旁"，也就是君主的亲信随从；三是"父兄"，也就是君主的叔侄兄弟；四是"养殃"，也就是故意迎合君主的人；五是"民萌"，也就是私自将国家财产发放给百姓，以赢取民心的大臣；六是"流行"，也就是招揽说客收买人心，捏造舆论的大臣；七是"威强"，也就是招揽亡命之徒、耀武扬威的大臣；八是"四方"，也就是用国库财富和大国建立私交，发展个人势力的大臣。

第四是朴素的辩证法思想。《解老》一篇中说："定理有存亡，有生死，有盛衰。"《自相矛盾》这个寓言故事中又提出"矛盾论"的概念，这些朴素的辩证法思想都对后人分析、思考问题有了很大的启发。

虽然韩非生前没有得到嬴政的重用，但《韩非子》中的这些思想却深得嬴政的认同，为他之后统一六国，建立中央集权的封建国家发挥了重要作用，其思想为后世历朝统治者沿用，后世很多政治家、史学家也都对《韩非子》评价颇高。特别是书中的法治思想，直到今天依然有很高的参考价值，值得一读。对法学、哲学感兴趣的读者，更应该好好读读《韩非子》，了解一下两千多年前中国古老的法学和哲学思想。

14.《战国策》
韩非等撰、刘向整理

战国时期，世间战事风起云涌，瞬息万变。将这样一个精彩乱世中的历史故事编撰成书，自然十分吸引人，如《战国策》。这是一部国别体史书，主要记述了战国时期的纵横家的政治主张和言行策略，由战国时期的韩非等人创作，由西汉年间的刘向整理、考订而成。

刘向生活于西汉末期，是汉朝的宗室，先祖是汉高祖刘邦同父异母的弟弟，但他更重要的身份却是文学家。刘向一生著有多部作品，流传至今的有《新序》《说苑》《列女传》等。

《战国策》一书中的多数篇章都是战国末期法家的代表人物韩非撰写的，另有部分篇章源自战国策士的作品和史臣的记录。刘向将这些资料考订、整理，取名为"战国策"，因为书中记录的多是战国时期纵横家为辅佐各国提出的政治主张与外交策略。《战国策》在北宋时期已经出现了部分缺失，当时著名的史学家曾巩对其做了补订。全书现存约十二万字，共三十三卷：东周策一卷，西周策一卷，秦策五卷，齐策六卷，楚策四卷，赵策四卷，魏策四卷，韩策三卷，燕策三卷，宋卫策一卷，中山策一卷，共四百九十七篇。各篇相互独立，不成完整的体系。

全书取得了很高的文学成就，且其语言风格独特，擅长采用讽喻手法说明道理，幽默风趣，耐人寻味。比如《齐策》的《邹忌讽齐王纳谏》一篇，邹忌是个美男子，他的妻子、妾室和来访的客人都说他比城北的徐公更美。后来，邹忌真的见到了徐公，深觉自己不及徐公美，领悟到妻子是偏爱他才说他美，妾室是惧怕他才说他美，客人是有求于他才说他美。他将此事告诉了齐威王，说宫中的姬妾和近臣都偏爱齐威王，朝中大臣都惧怕齐威王，国内的百姓都有求于齐威王，因此他们都不会跟齐威王说实话。齐威王觉得有理，下令广开言路，鼓励臣民进谏。中国古代劝谏君王广开言路的文章数不胜数，这篇却以独特的展现手法脱颖而出，令人读之难忘。在人物塑造方面，《战国策》中塑造了大批个性鲜明的人物，如长于辩论、追名逐利的苏秦，视死如归、勇往直前的荆轲等等。不过，书中在展现纵横家对功名利禄不择手段的追求，或他们在外交方面玩弄的种种阴谋时，常流露出欣赏的态度，在后世引起了很多争议。

作为一部史书，《战国策》客观地记录了战国时期一些重大的历史事件，充分地展现了当时的社会风貌，是研究战国时期的重要史料。司马迁在创作《史记》时，有九十卷的史料都是借鉴《战国策》而来的，而《战国策》的国别体也给司马迁创造纪传体带来了很大的启发。不过，《战国策》并不同于一般的史书，书中很多内容明显带有夸张成分，不切实际，说它们是故事更为恰当，比如《魏策》中的名篇《唐雎不辱使命》，写唐雎奉安陵君的命令出使秦国，为了完成自己的使命，在秦国的大殿上拔剑要挟秦王嬴政，而这在现实中是根本不可能发生的事情，显然是作者的杜撰。但这种写法也使得整部书更具感染力和可读性，阅读时感觉不像在读一部史书，更像在读一部引人入胜的小说。

15.《孟子》
孟子及其再传弟子

孟子，名柯，字子舆，他继承并发扬了孔子的儒家思想，也是儒家的主要代表之一，与孔子合称为"孔孟"，有"亚圣"之称。

孟子三岁丧父，由其母抚养成人。孟母对孟子的管束甚严，其中"孟母三迁""孟子受教""断织喻学"等故事，成为千古美谈，也被后世人视为家庭教育的典范。孟子也曾和孔子一样，带领门徒弟子游说列国，是战国时期伟大的思想家。

《孟子》是一本汇编了其言论和思想的著作，书中记录了孟子与其他诸家思想的辩论、对弟子的言传身教以及游说诸侯等内容。本书由孟子及其再传弟子（万章等）共同编撰，完成于战国中期。《孟子》一书流传至今共七篇，篇目为：《梁惠王》上、下，《公孙丑》上、下，《滕文公》上、下，《万章》上、下，《告子》上、下，《尽心》上、下，《离娄》上、下。其学说出发点为性善论，提出"仁政""王道"，主张德治。南宋的孝宗时，朱熹将《孟子》与《论语》《大学》《中庸》并称为"四书"，并成为"十三经"之一。"四书"还被列为科举必考内容，一直延续到清末。

《孟子》的主张有很多，如以民为本、实施仁政、因材施教、人性本善、唯心主义等等，孟子在书中提出"民为贵，社稷次之，君为轻"的重要思想，认为对待人民的态度直接关系到国家兴亡，君主要关心民心所向。这一思想也成为后世统治者们的座右铭，与荀子所说的"水能载舟，亦能覆舟"是一个道理，同时他又提出"劳心者治人，劳力者治于人"的思想，一方面严格划分统治者与被统治者的阶级层级，并拟定了一套从天子到庶人的等级制度；另一方面又把统治者和被统治者的关系比作父母和子女的关系，主张统治者应该像父母关心孩子一样关心自己的子民，人民也应该像对待父母一样去亲近、服侍统治者，这样理想的政治论述也是《孟子》被立为科举必考内容的原因。

在教育上，孟子也有其独特的思想——"因材施教"，这种思想在现今的教育上仍然是经典之言。孔子曾提过"有教无类"，可以说，孟子的教育思想正是对孔子这一思想的继承和发挥。同时，孟子还提出"易子而教"的想法，以确保正确的教育得以实行，不为亲情所累。打个比方说，如果说孔子留给世人一棵树，那么孟子就是把它变成森林的人。孟子也一直以孔子的正统继承者自居，他授徒讲学，与弟子一起著书立说。他对后世的教育贡献也是很大的。

孟子非常注重心性修养，他从"性善论"这一思想出发，认为君子的"良知""良能"和"仁心"是实施仁政的重要动力。孟子还以孔子嫡孙——春秋战国时期著名的思想家子思的"思诚之道"为根据，提出了"尽心""知性""知天"等观点。

16.《吕氏春秋》

吕不韦等

　　战国末期，秦国丞相吕不韦命人在咸阳城门上张贴了一部书，发布告称谁能将书中的文字增加、减少或改动一个，就赏赐黄金千两。然而，布告贴出许久，也没人能做到，于是"一字千金"的佳话就此流传开来。这是司马迁的《史记·吕不韦传》中记录的一件事，这部"一字千金"的书便是有名的《吕氏春秋》，又名《吕览》。

　　《吕氏春秋》是吕不韦与其召集的门客撰写的一部著作。当时社会上的文人都喜欢著书立说，不光能流传当世，还能传承后世，永垂青史。吕不韦十分羡慕那些著书立说之人，也想写一本书，流芳百世。但众所周知，吕不韦本是商人出身，因为散尽家产帮助秦国质子异人重返秦国并登上王位，才被封为丞相，本身并无写书的才能。于是，他打算找别人帮他达成这个心愿。

　　战国末期有四公子，分别是魏国的信陵君、楚国的春申君、赵国的平原君和齐国的孟尝君。四人都以礼贤下士闻名，其门下食客众多。吕不韦也效仿他们，招揽了多达三千名食客。俗话说"养兵千日，用兵一时"，吕不韦筹谋著书立说之际，他养的这些食客就派上了用场。他命令其中能写文章的人，全都将自己的见闻感受写成文章交上来。很快，吕不韦便收到了一大堆文章，五花八门，参差不齐。他安排了几个人对这些文章加以筛选、归类、删减，合在一起，编成了一部书。吕不韦认为此书包含了天地万物古往今来的一切事理，所以称其为《吕氏春秋》。

全书共计二十多万字，分为十二纪、八览、六论，共计二十六卷。其中，十二纪每纪五篇，共六十篇；八览每览八篇，（《有始览》少一篇），共六十三篇；六论每论六篇，共三十六篇；此外还有《序意》一篇，总共一百六十篇。因全书作者众多，内容繁杂，融合了道家、儒家、墨家、法家、兵家、农家、纵横家、阴阳家等各家的思想，因此博采众家之长便成了《吕氏春秋》的重要特色。但后世却对此褒贬不一，有人认为其堪称对"战国时期百家争鸣"的总结，也有人认为其好比一锅"乱炖"，正如梁启超所言"不足以成一家言"，不过它也有价值，就是保留了当时很多史料。

不过，《吕氏春秋》的主要基调还是道家。后世《汉书·艺文志》等书都将其列入杂家，因为根据胡适的说法："杂家是道家的前身，道家是杂家的新名。汉以前的道家可叫做杂家，秦以后的杂家应叫做道家。"书中的内容继承并发展了道家，摒弃了道家的消极思想，倡导人在顺应自然之余，还要进行主观创造。战国时期，道家分为老庄派、黄老派和杨朱派三个流派，除了老庄派外，杨朱派和黄老派都曾兴盛一时，其中以黄老派最盛。《吕氏春秋》中体现的道家思想就属于黄老派，现在依然具有一定的借鉴价值。

吕不韦组织撰写的《吕氏春秋》中有两百余篇寓言故事，其以通俗易懂的故事揭露了深刻的人生哲理，千百年来广为流传，如《刻舟求剑》等。《吕氏春秋》无论是从史料价值、哲学价值，还是文学价值等方面来说，都值得一读。

17.《淮南子》
刘安及"八公"

　　中国历史上有很多家喻户晓的神话故事，《女娲补天》便是其中之一。而这个神话的流传，得益于西汉年间的一部奇书——《淮南子》。

　　《淮南子》，又名《淮南鸿烈》《刘安子》，是一部哲学散文集，撰写于汉景帝在位后期，于汉武帝建元二年被进献给朝廷。因为本书是淮南王刘安组织编撰的，所以人们称其为《淮南子》。至于另一个书名中的"鸿烈"，"鸿"是广大的意思，"烈"是光明的意思，刘安认为这本书包含了广大、光明的通理，于是称其为"鸿烈"。

　　关于本书的具体作者，有种比较含糊的说法，说其是由淮南王刘安召集自己的门客共同撰写的。不过，刘安的门客多达数千人，不可能都参与了《淮南子》的撰写，于是有了另外一种相对明确的说法，认为除刘安外，还有苏非、李尚、左吴、田由、雷被、毛周、伍被、晋昌等八位门客参与其中，人称"八公"。

　　刘安是汉高祖刘邦的孙子，十六岁时被封为淮南王。他聪敏好学，是中国的豆腐、豆浆的创始人，还是全世界尝试热气球升空的第一人，不过他生平最重要的成就还是主持撰写了《淮南子》。

　　据史料记载，《淮南子》本是一部鸿篇巨制，包括《内书》二十一篇、《外书》三十三篇以及《中书》八卷，可惜只有《内书》二十一篇流传至今。整部书涉及政治学、哲学、伦理学、史学、文学、经济学、物理、化学、天文、地理、农业、水利、医学、养生等方方面面，几乎包罗万象。不过，这部书的思想内容以道家思想为主，同时夹杂着先秦各家的学说。胡适曾说："道家集古代思想之大成，而淮南书又集道家之大成。"

书中继承了先秦时期道家的宇宙观本体论思想，在此基础上又进行了唯物主义改造，指出宇宙在天地形成之前是一个浑然一体、无定形的"虚霩"，是个浑涵未分的"一"。"道"是"虚霩"之道，是"一"之道，说到底便是物之道，这属于唯物主义。"道始于一，一而不生，故分而阴阳。阴阳合和而万物生，故曰：'一生二，二生三，三生万物。'"宇宙之气"清扬者薄靡而为天，重浊者凝滞而为地"，阳为日，阴为月，阴阳分化为四体。这便是古代唯物主义的宇宙生成论。书中还改造了此前道家"无为而治"的思想，说"无为"并非毫无作为，而是遵循事物发展规律的主动作为。这样一来，便实现了主观能动性和客观规律性的统一。

书中还继承并发展了先秦儒家的"仁者爱人"的原始人道思想，表示"国之所以存者，仁义是也"，"食者，民之本也；民者，国之本也；国者，君之本也"，这些都是对孔子、孟子仁政思想的认同与发展。

此外，书中还继承了法家的历史发展和进步思想，提出法律制度要随着时代的变化作出修改，"先王之制，不宜则废之"。而在法律制度的制定、修改方面，《淮南子》主张应以百姓的需要为依据，这比先秦的法家思想更加进步。

另外值得一提的是，全书在阐述哲理的同时，还记录了一系列古代神话故事，如开头就提到的"女娲补天"，以及"后羿射日""共工怒触不周山""大禹治水"等，对保存中国古代神话资料意义重大，也为读者的整个阅读过程增添了更多的乐趣。

18.《史记》

司马迁

　　西汉武帝在位期间，将军李陵奉命攻打匈奴，战败投降，此后又传出他背叛国家，帮助匈奴练兵的谣言。汉武帝龙颜震怒，灭了李陵三族。太史令司马迁为李陵辩解，汉武帝迁怒于他，以大不敬的罪名对他处以残酷的宫刑，并将他关入狱中。直到三年后，汉武帝大赦天下，司马迁才得以释放。

　　被囚期间，司马迁给自己的朋友任安写了一封信，世称《报任安书》。在信中，司马迁说自己"所以隐忍苟活，幽于粪土之中而不辞者，恨私心有所不尽，鄙陋没世，而文采不表于后也"，也就是说自己之所以在身受如此奇耻大辱之后忍辱偷生，完全是因为编撰一部史书的心愿尚未达成。"盖文王拘而演《周易》；仲尼厄而作《春秋》；屈原放逐，乃赋《离骚》；左丘失明，厥有《国语》；孙子膑脚，《兵法》修列；不韦迁蜀，世传《吕览》；韩非囚秦，《说难》《孤愤》；《诗》三百篇，大底圣贤发愤之所为作也。"他决心效仿这些古人，在逆境中完成这部史书，这便是传承千古的《史记》。

　　《史记》，又称《太史公书》《太史公记》《太史记》，是中国第一部纪传体通史，记录了从黄帝到汉武帝元狩元年三千余年的历史。作者司马迁生于西汉初期汉景帝在位期间，出生地为夏阳（今陕西韩城南）。幼时，司马迁在父亲司马谈的指导下习字读书，十岁已经能诵读《尚书》《左传》《国语》等书。汉武帝即位后，司马谈到京城长安担任太史令一职，负责编撰史书，监管天文历法、祭祀等。司马谈一直有个心愿，想要编撰一部宏大的史书，可惜直到他去世也未能如愿。

司马谈死后，司马迁接替父亲的官职成了太史令。为完成父亲的遗愿，他从四十二岁开始编撰《史记》。编撰期间，他虽因李陵一案受到牵连，遭受了巨大的屈辱和折磨，还险些丧命，但这些都没有阻止他继续编撰《史记》。五十五岁那年，他终于完成了这部史书巨著。

成书后的《史记》共计一百三十篇，五十二万六千五百余字，分为五部分，分别是八书、十表、十二本纪、三十世家、七十列传。"书"就是礼乐制度、天文兵律、社会经济、河渠地理等方面的专题史；"表"是以表格形式呈现的各个历史时期的大事记；"本纪"是对历代帝王兴衰和重大历史事件的记录；"世家"是历朝诸侯贵族的传记；"列传"是历朝各阶级比较有影响的人物传记，另外还包含《匈奴列传》等几篇对少数民族历史的记录。其中，"本纪""世家""列传"三部分都是以人物传记为核心的历史记录，占了全书的大部分篇幅，司马迁由此创立了史书的新体例——"纪传体"。

这些人物传记大致是按时间顺序排列的，与此同时又考虑到一些人物间的内部关联，比如西汉讨伐匈奴的大将李广、卫青、霍去病的传记都是连在一起的，中间还插入了《匈奴列传》，其后是同时期两位名臣公孙弘、主父偃的传记，因为这二人都主张不要跟匈奴作战。

司马迁有着极高的文学修养，其刻画的人物多性格鲜明，真实生动。比如《项羽本纪》中的《鸿门宴》涉及的人物众多，主要人物个个让人印象深刻：项羽磊落自负，刘邦圆滑世故，范增老谋深算，张良足智多谋，樊哙忠心耿耿。有些人物跨越多篇传记，展现出其性格的多面性，如魏公子信陵君，作者在《魏公子列传》中以"窃符救赵"这一重大历史事件为核心，塑造出一个礼贤下士、有勇有谋的完美形象。但到了《范雎蔡泽列传》中，却写到信陵君出于对秦国的畏惧，面对前来求助的魏国相国魏齐，迟迟不肯出手相助，等到魏齐绝望自杀后才悔之晚矣，虽打破了信陵君此前的完美形象，却显得更加真实可信。

在《史记》中，司马迁在记录史实之余，还加入了很多自己的评论解析，所谓"太史公曰"，很多极具见解，值得好好研读。如在《项羽本纪》中，他解析项羽之所以失败，是因为"自矜功伐，奋其私智而不师古，谓霸王之业，欲以力征经营天下，五年卒亡其国，身死东城，尚不觉寤而不自责，过矣。乃引'天亡我，非用兵之罪也'，岂不谬哉"，即项羽夸耀自己的军功，张扬自己的才能，却不肯效仿古人，以为所谓霸业便是用武力夺取天下，最终在短短五年内身死国灭，临死前还说"是天要亡我，不是我用兵之罪"，岂不是天大的笑话！

作为一部史学巨著，《史记》对后世影响极为深远。首先，其首创了纪传体通史这种体例，为之后历朝历代的史家沿用，对现代的史家依然有影响力。其次，树立了其在史学的独立地位。在《史记》之前，中国的史学一直包含在经学中，没有独立的地位。而《史记》之后，专门的史学著作不断涌现，史学终于脱离经学独立，对此，撰写《史记》的司马迁居功至伟。

第三，创立了史传文学的传统。《史记》虽是一部伟大的史学著作，却有着极高的文学成就，为后世史家效仿，在重视史学价值的同时，兼顾了文学价值。

而作为一部文学巨著，《史记》对后世同样有着极为深远的影响。《史记》代表了中国历史散文的最高成就，从唐宋八大家到清朝最大的散文流派——桐城派的散文中，都能清楚地看到《史记》对其的影响。《史记》中塑造了很多形象生动的人物，为后世的小说、戏剧创作提供了大量重要的人物原型。而《史记》中记录的史实，也为后世的文学创作提供了丰富的素材，比如明朝冯梦龙的《东周列国志》，有很多内容都取材自《史记》。现在流行的武侠小说，很多人物形象也都是从《史记》中演变而来的。而武侠小说中人物传记式的形式和叙事方式，也明显是从《史记》中借鉴的。

今人读《史记》，无论是将其视为一部严肃的史书，还是一部精彩的小说，都能获得极大的乐趣。

19.《论衡》

王充

　　《论衡》是东汉时期著名思想家、哲学家王充生平最重要的作品，书中包含了作者对当时很多学术问题，尤其是社会陋俗的批判，不少观点鞭辟入里，振聋发聩，人称"疾虚妄古之实论，讥世俗汉之异书"，在当时和后世都颇具影响力。

　　公元27年，王充出生于一个没落的大家族，祖上曾是王孙贵族，无奈之后一辈不如一辈，家势日渐衰落。王充的祖辈与父辈都好勇斗狠，曾因与地方豪强结仇，最终被迫举家搬迁避祸。王充功成名就后，有人曾以他祖上无德嘲讽他。王充却很坦诚，将自己家这些情况一五一十地记录在了《论衡·自纪篇》中。

　　虽然王充出生时王家已经没落，但还能维持基本的生计。另外，根据《论衡·自纪篇》的记载，王充的父母都很疼爱他，很重视对他的教育。王充幼时便对小孩子喜欢玩的游戏没什么兴趣，显出一副老成相。父亲觉得他是个可造之才，早在他六岁时就教他读书认字，他八岁时就将他送到书馆读书。书馆有上百个学生，个个都曾因书法不工整而被教书先生体罚，唯独王充例外。可见，王充是个很有天赋的学生。

　　东汉年间，儒家思想依然是中国社会的正统思想，王充在书馆学到的也都是儒家的经典学说，眼界并不开阔。后来，他因成绩优秀，被送到京城洛阳的太学学习，才大大开拓了眼界。

在洛阳期间，王充博览群书，在熟读儒家经典之余，还兼及百家，通诸子之学。在阅读研习的过程中，他批判、吸收了诸子百家的学说，花费三十年的时间，呕心沥血，他创作了《论衡》一书，对诸子百家尤其是儒家的"天人感应""礼法""鬼神""命""性善性恶"等思想做出了系统的评述。

以"鬼神"说为例，秦汉年间，求仙、鬼神迷信思想盛行，秦始皇、汉武帝等皇帝都迷信长生不老，为求取所谓仙药，大费周折，劳民伤财。王充却在《论衡》中表示，鬼神之说纯属无稽之谈，人死后骨肉便化为灰土，精神也随之消失，根本不会变成鬼。

又比如儒家提倡的"天人感应"，认为人是"天"创造的，自然、人事都受制于天命，皇帝是代表上天的意志统治天下。这里又牵涉到"符瑞"说，也就是将龙、麒麟、凤凰、雨露、芝草等想象中与自然中真实存在的事物当成帝王的"受命之符"。由此出现了一些荒诞的说法，诸如夏禹是其母食用了一种名为"薏苡"的草后生下的，商的先人契是其母食用了燕子的蛋后生下的，汉高祖刘邦是其母与龙野合生下的，光武帝刘秀出生时室内有光等。王充却在《论衡》中指出，"薏苡"、燕子的蛋都不能使人受孕，跟人并非同类的龙也不能，而只有同类才能交合、孕育后代，帝王也都跟普通人一样，由父母孕育。这些观点将帝王置于与平民百姓一样的位置上，这在当时的时代背景中相当惊世骇俗，被评价为《论衡》中最了不起的地方。另外，《论衡》还针对儒家倡导的上天会用自然现象彰显自己的意志，比如借助自然灾害向世人发出警示的学说，提出了强烈的反对，表示世界是由物质构成的，根本不存在上天的意志，所有自然灾害都只是普通的自然现象，并非上天在警示世人。

《论衡》中提出了很多类似的自然唯物论观点，建立了一个相对完整的古代唯物主义体系，对其后历朝历代的唯物主义者、无神论者，如魏晋哲学家杨泉，唐朝的刘禹锡、柳宗元，明末清初思想家王夫之等都有一定影响。

《论衡》现存八十五篇，其中论述性命问题的共计十四篇，论述天人关系的共计二十一篇，论述人鬼关系与当时禁忌的共计十六篇，论述天人感应与虚妄之言的共计二十四篇，论述用人制度与区分贤臣、小人的共计八篇，还有自序、自传两篇。

《论衡》问世后，因书中有对儒家正统思想的反叛观点，因此被当时及之后的统治者贬斥为"异书"。但它在民间却被誉为奇书，广受欢迎。比如近代梁启超就曾在《中国近三百年学术史》中表示："王充《论衡》实汉代批评哲学第一奇书。"东汉年间，有资格称为思想家的只有寥寥三人，王充作为奇书《论衡》的作者，名列其中。

《论衡》已问世将近两千年了，但依然颇受推崇。今人再去阅读这本历史悠久的著作，依然能获益匪浅。

20.《汉书》

班固、班彪、班昭

两汉年间出现了两部伟大的史书：一是司马迁的《史记》，二是班固等人的《汉书》。《汉书》又称为《前汉书》，成书于东汉时期，名列"二十四史"之一，并与《史记》《三国志》《后汉书》并称为"前四史"。

《汉书》是由班彪、班固、班昭共同创作完成的，前后历时将近四十年。班彪是班固和班昭的父亲，是当时著名的史学家，生平最大的志愿就是续写《史记》。可惜他去世时只写出了六十五篇《史记后传》。班固继承了父亲的遗志，《汉书》的大部分内容都出自班固之手。可惜班固同样没能完成这部史书，留下了一小部分，最终由他的妹妹班昭——中国第一位女性历史学家完成。由于班固是《汉书》最主要的作者，因此后世提及此书的作者时一般只会提到他。

作为中国第一部纪传体断代史，《汉书》记录了从西汉汉高祖元年，即公元前206年，到新朝王莽地皇四年，即公元23年，总共二百三十年的历史。全书共一百篇，分为帝纪十二篇、表八篇、志十篇、列传七十篇，共计八十多万字。其中，"帝纪"是历代皇帝的编年大事记，如《高帝纪》《武帝纪》等，跟《史记》中的本纪有些类似；"表"是对各诸侯王的事迹记录，如

《异姓诸侯王表》《诸侯王表》等；"志"记录了当时的典章制度、天文、地理，以及各种社会现象，如《律历志》《礼乐志》等；"列传"是公卿将相的传记以及少数民族的历史，如《卫青霍去病传》《司马相如传》《匈奴传》《西域传》等。

《汉书》有很好的史料价值，对历史的记录力求系统、完善、清晰，除对中原历史的记录外，还在"列传"中详细记录了西汉年间边疆各少数民族的状况。而"志"中涉及的社会生活的方方面面，更为后人了解西汉社会提供了丰富的资料。比如《刑法志》中系统记录了当时的国家律令；《食货志》中分别记录了"食"和"货"两部分内容，前者是当时的农业经济状况，后者是当时的商业和货币状况，即经济状况；《艺文志》中考证了各学术流派的源流，记录了当时存世的书籍，是中国现存最早的图书目录。这些都使得《汉书》在西汉一朝的历史研究资料中占有无可替代的卓越地位。

不仅如此，《汉书》还有极高的文学价值。在中国文学史上，《汉书》是跟《史记》并列的史传文学典范，尤其是"列传"中堪称全书精华的人物传记。《汉书》中的人物刻画非常到位，作者将人物性格塑造得鲜明生动，水准极高。

以《汉书》中的《朱买臣传》为例，朱买臣是汉武帝时期的重臣，早年十分落魄。《汉书》中写道，朱买臣"家贫，好读书，不治产业，常艾薪樵，卖以给食，担束薪，行且诵书。其妻亦负戴相随，数止买臣毋歌呕道中。买臣愈益疾歌，妻羞之"。意思是，朱买臣家境贫寒，喜欢读书，他从不置办家业，时常割草砍柴，卖掉后换来粮食维持生计。他背着一捆柴，边走边高声朗诵。妻子背着柴跟在他身后，多次劝他不要在路上大声朗诵。他非但不听，反而朗诵得更大声了，这让妻子羞惭不已。这段描述极具画面感，试想一个破衣烂衫、灰头土脸的穷书生，却偏要"行且诵书"，在被妻子劝阻后，却"愈益疾歌"。短短几句话，就使朱买臣这个荒诞、滑稽、近乎无赖的人物形象跃然纸上。之后又提到朱买臣做官后，有一回被免职，被诸位同乡看不起。后来他又被任命为太守，却藏着官印不给同乡看。他借着跟一名同乡吃饭的机会，才有意露出官印。吃惊的同乡忙把这件事告诉其他人，大家纷纷赶来向朱买臣道贺。《汉书》中对这出"好戏"的记录，再度将朱买臣性格中的荒诞揭露无遗。

类似的例子在《汉书》中还有很多，这种平实中见生动的叙述方式，让《汉书》成了之后历代传记文学纷纷效仿的对象，也让今人阅读《汉书》时少了几分枯燥，多了几分乐趣。

21.《九章算术》

古代学者

　　中国的数学源远流长，原始社会就出现了数学的萌芽，此后不断发展。后来，人们对战国、秦、汉时期的数学成就进行了系统的总结，在公元一世纪左右创作完成了中国古代第一部数学专著《九章算术》。这部书其实就是一部问题集，收录了与生产、生活实践紧密相关的多达二百四十六道应用题，每道应用题分为题目、解题步骤和答案三部分。这些应用题可分为九大类，也就是九章。

　　第一章名为"方田"，主要内容包括对长方形、等腰三角形、直角梯形、等腰梯形、圆形、扇形、弓形、圆环八种平面几何图形的面积的计算方法以及分数的四则运算法则，求分子、分母以及最大公约数的方法等；第二章名为"粟米"，主要讲述谷物粮食按比例折换的方法；第三章名为"衰分"，主要讲述比例分配问题，以及开平方、开立方的方法；第四章名为"少广"，主要内容是在面积、体积已知的情况下，求一边长、径长等的方法；第五章名为"商功"，主要讲述土石工程、体积的计算方法以及工程分配方法；第六章名为"均输"，主要讲述合理摊派赋税的方法；第七章名为"盈不足"，主要讲述盈不足、盈适足和不足适足、两盈和两不足三类盈亏问题，以及若干可以通过两次假设化为盈不足问题的一般问题的解决方法；第八章名为"方程"，主要讲述一次方程组问题，还引入了负数，提出了正负数的加减法则；第九章名为"勾股"，主要讲述了各类利用勾股定理求解的问题，其中大多数问题都跟当时的社会生活关联密切。

书中提出的很多成果在当时都是世界领先的，比如最早提出了完整的线性方程组的解法，在西方，直到十七世纪才由德国数学家莱布尼茨提出了完整的线性方程解法法则；最早阐述了负数与其加减法的运算法则，外国直到七世纪才开始对负数有所认知；提出了勾股数问题的通解公式，西方在差不多三个世纪后才得出相同的结论；以及在世界范围内最早系统论述了分数的运算，创造性地提出了盈不足术的算法等等。

作为一部融合了几代人心血和结晶的数学专著，《九章算术》建立了完整的中国古代数学体系，对中国数学的发展影响深远。此后中国历朝历代的数学家在研习数学时，多以《九章算术》为起点。不过，由于《九章算术》本身还有很多不足，比如没有给出任何数学概念，没有做出任何推导、证明等，后世的很多数学家都为其做过注，其中成就最高的要数魏晋数学家刘徽所作的《九章算术注》，大大弥补了原书的不足。阅读时，不妨直接阅读这部《九章算术注》，内容更丰富，理解起来也更容易。唐宋时期，《九章算术》是国家明令规定的数学教科书。北宋政府还发行过印刷本《九章算术》，这是全世界最早的印刷本数学书。《九章算术》对中国古代数学的影响，一直持续到清朝中期。而作为一部世界级的数学著作，早在隋唐年间，《九章算术》就已经传入朝鲜、日本，迄今为止已被翻译成日语、俄语、德语、法语等多种语言文字。

22.《礼记》

戴圣

　　儒家有"十三经"，包括《诗》《书》《周礼》《易》《论语》等。《礼记》是其中之一，其编者是西汉礼学家戴德和他的侄子戴圣。戴德选编的八十五篇本名叫《大戴礼记》，至唐代只剩三十九篇。我们如今见到的《礼记》又名《小戴礼记》，是戴圣根据秦汉以前的汉族礼仪著作辑录、编纂而成的。

　　《礼记》全书约九万字，共计四十九篇，多为散文题材，各具特色：有些篇章用词简练，意味深长；有些篇章对于心理刻画入木三分；有些篇章则用简短的故事，阐释了深刻的道理，其中有不少篇章都有很高的文学价值。此外，书中还收录了很多格言，极富哲理和启发意义。

　　全书内容丰富，涉及政治、道德、法律、哲学、历史、祭祀、日常生活、历法等多个方面，大致可分为以下几种类别：专门记载某项礼节的，如《奔丧》《投壶》；专门阐释《仪礼》的，如《冠义》《昏义》《射义》《聘义》等；记录各类礼制的，如《王制》《礼器》《明堂位》《祭法》《祭统》等；记录日常生活礼节的，如《曲礼》《少仪》等；专门记录丧服丧事的，如《檀弓》《曾子问》《丧服大记》《丧大记》《奔丧》《问丧》等；专门记录孔子言行的，如《仲尼燕居》《孔子闲居》

等；完整的儒家论文，如《礼运》《大学》《中庸》等；授时颁政的《月令》；为王子示范的《文王世子》。

　　书中记录的礼仪，大部分在今人看来已完全跟社会脱节，但并不表示其毫无价值。要研究中国古代社会的礼仪制度，《礼记》无疑是一份相当宝贵的文献资料，而且儒家思想也在这些礼仪中得到了淋漓尽致的展现，《礼记》因此成了研究早期儒家思想必备的资料之一。以记录婚礼礼仪的《昏义》为例，其开篇就点明婚礼并非个人喜事，而是家族中的要事，因为这关系到两个家族的关系、祭祀和血脉传承，这些都属于思想范畴。而《王制》《礼运》等篇章展现了儒家理想的国家和社会制度，同样属于思想范畴。另外，儒家思想中的男尊女卑等落后思想，也在《礼记》中得到了充分的展现。

　　另外，《礼记》中的《大学》《中庸》等篇章，还记录了儒家的教育思想和经济思想，直到现在依然十分实用。比如《中庸》中记录的孔子言论"博学之，审问之，慎思之，明辨之，笃行之"，又如《大学》中的"生财有大道，生之者众，食之者寡，为之者疾，用之者舒，则财恒足矣。仁者以财发身，不仁者以身发财。未有上好仁而下不好义者也，未有好义其事不终者也，未有府库财非其财者也"。南宋年间，理学家朱熹将这两篇拿出来，与《论语》《孟子》合称为"四书"，共同构成了儒家思想的核心内容，足见《礼记》一书在儒家经典中占据的地位。

23.《三国志》

陈寿

　　因为一部《三国演义》，今人对三国的故事耳熟能详。但其实在《三国演义》问世之前，三国的故事已在中国民间广为流传，《三国志》对此功不可没。《三国志》是一部记录三国时期历史的断代史，其作者是生活于三国蜀汉到西晋年间的陈寿。

　　陈寿是巴西郡安汉县（今四川南充）人，早年曾在蜀汉担任卫将军主簿、东观秘书郎等官职。当时，刘备已经去世，在位的是他的儿子刘禅。刘禅昏庸无能，当时的朝政由宦官黄皓把持着。朝中大臣忌惮黄皓，纷纷对他曲意逢迎。但陈寿为人耿直，不愿讨好他，因此受尽排挤。后来，蜀汉为晋所灭。三十一岁的陈寿入晋为官，先后担任著作郎、长广太守等官职，六十五岁时因病去世。

　　陈寿编撰《三国志》始于公元 280 年，当时西晋已经灭掉吴国，结束了分裂局面。在此之前，魏国和吴国已经有了各自的史书，包括王沈的《魏书》、鱼豢的《魏略》、韦昭的《吴书》，它们成了陈寿记录魏、吴两国历史的基本材料。只有蜀国没有史书，陈寿只能自己搜集资料。资料匮乏导致《三国志》最终成书时，蜀国的部分是三国中最少的。

为了编撰这部史书，陈寿花费了十年时间。最初成书的《三国志》分成三部——《魏书》《蜀书》和《吴书》，在民间分别流传，直到北宋真宗在位时，才合成为一部《三国志》。

书中完整记录了从东汉末年到西晋初年近百年间，中国从分裂走向统一的全过程。全书共计三十六万七千字，分为六十五卷，其中《魏书》三十卷，《吴书》二十卷，《蜀书》十五卷。《三国志》虽与《史记》《汉书》《后汉书》并称为"前四史"，却跟《史记》《汉书》确立的一般正史规范并不相符。全书内容简略，既没有记录王侯、百官世系的"表"，也没有记录经济、地理、职官、礼乐、律历等的"志"。而由于陈寿编撰这部史书时已入晋，晋的天下是继承魏得来的，因此书中尊魏为正统，只有魏国的君主曹操、曹丕和曹睿才有帝王本纪，分别是《武帝纪》《文帝纪》和《明帝纪》，蜀国和吴国的君主都只有列传，刘备、刘禅分别有《先主传》和《后主传》，孙权有《吴主传》，孙亮、孙休、孙皓有《三嗣主传》。但实际上，魏、蜀、吴三国在《三国志》中都是独立成书的，书中记载着三国呈鼎立局势，各自为政，占据着同等地位。陈寿尊魏为正统，只是名义上而已。

整体而言，陈寿修史的态度还是比较客观的，他尽量做到如实记录。比如在写到曹操挟天子以令诸侯时，为了避讳直接写明曹操的政治意图，便通过董昭等人的做法暗示。又如在写刘备、诸葛亮时，陈寿虽对蜀汉怀有故国之情，却没有因此掩饰两人的过失，将刘备因私人恩怨杀张裕，诸葛亮错用马谡等事情都如实记录下来。有些历史事件的说法很多，陈寿只选取真实可靠的说法记录，比如写孙策之死，当时有很多荒诞的说法，但陈寿只记录了孙策被刺客重创而死。

三国乱世，英雄人物辈出，陈寿在书中品题重要的人物时，说曹操是超世之人杰，孙策、孙权是英杰，刘备是英雄，周瑜、诸葛亮、鲁肃是奇才，庞统、程昱、郭嘉、董昭是奇士，董和、刘巴是令士，和洽、常林是美士，徐邈、胡质是彦士，王粲、秦宓是才士，关羽、张飞、程普、黄盖是虎臣，陈震、董允、薛综是良臣，张辽、乐进是良将，这些评价都是很中肯的。

《三国志》虽是一部史书，但在文学方面也有很高的价值。全书文笔简练，比如写汉魏交替，只用短短一百七十三个字就将这件历史大事清晰地呈现出来了。描摹人物时，虽然着墨不多，却十分生动传神。比如写曹操和刘备谈论当世英雄，曹操说："今天下英雄，唯使君与操耳。"刘备闻言"失匕箸"，也就是将手中的餐具掉落在地上，生动展现出刘备受惊的情景。又如写刘备得到荆州后，曹操收到消息，"方作书，落笔于地"，寥寥七个字，一代枭雄内心的震惊便已跃然纸上。

不过，《三国志》也存在明显的不足，比如内容过于简略。为此，后世出现了很多注本，比较有代表性的是南朝裴松之所写的《三国志注》。阅读《三国志》时，可以同时参考这类作品，更有助于了解三国时期的历史全貌。此外，书中还出现了很多曲笔。所谓曲笔，是一种历史编纂术语，指编纂者故意歪曲事实，掩盖真相。《三国志》中的曲笔主要体现在对曹操和司马懿的维护上，但考虑到陈寿所处的历史环境，他对掌权者的维护也是情有可原的。除了对当权人物和历史敏感问题的记录，书中剩余部分依然是比较可信的。书中存在曲笔固然不能否认，但其历史价值同样应予以肯定。

《三国志》自从问世以来，得到了很高的评价。与陈寿同时期的尚书郎范頵曾评价其"辞多劝诫，朋乎得失，有益风化，虽文艳不若相如，而质直过之，愿垂采录"。同样是西晋年间，夏侯湛曾编撰《魏书》，但在看到《三国志》后，便认为没有必要再写新史，于是毁掉了自己已经完成的部分。而后世对《三国志》的评价也非常高，刘勰曾在《文心雕龙》中说：这些记录三国历史的史书要么立论偏激，没有足够的依据，要么文笔疏阔，不得要领，只有《三国志》实现了内容和文笔的统一，后世甚至将其与《史记》《汉书》相提并论。

　　元末明初，罗贯中以《三国志》和裴松之的《三国志注》为基础，加上自己搜集的民间传说、话本等，加工、创作出了家喻户晓的小说《三国演义》。当然，小说毕竟是小说，要想弄清历史真相，还是应该阅读《三国志》。

24.《针灸甲乙经》

皇甫谧

　　提到中医学，就不能不提针灸学。而要了解中国的针灸学，就不能不读《针灸甲乙经》。这是中国现存最早的针灸学专著，于西晋年间问世。作者名叫皇甫谧，原本是一名历史学者，中年时因身患风痹疾，半身不遂，于是便开始研究医学，久病成医，最终成了一名针灸学专家，还创作了针灸学历史上的不朽名著《针灸甲乙经》，被后世尊为"针灸鼻祖"。

　　针灸学起源于中国，历史悠久，相传是华夏文明的始祖伏羲发明了中医针灸，并"尝百药而制九针"。根据国内各地出土的文物，针灸疗法在石器时代就出现了。时人出现病痛时，会用尖锐的石器戳刺疼痛的部位，其症状会因此减轻甚至消失，最早的针具砭石就这样产生了，之后又逐渐出现了青铜针、铁针、金针、银针等，针灸技术也在不断地提升。先秦的《山海经》、战国时期的《黄帝内经》和《孟子》都有关于针灸的记载。其中《黄帝内经》中已经形成了完整的经络系统，并详细论述了腧穴（穴位的学名）、针灸方法、针刺适应症、禁忌症等。特别是《黄帝内经》中的《灵枢》（又称为《针经》），记载了更加丰富、系统的针灸理论，首次对针灸学做了总结。其后，战国时期的神医扁鹊在自己的著作《难经》中，又进一步补充、完善了针灸学说。到了两汉之交，又出现了第一部腧穴学专著——《黄帝明堂经》。

皇甫谧的《针灸甲乙经》，是继《黄帝内经》后，对针灸学做的第二次总结，全称是《黄帝三部针灸甲乙经》，又称《黄帝甲乙经》《甲乙经》。皇甫谧在书中对《黄帝内经》中的《灵枢》《素问》，以及《黄帝明堂经》中的针灸学内容进行了分类、合编，遵循"删浮词，除重复，论精要"的原则，并在此基础上加以丰富、拓展，成就了这部当时针灸学的集大成之作。

《针灸甲乙经》共计十二卷，一百二十八篇，系统论述了人体生理、病理、经脉循行、腧穴总数、部位、取穴、针法、适应症、禁忌症等，其内容可分为两大部分：第一部分是针灸的基本理论和基本知识，即前六卷；第二部分是针灸的临床应用，即后六卷。

书的理论部分又分为六部分：一是人体的生理功能，包括五脏六腑、营卫气血、精神魂魄、精气津液、肢体五官和脏腑功能的关系等；二是人体经脉、经筋等经络系统的循环路线；三是人体腧穴，《黄帝内经》中罗列的腧穴只有一百六十个左右，而且很多腧穴还没有命名，《针灸甲乙经》中罗列的腧穴却高达三百五十个，并按照从上往下的顺序依次排列好；四是诊法；五是针道，针灸禁忌；六是一些病理、生理问题。

临床部分同样分为六部分，分别介绍了内科、五官科、妇科、儿科等病症的针灸治疗，详细记录了这些病症的治疗方法、配穴规律、操作方法等。皇甫谧相当重视临床操作，临床部分这六卷直到现在依然有很高的实用价值。

由于《针灸甲乙经》是对此前针灸学的总结，后世的专业学者不必再研读此前的针灸学著作，只需研究一部《针灸甲乙经》即可。而由于此前一些著作早已失传或残缺，《针灸甲乙经》将其精髓保存下来，因此具备了很高的文献价值。当然，这部针灸学著作最重要的还是在医学方面的价值，作为当时针灸学领域的集大成者，本书将针灸学的发展推向了空前的高度。此后的重要针灸学专著都是在本书的基础上创作而成的，历朝历代的研读针灸学的学生也都将本书作为专业教材，时至今日，本书依旧被广泛应用在临床实践中。

魏晋南北朝篇

25.《搜神记》

干宝

  魏晋时期，志怪小说，也就是叙述神仙鬼怪故事的小说盛行，东晋年间问世的《搜神记》，堪称当时最具代表性的志怪小说集，代表了魏晋志怪小说的最高成就。

  根据《晋书·干宝传》记载，《搜神记》的作者干宝有感于人的生死之事，心生感触，于是"遂撰集古今神祇灵异人物变化，名为《搜神记》"。干宝是一名有神论者，他在《搜神记》的自序中写道："及其著述，亦足以发明神道之不诬也。"也就是想用这些故事证明鬼神真的存在。

  《搜神记》的原版现在已经找不到了，目前的版本是后人收集而成的，共二十卷，收录了大大小小的故事四百五十四个。在内容方面，《搜神记》中的很多故事都并非原创，而是从前人的作品中传承下来的，比如《东海孝妇》《董永》等都是如此，但《搜神记》又带有明显的创新性。此前中国的神怪作品内容都很有局限性，即便是记载神话最多的《山海经》，也跳脱不出宇宙、人类起源、战胜自然灾害的英雄故事，以及部落战争这三个范畴。而《搜神记》却在此之外加入了很多新内容，如揭露社会现实的《韩凭妻》《三王墓》等；讲述爱情故事的《王道平妻》等；描绘社会人物的《天竺胡人》《郭璞》等。丰富的故事让《搜神记》成了后人创作传奇、话本、戏曲、通俗小说的丰富题材宝库，比如戏剧《天仙配》就取材于《搜神记》中的《董永》，元杂剧《窦娥冤》就取材于《东海孝妇》，鲁迅的《铸剑》就取材于《三王墓》，而《西游记》《聊斋志异》等作品的很多情节也都明显是从《搜神记》中借鉴而来的。

在艺术表现手法方面，虽然《搜神记》中的故事大多篇幅很短，其情节相对简单，却继承并大大发展了前人的浪漫主义手法。有些篇目已经有了很完整的故事情节，表现出较强的文学性，比如《王道平妻》，其中讲述了这样一个故事：秦始皇在位时，长安有个名叫王道平的年轻人，跟同村的姑娘父喻订立婚约。后来，王道平被征召入伍，九年未归，生死未卜。父喻的父亲便强行将她许配给了刘祥为妻。婚后三年，父喻因过度思念王道平，终日郁郁寡欢，抑郁而死。父喻死了三年后，王道平回来了，得知了父喻的经历，便去她坟前痛哭。结果父喻的鬼魂竟从坟墓里出来了，告诉他自己的身体并未毁坏，还可以复活。于是王道平将坟墓挖开，打开棺材，父喻果然死而复生。父喻的丈夫刘祥得知此事，去官府申诉。官府找不到能断此案的法律条文，只好上报朝廷，朝廷准许父喻跟王道平结为夫妻。他们二人的忠贞感动了上苍，最终双双活到了一百三十岁。这个故事的情节虽然比不上后世的唐传奇曲折感人，但在当时已颇为难得。

另外，《搜神记》中还有些篇目则极尽夸张和想象之能事，比如《三王墓》：楚国的干将为楚王铸剑，过了三年才铸成。楚王发怒，要杀掉他。干将便将铸成的一雄一雌两柄剑留下一柄，呈给楚王一柄。之后干将被处死，留下了妻子和一个遗腹子赤。赤长大后，母亲告诉他干将留下的雄剑藏在了哪里，赤找到后，便一心想要为父报仇。楚王梦到赤要杀自己，便悬赏千金捉拿他，赤只能躲进山里。后来，有个游侠撞见他，得知他便是干将的儿子，就说只要赤把头颅和剑交给自己，自己就能为他复仇。赤立即割下自己的头颅，将头颅和剑一同献上，身躯却屹立不倒。直到游侠承诺一定会为他复仇，他才倒下去了。游侠带着他的头颅去见楚王，楚王欣喜不已。游侠说，勇士的头颅应该放在镬里煮烂。楚王答应了，命人煮了三天三夜，结果赤的头颅还是没煮烂，甚至还从沸水中跳出来，怒目圆睁。游侠引楚王到镬旁观看，然后趁机拔出雄剑砍掉楚王的头颅，看着其掉入沸水中。随即，游侠用剑将自己的头颅也割下来，同样掉入了沸水中。最终，三颗头颅一起煮烂了，别人无法辨别出哪个才是楚王。楚人只能将三颗头颅埋在一起，将其称为三王墓。这种惊世骇俗的故事在《搜神记》中还有很多，就算今人看来，也不由得为其想象力惊叹。

可以说，《搜神记》是一本好看的书，读起来令人眼界大开，让人仿佛进入一个光怪陆离的梦幻世界，这种奇妙的阅读体验实在是难得。

26.《抱朴子》《肘后方》

葛洪

　　东晋时期，炼丹术盛行，道教学者葛洪受此启发，将炼丹理论加入神仙学说和道教理论中，编撰了一部道教著作《抱朴子》，"抱朴子"便是他的号。

　　《抱朴子》全书分为《外篇》和《内篇》两部分。《外篇》共计五十篇，写于《内篇》之前，主要论时政得失，托古刺今，讥评世俗，述治民之道，主张任贤举能，爱民节欲，可简单概括为"时政得失，人事臧否"，鲁迅曾评价其"论及晋末社会状态"。这些内容都属于道家的政治范畴，体现了葛洪"道本儒末"的思想。此外，《外篇》中还有部分章节牵涉到文学批评理论，提出了一种颇为先进的文学观：文学创作要重视思想内容和社会作用，立言一定要有益于教化，兼顾文章和德行；文学在不断发展，今胜于古，既要反对唯古是尊，又要反对薄古厚今；文学批评要重视作者的风格与个性，广录博收，反对偏嗜和浅尝辄止。

　　《内篇》共计二十篇，主要论述神仙方药、鬼怪变化、养生延年、消灾治病，具体说来包括以下内容：论述宇宙本体，神仙的确存在，金丹、仙药的制作方法与应用，各类方术的学习与应用，道教的各类书目以及世人修炼的普遍性。葛洪在其中提出了一个重要的观点：修仙一定要积累善行，建立功德，而不能只依靠修炼方术。遁隐山林并非修仙之道，若真想修炼成仙，还需建功立业、修身齐家治国平天下，要在现实生活中得到精神解脱和肉体飞升，既能立时济世，又能超凡入圣，正如书中所言："上士得道于三军，中士得道于都市，下士得道于山林。"

葛洪在《抱朴子》一书中，把玄学和道教、方术和金丹、儒学和仙学等融为一体，确立了道教的神仙理论体系，为研究中国古代道教史提供了重要资料。书中对汉晋两朝炼丹术和医药、化学知识的记载，也为研究中国古代科技史提供了资料。

除《抱朴子》外，葛洪还有一部传世的医学著作《肘后方》。葛洪虽是一名修道者，却精通医药学，他认为"古之初为道者，莫不兼修医术，以救近祸焉"，即修道者应该兼修医学，这样便可以治疗自己的疾病，保住自己的性命，在此基础上才能修道成仙。

他这部《肘后方》，全称《肘后备急方》，因全书卷帙不多，可以悬于肘后而得名。全书共八卷七十篇，是葛洪在民间行医、游历的过程中，结合自己的经验，收集、筛选出来的一些药方，主要针对内科急性病症，兼顾外伤科、五官科等。其中内科急性病症也就是急病，多是急性传染病，古人称之为"天刑"，即天降灾祸，鬼神作祟。葛洪在《肘后方》中推翻了这种说法，说这些急病是中了外界的疠气，与鬼神无关，这在当时颇有进步意义。

在《肘后方》问世之前，社会上的急救药方中提到的药物大多价格高昂，且很难找到。葛洪在《肘后方》中特意选择了一些价格便宜、很容易找到的药物，以造福百姓。

《肘后方》中有很多突破性的记录，比如首次记录了恙虫病，比美国最早记录的早一千五百多年。葛洪称这种病为"沙虱毒"，即一种名叫沙虱的小虫附着到人体上吸人血时，将病原体注入人体，使人发烧并出现各种严重的病症，甚至危及生命。

又比如书中记录了狂犬病，并找到了对应的预防药方。《肘后方》中记录人被疯狗咬到后受不了半点儿刺激，否则便会痉挛抽搐，尤其害怕水，因此又称为"恐水症"。葛洪记录了一个"以毒攻毒"的药方，就是将疯狗杀死后，将它的脑子敷在病人被咬伤的伤口上，防止出现狂犬病症状。这其实就是一种免疫思想，与种牛痘预防天花是一个道理。葛洪提出这种治疗方法一千多年后，欧洲才出现了免疫学。

关于天花最早的记录，同样出现在《肘后方》中，其中提及这样一件事：有一年，爆发了一种奇怪的传染病。一开始，病人身上起了一些小红点，但很快变成了白色的脓疱，并不断溃烂，同时伴随着高烧。这种病死亡率极高，侥幸存活下来的病人皮肤上也会留下麻子。这一记录比西方公认的对于天花的最早记录早了五百多年。

此外，葛洪还在《肘后方》中记录了结核病，称为"尸注"，是一种变化多端的传染病，病人会发烧、疲倦、消瘦、精神恍惚，却说不出自己究竟哪里难受，时间久了，甚至会丧命。这是中国历史上最早的有关结核病的记录。

可以见得，《肘后方》在当时是一部极具实用价值的医学著作，并对后世医药学的发展影响深远。

27.《谢康乐集》

谢灵运

　　李白的诗歌名篇《梦游天姥吟留别》中有这样两句："脚着谢公屐,身登青云梯。"其中"谢公屐"便是由东晋著名的山水诗人谢灵运发明的一种方便游山的木屐,"上山则去前齿,下山去其后齿"。

　　谢灵运原名公义,灵运是他的字。他是东晋名将谢玄的孙子,世袭为康乐公,因此世称谢康乐,他的诗歌集也被称为《谢康乐集》。谢灵运二十一岁入仕,本想在政坛大展身手,偏巧赶上朝代更替,他被权臣排挤出京,遂不得不称病返乡隐居。后来他虽又被在位的文帝召回京城,但依旧不受重用,于是他再度称病回乡。政治上不得志的谢灵运,将所有精力都用于游山玩水和创作诗歌上,这才有了李白诗中的"谢公屐"。因终日耽于逸乐,谢灵运终于在四十三岁时被免职。三年后,他因故被一名官员诬陷。但文帝并未予以追究,还任命他担任临川内史。然而,在任期间,谢灵运依旧沉迷于山水,荒废政务。司徒因此派人前去拘捕他,他兴兵拒捕,犯下死罪。文帝赏识他的才华,免他一死,将他改为流放。他却在流放期间密谋安排人解救自己,等到东窗事发后,被文帝以"叛逆"罪名处死,享年只有四十八岁。

可以说，若不是对山水的痴迷，谢灵运也不会早亡。他一生最大的成就就是山水诗，他的诸多杰作也是由这份痴迷造就的，可谓"成也萧何，败也萧何"。南北朝时期，中国出现了一个有名的诗歌流派——山水诗派，谢灵运便是该诗派的创始人。事实上，早在《诗经》《楚辞》中，就已经出现了对山水的描述，但只是用作比兴之背景资料，尚未成为独立的审美对象。谢灵运是中国历史上首位为山水诗的创作付出大量精力，对后世产生深远影响的诗人。他的山水诗十分重视"情必极貌以写物"，也就是尽可能捕捉山水景色中所有美丽的细节，然后尽可能在诗歌中真实还原。另外，他还将自己的感情贯注其中，寓情于景，情景交融。这些特点在《谢康乐集》收录的很多诗歌中都得到了极好的展现。

比如《登池上楼》，这首诗写于朝代更替、谢灵运被权臣排挤出京城后。这是谢灵运在政治方面遭遇的首次重大打击，他难免心灰意冷，于是登楼观景，借景抒情，写下了这一名篇。整首诗可分为三个层次：前八句是第一个层次，抒发了诗人在官场失意的牢骚；中间八句是第二个层次，描写了诗人登楼远眺，观赏到的景色；最后六句是第三个层次，表达了诗人归隐的愿望。其中最精彩的要数写景的第二个层次："衾枕昧节候，衾开暂窥临。倾耳聆波澜，举目眺岖嵚。初景革绪风，新阳改故阴。池塘生春草，园柳变鸣禽。"尤其是末尾两句，清新自然，不事雕琢，为后世广为传诵。而诗人借着对这些充满生机的江南春景的描绘，更衬托出自己内心的苦闷，实现了写景、抒情的完美融合。

又如《于南山往北山经湖中瞻眺》，这首诗的题目其实是一条游山玩水的路线，"于""往""经"三字将整条路线展现得非常清晰。诗中先记录行程，"朝旦发阳崖，景落憩阴峰。舍舟眺迥渚，停策倚茂松"；再描摹沿途看到的自然风光，"侧径既窈窕，环洲亦玲珑。俯视乔木杪，仰聆大壑淙。石横水分流，林密蹊绝踪。解作竟何感？升长皆丰容。初篁苞绿箨，新蒲含紫茸。海鸥戏春岸，天鸡弄和风"；最后抒发观景引发的感受，"抚化心无厌，览物眷弥重。不惜去人远，但恨莫与同。孤游非情叹，赏废理谁通"。其中，写景部分依旧是全诗的精华所在，依次描摹出"洲渚开阔、松林茂盛、小路蜿蜒、碧波萦绕、草木勃发、禽鸟自在"这一幕幕美景，如此高超的描摹技巧，令读者如同身临其境一般。

除上述两首诗歌外，《谢康乐集》中还收录了谢灵运的山水诗代表作《会吟行》《入彭蠡湖口》《过始宁墅》《田南树园激流植援》《石壁精舍还湖中作》等。另有《山居赋》《岭表赋》《江妃赋》等十多篇赋，在刻画景物方面同样造诣颇深，值得认真阅读。

28.《陶渊明集》

陶渊明

　　阅读中国的古诗不难发现，很多中国古代壮志难酬的读书人，几乎都以归隐田园作为自己最后的归宿。而这种观念在东晋大诗人陶渊明的《陶渊明集》中也多有体现。这是后人将陶渊明的传世作品编辑而成的一部作品集，共收录了诗歌一百二十五首，文十二篇。

　　陶渊明生活在东晋末至南朝宋初这段时期。他出生于一个没落的官宦家庭，童年和少年时代一直居住在乡间。这段生活对他的性格影响极大，一如他之后在诗中所言："少无适俗韵，性本爱丘山。"不过，成年后的陶渊明也跟当时的很多读书人一样，一心想要入仕为官，施展自己的政治抱负。无奈他出身贫寒，直到二十九岁才得到机会，但只做了一个小官。此后十余年，他做的都是这种小官，非但无法施展自己的雄心抱负，还要被迫卑躬屈膝，因此萌生了退隐山林、躬耕自给的念头。

　　陶渊明四十一岁那年，在彭泽做县令。有一回，郡太守派督邮来彭泽视察工作。督邮虽只是个小官，却很有权势，县令工作业绩的好坏，全看督邮在太守面前如何汇报。来彭泽的这名督邮十分傲慢无礼，一到彭泽就传令陶渊明去见他。陶渊明正要动身，有人提醒他，督邮是上级派来的人，要穿戴整齐，毕恭毕敬地前去拜访。陶渊明深感厌倦，感叹说："我岂能为五斗米，向乡里小儿折腰！"其后，他马上辞官回乡，从此彻底远离官场，开始了隐居生活，而"不为五斗米折腰"的故事也成了一段流传千载的佳话。

这种人生经历在陶渊明的作品中得到了淋漓尽致的体现。为官期间，陶渊明创作了一些行役诗和赠答诗。所谓行役，即古代官员为了公务四处奔走。在这类诗中，陶渊明感叹了行役之苦，表达了对入仕的厌恶，对隐居的向往。所谓赠答诗，即朋友之间互赠诗文，以此表达对彼此的友情。相较于此后创作的田园诗，陶渊明这两类诗歌的成就并不突出。

反映田园生活的田园诗，是陶渊明首创的诗歌体裁，在他的诗歌作品中占据着最大的比重，取得了最高的文学价值，构成了《陶渊明集》的主要组成部分。其中，《饮酒》第五首，《归园田居》第一首、第三首等，都是脍炙人口的田园诗佳作。《饮酒》第五首中的"采菊东篱下，悠然见南山"，《归园田居》第一首中的"暧暧远人村，依依墟里烟。狗吠深巷中，鸡鸣桑树颠"，以及第三首中的"种豆南山下，草盛豆苗稀。晨兴理荒秽，带月荷锄归。道狭草木长，夕露沾我衣"等诗句，将原本平淡无奇的田园景色与生活，用纯朴、优美、富于情趣的诗句表述出来，意境优美，形象生动，读起来朗朗上口，心旷神怡，因此广为流传。

这段时期，除清新幽美的田园诗外，陶渊明还创作了一些咏怀诗。归隐田园之后，他虽然坚决不再入仕，却并不表示他已经彻底放弃了自己的政治抱负。这些咏怀诗，便是他用来表达自己壮志难酬的苦闷与悲愤的，其中最具代表性的有《杂诗》

《读山海经》，特别是《读山海经》中的"精卫衔微木，将以填沧海。刑天舞干戚，猛志固常在"几句诗，通过对精卫和刑天两位英雄百折不挠的精神的赞美，表达了自己的悲愤之情。

除诗歌外，《陶渊明集》中还收录了陶渊明的一些散文和辞赋，最具代表性的有《归去来兮辞》《桃花源记》等。

《归去来兮辞》是一篇抒情小赋，是陶渊明告别仕途，回归田园的宣言。作品创作于陶渊明辞官之初，描述了他辞官归隐后的感受与生活，表现了他对官场的认知和对人生的思索。全文结构严谨，语言浅显，辞意畅达，匠心独运，洒脱淡然，情感真挚，意境深远，是一篇罕有的辞赋佳作。北宋文学家欧阳修对这篇辞赋推崇至极，曾表示："两晋无文章，幸独有《归去来兮辞》一篇耳。"

《桃花源记》则描绘了一个美好的世外桃源，在那个世界里，没有阶级，没有剥削，人人自食其力，自由生活，自得其乐，与当时残酷、黑暗的社会现实形成了鲜明而讽刺的对比。桃花源完全是陶渊明想象出来的，但因为他采用了虚景实写的手法，让人觉得是一个真实的存在，才使得陶渊明非同一般的叙事写景可见一斑。中国古代很多诗文都描绘过美好的世外仙界，但很少有像《桃花源记》这样，以普通人而非神仙为主角，其中没有长生不老和满是金银珠宝的仙境，只有怡然自得的躬耕生活。显然，这是陶渊明构建的理想社会，在当时的社会环境中能有这样的意识与觉悟，实在令人惊叹。

陶渊明在世时，他的文学成就并未得到时人的肯定，幸而有《陶渊明集》传世。随着历史的发展，他的诗文越来越为大众接受，成了中国古代诗歌史上一颗璀璨的明珠。

29.《后汉书》
范晔、司马彪

　　班固等三人编撰的《汉书》记录的是西汉的历史，称为《前汉书》。后来又出现了一部记录东汉历史的史书——《后汉书》，这部纪传体史书记录了从东汉光武帝建武元年（公元25年）到汉献帝建安二十五年（公元220年）间共一百九十五年的历史。全书主要章节是南朝范晔编撰的《后汉书》，北宋时，有人把晋朝司马彪《续汉书》志三十卷补入其中，成为我们今天看到的版本。

　　范晔是南朝宋顺阳（今河南南阳淅川东）人，出生于世族家庭，但因是父亲的妾室所生的庶子，在家中地位并不高。后来因为伯父没有儿子，范晔被过继给了伯父，因此得以承袭伯父的爵位。范晔从小就很喜欢读书，小小年纪就博览家中藏书，文采斐然。青年时期，范晔入仕，先后效忠于彭城王刘义康和始兴王刘浚。后因参与刘义康谋反被诛杀，享年只有四十八岁。

　　范晔之所以编撰《后汉书》，起因是其元嘉九年被贬职。当时，彭城王刘义康的母亲去世。下葬当晚，范晔在弟弟范广渊处饮酒，因开窗欣赏挽歌助兴，惹怒了刘义康，被贬为宣城太守。范晔因此闷闷不乐，之后开始整理东汉史料，编撰东汉历史。这样做既是为了排遣心中的苦闷，但更重要的目的却是

"欲因事就卷内发论，以正一代得失"，这是范晔后来被告发谋反后，在狱中所写的《狱中与诸甥侄书》中提到的。如此明确表明写史是为政治服务的，这在中国历史上还是第一个。

在编撰史书方面，范晔其实有很深的家学渊源。他的祖父范宁著有《谷梁集解》一书，后世《十三经注疏》中的《谷梁传注疏》就是在此书的基础上写成的。而范晔的父亲范泰也著有《古今善言》二十四篇。在祖父和父亲的影响下，范晔对编撰史书萌生了兴趣。

在编撰《后汉书》期间，范晔主要以《东观汉记》作为参考。这是一部纪传体史书，由东汉班固、陈宗、尹敏等几代史学家编撰而成，记录了从东汉光武帝到汉灵帝期间的历史。在唐朝之前，这曾是一部相当重要的东汉史书。进入唐朝后，其地位才被《后汉书》取代。同时，范晔还参考了当时多部史料，博采众长并积极创新。

元嘉二十二年十一月，范晔完成了《后汉书》的本纪、列传部分，并与谢俨合作完成了"五志"：《礼乐志》《舆服志》《五行志》《天文志》和《州郡志》，却因被人告发参与刘义康的谋反，被逮捕入狱。当年十二月，范晔被处死，死前感叹："可惜！满腹经纶，葬身此地。"他的儿子也都被株连，只有孙子范鲁连逃过一劫。谢俨生怕也被卷入其中，于是将两人合作的"五志"毁掉。因此，范晔的《后汉书》流传于世的便只剩本纪和列传两部分。北宋年间，有人将此书和此前西晋史学家司马彪所著的《续汉书》中的志合在一起，便有了今天的《后汉书》。

《后汉书》全书分为十纪、八十列传和八志。其中，十纪中有九卷为皇帝本纪，效仿司马迁在《史记·秦始皇本纪》附秦二世胡亥和秦王子婴的先例，在《和帝纪》后附早夭的殇帝刘隆，在《顺帝纪》后附同样早夭的冲、质二帝，既完整记录了历史，又节省了篇幅。而由于东汉从和帝开始，先后有六位太后临朝称制，因此《后汉书》一改此前《史记》《汉书》将皇后列入《外戚传》（只有吕后是例外）的做法，为皇后写了一卷本纪，从而更准确地反映了东汉时期的政治特色。

至于列传，《后汉书》在承袭《史记》《汉书》的列传外，又增加了七种列传：《党锢传》《宦者传》《文苑传》《独行传》《方术传》《逸民传》《列女传》。以《党锢传》和《宦者传》为例，这是对东汉历史的真实反映。东汉年间，党锢大兴，很多正直的朝臣都因结党的罪名被诛杀，而这些党锢之狱的主要制造者便是大批参政的宦官。又如《列女传》，这是范晔在西汉刘向《列女传》的启发下新增的，其中为十七位女性立传，打破了此前的史书除皇族女性外不为女性立传的禁例，显示了范晔非同一般的见识与胆色。在这十七位女性的选择上，范晔不拘于儒家的三纲五常，提出"搜次才行尤高秀者，不必专在一操而已"，也正是如此，东汉末年有名的才女蔡文姬虽不符合封建道德礼教的标准，还是被列入其中。后代一些史学家继承了这一体例，却将内容改成了"烈女节妇"传，比起范晔的《列女传》无疑逊色得多。另外，在合传方面，范晔时常打破时间顺序，将相似的人物放在一起作传，比如都"轻利禄而善属文"的王充、王符和仲长统，虽然生活时代不同，还是被放到一起合传。这样对作者编写和读者理解都相当有利，对后世的史家影响深远。

八志包括律例志、礼仪志、祭祀志、天文志、五行志、郡国志、百官志、舆服志八部分。其中天文部分记录了两千年前的一次超新星爆发事件，该超新星后来被科学家编号为 RCW86。

作为一部史学著作，《后汉书》保留了东汉一朝的大量史料，涉及社会生活的方方面面。目前记录东汉历史的史书中，除《后汉书》和东晋袁宏的《后汉纪》外都已失传，而《后汉纪》在各方面均不能与《后汉书》相提并论，因此《后汉书》便成了今人研究东汉历史最重要的史料。除记录历史外，《后汉书》的列传中还附录了东汉很多学者的论著，比如《张衡传》中收录了张衡的三篇论著《客问》《上陈事疏》和《请禁图谶》，《蔡邕传》中收录了蔡邕的一篇论著《释诲》，《崔寔传》中收录了崔寔的一篇论著《政论》等。很多论著若非收录在《后汉书》中，早已失传。

由于范晔编撰《后汉书》主要是为了"正一代得失"，因此对史论相当重视，观点鲜明，一针见血，多宣扬儒家的正统思想，对有利于社稷安定、国计民生的忠贞之士大加赞扬，反之则予以批判。比如书中赞扬了卫飒、王景、王涣等勤政爱民的官员，以及李膺、范滂等舍生取义的忠义之臣，而对专权的宦官、外戚则大加批判，这成了《后汉书》的重要特色之一。

《后汉书》自问世之后广受欢迎，出现了很多注本。其中范晔编撰的纪传部分有唐高宗第六子——当时的太子李贤所作的注本，司马彪的志则有南朝梁刘昭所作的注本。清朝还有惠栋所作的《补注》，以及王先谦博采众长合成的《集解》。这几种注本都十分优秀，可作为阅读《后汉书》的参考。

30.《世说新语》《幽明录》
刘义庆

　　继东晋干宝的小说集《搜神记》之后，南北朝时期，中国又出现了一部著名的小说集《世说新语》，原名《世说》。

　　《世说新语》由刘义庆组织一批文人编写而成，主要记录了东汉末年至刘宋初年豪门贵族和官僚士大夫的言谈轶事。刘义庆是南朝宋的皇族宗室，宋武帝刘裕的侄子，被封为临川王。宋武帝之子刘义隆登基为宋文帝后，为巩固统治，杀害了很多功臣和宗室，连当时有名的大将檀道济都没能幸免。为了保命，刘义庆主动请求调离京城，到外地担任地方官。为了进一步消除文帝对他的猜忌，他还召集一批文人，编写了《世说新语》这样一部清谈之作。

　　现存的《世说新语》分为上、中、下三卷，分为"德行""言语""政事""文学""方正""雅量"等三十六门，共计一千多篇。其中牵涉的人物多达一千五百多个，上至帝王将相，下至僧侣隐士，魏晋时期的重要人物几乎无一不包含在内。整部书就是一部魏晋名士的群像，鲁迅曾称其为"一部名士的教科书"。借助这部"教科书"，可以进一步对魏晋时期上层社会的面貌有全面了解。可以说，其不光具有文学价值，还能作为一部史料传承。

在书中，作者对这些名士的个人形象进行了生动的描绘，侧重点各有不同，有的侧重于外貌，有的侧重于心理，有的侧重于才学，最终都集中于展现人物独特的性格特征。很多时候只用寥寥数字，就能刻画出一个栩栩如生的人物形象。例如其中提到名列"竹林七贤"的王戎："王戎有好李，卖之恐人得其种，恒钻其核。"意思就是，王戎种的李子质量非常好，因为担心别人会得到李子的种子，种出跟他的一样好的李子。于是他去卖李子时，会事先将每个李子的核都掏出来。作者只用不到二十个字，就刻画出了一个传神至极的吝啬鬼形象，令人过目难忘。全书语言精练、含蓄、生动，现在很多仍在广泛应用的成语都起源于这部书，比如"拾人牙慧""一往情深""咄咄怪事""卿卿我我""难兄难弟"等。

兼具这些特征的《世说新语》，是一部相当好看的小说集。它除了具有文学欣赏价值和史料价值外，还对之后的中国小说和戏剧发展产生了深远的影响。书中很多人物、故事，都成了后世小说、戏剧的创作素材或常用典故，如"子猷访戴""谢女咏雪"等。另外，还有很多小说仿照其创作，比如《唐语林》《续世说》《何氏语林》《今世说》《明语林》等，人称"世说体"。

除《世说新语》外，刘义庆还曾组织文人编写了一部志怪小说集《幽明录》，与《搜神记》同为魏晋志怪小说的代表作。原书共三十卷，已经失传，鲁迅在《古小说钩沉》中收集了其中二百六十五篇，讲述的都是神仙鬼怪的故事，题材虽然传统，但在将神仙鬼怪人情化方面有了很大进步，因此更具真实感。这些故事大多篇幅短小，细节不足，但也有一些故事篇幅显著增加，有的一篇就超过了一千字，这在当时是很少见的，情节也随之变得曲折、丰富。部分作品如《陈阿登》《鱼腹丹文》《水底弦歌》《采菱女》等还加入了诗歌，使得叙事呈现出诗化特征。故事的主题多涉及战争、死亡、疾病、饥饿以及婚恋，颇具现实意义。其中，死亡的方式多种多样，展现了百姓的生活疾苦；婚恋有人神恋、人鬼恋、人妖恋等多种类型；另有多篇宣扬佛教思想、忠君思想。

　　跟《世说新语》一样，《幽明录》也颇具可读性。书中很多故事也成了后代文人取材的源头，如唐传奇《离魂记》和《枕中记》，明朝戏剧《邯郸梦》，清朝《聊斋志异》中的《续黄粱》等，都取材于《幽明录》。若我们先读过《幽明录》，再读后人们创作的这些作品，就会有似曾相识的感觉。

31.《文心雕龙》

刘勰

　　《文心雕龙》是南朝文学理论家刘勰创作的一部文学理论专著，成书于公元 501 至 502 年，也是中国第一部系统的文学理论专著。全书分成上、下两部，每部二十五篇，共计五十篇，分为总论、文体论、创作论、批评论、总序五部分。其中，总论五篇，是全书的纲领，奠定了全书的理论基础；文体论二十篇，分别论述不同的文体。据统计，其中论述的文体共计五十九种，有四十四种属于应用文的范畴；创作论十九篇，论述创作过程、作家风格、写作技巧、文辞声律等；批评论五篇，是全书最精彩的部分，从各种不同的角度批评此前文人的文风与成就，还讨论了批评的方法；最后一篇《序志》是全书的总序。

　　书中的创作论内容十分丰富，比如有对文学创作中的主客观关系详细、深入的论述，先是肯定了"云霞雕色""草木贲华"这类现象之美，指出是一种客观存在，随即又强调了在用文学创作展现现象之美时，创作主体也就是文人的天赋和后天的学识修养等发挥的重要作用。尤其是书中谈及的，在创作过程中，主观的"情"与客观的"景"会相互影响、转化，作家在观察"景"时，要带着诚挚的"情"，并将这种"情"贯注到"景"中，这样才能实现文采斐然的艺术展现。书中重点突出了感情在文学创作过程中发挥的作用，不是"为文而造情"，而是"为情而造文"，认为感情在作品的构思、结构、布局、体裁、风格中发挥着关键作用。

另外，创作论部分还探讨了艺术想象理论，认为艺术想象只能建立在客观生活的基础上。在艺术想象的过程中，从头到尾，想象都跟具体、感性的客观事物是一体的，不能划分。文人如果想要发挥自己的艺术想象力，就要聚精会神，不受外界干扰，但更重要的是平时要注意积累，有了广泛、深厚的基础，想象的灵感自然随之而来。

创作论中还有一点需要留意，就是强调文学作品要有"风骨"，这是刘勰针对南朝浮靡的文风提出来的。所谓"风"就是要有强大的艺术感染力，所谓"骨"就是展现出来要刚健清新。这对之后唐朝诗歌的繁荣发展影响深远。

书中的批评论部分也提出了很多独到的见解。比如"操千曲而后晓声，观千剑而后识器"，意思就是文学创作丰富多彩，作为批评家，要有渊博的学识和阅历，才能在此基础上提出正确、深刻的观点。刘勰生活的年代，文人相轻的现象非常普遍，大家"各以所长，相轻所短"，批评界风气不正。《文心雕龙》中的见解对纠正这种风气很有帮助，即便是对现在的批评家也有很强的借鉴意义。

32.《诗品》

钟嵘

　　继刘勰的《文心雕龙》之后，南朝又出现了一部文学批评专著《诗品》，这也是中国第一部诗歌批评专著，作者是南朝文学家钟嵘。钟嵘生卒年不详，曾在梁朝做过一些小官。他创作《诗品》大约是在公元 502 到 513 年之间。《诗品》还有一个名字叫《诗评》，《隋书·经籍志》中有这样的记录："《诗评》三卷，钟嵘撰，或曰《诗品》。"唐宋年间，两个书名并用。到了明、清两朝，"诗品"一名逐渐压过了"诗评"。现在提起后者，已经很少有人知道了。

　　钟嵘之所以创作《诗品》，跟南朝梁时期诗坛的风气密切相关。钟嵘在《诗品》的序言中提到，彼时的诗坛风气严重衰落，人们对诗歌这种文体的认识扭曲得很厉害。写诗成了一种追求时尚的工具，上层社会几乎人人都在写诗，连幼小的孩童也不例外，导致诗坛充斥着各种各样庸俗的作品，一片混乱，且对诗歌的评论也缺乏依据，众人各抒己见，难以达成一致。针对这一情况，钟嵘创作了这部诗论专著，希望借此恢复诗坛秩序。

　　《诗品》对两汉到南朝梁一百二十二位诗人的作品进行了品评，其作品基本都是五言诗，其中十一人被归为上品，三十九人被归为中品，七十二人被归为下品。钟嵘品诗是建立在历史基础上的，他在序言里概括论述了五言诗的产生和发展，列出了一个诗歌发展史的提纲。在论述各个诗人的风格时，他总会追本溯源，找出是受哪位前辈的影响。部分见解颇具借鉴意义，在把握住这些诗人继承前人的重要风格特色的同时，也让后人在划分诗歌流派上有据可循。比如他提出陆机、谢灵运是受陈思影响，颜延年是受陆机影响，左思是受刘桢影响，陶渊明又受左思影响等。不过，书中也有很多见解显得很没有依据，甚至自相矛盾。比如他提出曹植的诗歌承袭了《诗经》中的《国风》，阮籍的诗歌承袭了《诗经》中的《小雅》等，都没什么说服力。

在追本溯源之余，钟嵘还很擅长总结各个诗人独有的艺术风格，这成了《诗品》的一大特色。他从赋比兴、风骨、文采、诗味、诗中名句这几点入手加以总结，最后往往用比喻的方式，将诗人的艺术风格描绘出来，让自己的诗文既新颖又贴切。比如总结南朝诗人范云、丘迟的诗："范诗清便宛转，如流风回雪；丘诗点缀映媚，如落花依草。"真是妙绝。

钟嵘对用典非常抗拒，这明显是针对当时诗坛流行用典，以至于"文章殆同书抄"的风气。他提出用典要用得准确、精练，这对当时和后世的诗歌创作都颇具借鉴意义。

《诗品》对后世影响深远，无论是后世的诗歌批评还是诗歌创作，都从中汲取了很多养分。当然，《诗品》中也存在不少不足，除了前面提及的对部分诗人的承继关系划分不够准确外，还有很重要的一点，就是受南朝的形式主义影响，品评诗时极少牵涉其思想内涵，却将文采放到了最重要的位置上。于是，陶渊明的诗被排到了谢灵运之后，开创了建安诗风的曹操的作品甚至被归为下品，造成了后世诗歌批评领域中一股不正之风的盛行。我们在阅读《诗品》时，一定要有自己独立的思考空间，不能完全被书主导，正如《孟子》一书中所言："尽信书，不如无书。"

33.《文选》

萧统

　　中国历史上有多位王公贵族颇具文采，积极参与修书，比如之前提过的西汉宗室刘向、南朝宋宗室刘义庆等。南朝梁也出现了这样一个人物，他就是南朝梁武帝的长子萧统。萧统在被册立为太子后英年早逝，死后谥号"昭明"，因此世称"昭明太子"。他生前曾组织文人编选了一部诗文集，也是中国现存最早的诗文总集，称为《文选》，又称《昭明文选》。

　　《文选》选录了从先秦时期到南朝梁八九百年间一百多位作者的七百多篇作品。这些作品大致可分为三大类：赋、诗、杂文。具体又可划分为三十八小类，如赋、诗、骚、诏、册、表、上书、启、弹事、笺、奏记、檄、设论、辞、序、颂、符命、史论、论、箴、铭、诔、碑文、墓志、祭文等。这其中选录的主要是文学作品，名家名篇，经（儒家经典著作）、史（正史）、子（先秦诸子百家的著作）都不在选录的范围内。

　　在对文学作品进行筛选时，又遵从内涵与文采兼备的原则，只偏重于一方的不予选录。因此，《文选》中没有选录东晋诗坛最流行却严重脱离社会现实的玄言诗之类，却选录了陶渊明的八首诗，以及《古诗十九首》等佳作。尽管后世对《文选》中选录的作品是否都够格、还有没有遗漏等问题一直存有很大争议，但整体而言，《文选》中已基本包含了从先秦到南朝梁初期各类文体的重要作品，为后世研究这段时期的中国文学史提供了非常宝贵的资料。

书中选录的诗文多而优秀，其中《古诗十九首》是相当突出的，被誉为"五言之冠冕""千古五言之祖"，其中的名篇有《青青河畔草》《迢迢牵牛星》等，皆家喻户晓。这十九首诗的作者在萧统生活的年代已经无从考证，《文选》将其汇集起来，冠以"古诗十九首"的名称，使其流传至今。

诸葛亮的《出师表》同样是《文选》中十分突出的一篇。诸葛亮写这篇表时，刘备已经去世，他生前将自己的儿子刘禅托付给诸葛亮。诸葛亮为了统一全国，先是平息了南方的叛乱，之后又决定北上伐魏。临行前，他写下这篇表，呈给刘禅，诚恳委婉地劝他广开言路、赏罚严明、亲贤远佞、兴复汉室，同时表达了自己对先帝知遇之恩的感激和誓死效忠蜀汉的忠心，这与屈原在《离骚》中表达的忠君爱国之情是一致的。全文晓之以理，动之以情，率真质朴，情感丰富，打动人心。其中大量句子都被浓缩为成语广泛使用，比如"妄自菲薄""作奸犯科""不知所云"等。

此外，《文选》中选录的曹操的《短歌行》、曹植的《洛神赋》、王粲的《登楼赋》、谢灵运的《登池上楼》等，也都是难得的佳作。

因为《文选》在选录方面的优势，相较于其余同类诗文集而言，对后世造成了更加深远的影响。一直到唐朝初期，科举考试的题目都是诗赋，因此收录了大量优秀诗赋的《文选》便成了读书人必读的一部书。北宋神宗在位时，支持王安石变法，改革科举制度，废除诗赋词章取士的旧制，以新经学取士。此后，《文选》虽然不再是读书人的必读书，但作为一部文学作品，依旧具有极高的价值。

当然，《文选》中也有一些不足，比如选录了一些伪作，当时并没有甄别出来。如所谓李陵所作的《答苏武书》，后来就被证明是伪造的。另外，书中还出现了不少错误，如汉武帝所作的《秋风辞》、刘歆所作的《移书让太常博士》等，将史书中的相关记载标注成了作者作的序。不过，从整体而言，《文选》依旧是一部难得的诗文集佳作，是我们了解先秦到南朝梁初期汉族文学成就的重要参考资料。

34.《古诗十九首》

佚名

　　刘勰曾在《文心雕龙》中盛赞一组诗是"五言之冠冕"，钟嵘也在《诗品》盛赞其"天衣无缝，一字千金"。这组诗便是《古诗十九首》，其中包含的十九首五言诗，是南朝萧统从传世的无名氏所作《古诗》中挑选出来的。这十九首诗的作者在南朝梁就已无从考证，《文选》中称其"并云古诗，盖不知作者"。另有种说法，称其中部分诗是枚乘、傅毅、曹植、王粲等人所写，比如南朝梁的诗歌集《玉台新咏》中称其中有八首都是西汉诗人枚乘所作，但这种说法并无确凿证据。

　　这十九首诗都是乐府诗，乐府原本是汉武帝时开始设立的掌管音乐的官署，其职责是为文人歌功颂德的诗歌配乐、演唱，同时收集汉族民歌。这些乐章、歌词之后被统称为"乐府诗"或"乐府"。《古诗十九首》是在汉族民歌的基础上发展起来的，语言纯朴自然，不用生僻难懂的词，就将文意表达得很精练准确，可以说是用最浅显明白的语言道出真情至理。后人评价其语言"如山间甘泉，如千年陈酿，既清新又醇厚，既平淡又有韵味"。诗中还经常采用叠词，既生动传神，又增加了诗歌的节奏与韵律之美。在抒情方面，十九首诗更称得上典范，从写景叙事自然而然地转入抒情，委婉含蓄，意味无穷，而且抒发的情感十分真挚，毫不矫揉造作。另外，诗中经常采用情景交融的写法，寓情于景，浑然天成，达到了极高的艺术境界。

以其中的名篇《迢迢牵牛星》为例，这首诗描述的是织女和牛郎隔着银河不得相见的痛苦，全诗总共十句，有六句都使用了叠音词——"迢迢""皎皎""纤纤""札札""盈盈""脉脉"，纯朴自然，充满情趣，读起来朗朗上口。而整首诗被浓浓的离愁别绪笼罩着，情感深沉，感人至深，千百年来一直广为传诵。

综观这十九首诗，多是这类思妇游子之辞，具体说来就是恋人或朋友间的离愁别绪，士人的彷徨失意，以及人生的变幻无常。多数诗都是从女性角度出发，这是因为当时的女性地位低下，只能将自己的一生寄托于爱情和婚姻，并且她们活动的空间狭小，只能在孤独中体验无尽的相思之苦。由于女性情感的细腻婉转和她们对生活环境中各种事物的沟通交流能力远在男性之上，使得从女性角度创作的《古诗十九首》的内容更加丰富细致，打动人心，形成了更加普遍而永恒的艺术魅力。

《古诗十九首》在中国五言诗的发展史上占据着重要地位，它的出现标志着中国文人创作的五言诗已经成熟并成为一个独立的体系，这种崭新的诗歌形式和娴熟的艺术技巧，为后世五言诗的发展奠定了雄厚的基础。而在整个中国诗歌史上，它同样产生了巨大的影响，无论是题材内容还是表现手法都被后世很多诗人沿用，几乎形成了一种固定的模式。当然，作为普通读者，大多数人更关注的应该是阅读这部作品能不能感受到诗歌的语言和情感之美，相信结果不会令大家失望。

35.《水经注》

郦道元

对地理学稍有了解的人，都知道中国的地理状况相当复杂。中国人对地理学的研究，从数千年前就开始了，《尚书》《管子》《山海经》等古书中都有对地理学的记载。到了南北朝北魏年间，又出现了一部专门的地理学著作——《水经注》，作者是当时有名的地理学家郦道元。

《水经注》以《水经》为纲，详细记载了一千多条大小河流及有关的历史遗迹、人物掌故、神话传说等。《水经》是中国首部记录水系的专著，其作者和成书年代一直存在很多争议，全文只有一万多字，简单记录了中国一百三十七条主要河流的水道状况。郦道元在此基础上进行了扩充，《水经注》长达三十多万字，分为四十卷，记录了一千二百五十二条河流水道，堪称中国古代最全面、系统的综合性地理著作。

关于自己为什么要创作这样一部地理学专著，郦道元曾在《水经注》的序文中表示，此前中国的地理学著作都存在明显的不足：《山海经》太过杂乱无章，《禹贡》和《周礼·职方》等只描绘了大致轮廓，《汉书·地理志》记录得又不详细，诸如此类。郦道元一生游遍大江南北，积攒了极为丰富的地理见闻和知识，为了让这些知识流传于后世，他决定创作一部地理学专著。至于为什么会选中《水经》作为纲目，原来是他了解到地理状况变化无常，以水系为纲描述变化的地理状况会更有条理。另外，南北朝时期，中国四分五裂，郦道元非常向往国家统一，再现历史上完整、广阔的版图，这更增强了他打破政治疆域，以自然水系为纲的决心，所谓"因水以证地，即地以存古"。

为了创作《水经注》，郦道元亲自到各处实地考察，寻访古迹，追本溯源，并搜集了大量的资料。书中总共援引了四百多种书籍，三百多种汉魏碑刻，以及大量渔歌、民谣、传说、谚语等，可算是对此前中国的地理学成果所做的一大总结。

成书后的《水经注》内容丰富，对河流从发源地到入海口的所有干流、支流、水量和水位的季节变化、含沙量、结冰期，以及沿途经过的湖泊、瀑布等状况，都有详细记录，还记录了高山、丘陵、平原、喀斯特洞穴等多种地貌，以及水旱灾害、风灾、蝗灾、地震等多种自然灾害。另外还有丰富的植物和动物品种记录，二者都达到了上百种，以及金、银、铜、铁、锡等金属矿物，石墨、云母、石英、玉等非金属矿物，煤炭、石油、天然气等能源矿物。

除自然地理外，书中还有丰富的人文地理内容，如记录了多达两千八百座县级城市和其他城邑，大约一千座乡、镇、亭、里、聚、村等比城邑更小的行政区域，以及诸如古塔、宫殿、陵墓、寺庙、园林等大量建筑，而书中这些城市中还包含着印度等国的一些重要城市；又如记录了从古至今大大小小的战役超过三百场，其中很多战役都是通过有效利用地形而取得了胜利；再如记录了大量水路和陆路，单是桥梁就有差不多一百座；还有大量农田水利工程，以及农田耕作制度等资料；另有采矿、冶金、纺织等手工业生产内容。

作为一部地理学著作，《水经注》有着相当高的价值，直到现在依然能为地理研究者提供科研依据，再加上郦道元在文学方面有颇高的造诣，使得《水经注》不仅成为一部内容丰富的科学著作，也成为一部语言清丽的文学著作。作者叙述的语言也非常生动，变化多端，再加上书中丰富的人文知识，让人阅读起来趣味横生。

36.《齐民要术》

贾思勰

  中国的果农自古以来就懂得通过观察天气预测霜降，并用熏烟的方法预防霜害。而这种技巧的推广，要归功于一部农书《齐民要术》。这是北朝北魏至东魏年间，农学家贾思勰所作的一部综合性农学著作，也是中国现存最早的农书。

  贾思勰是北魏齐郡益都县（今山东寿光市西南）人，出生于一个世代务农的书香门第，祖上非常重视学习、研究农业生产技术，这对他影响很大。贾思勰成年后入朝为官，在山东、河北、河南各地担任地方官，每到一处都会认真考察、研究当地的农业生产技术，并向一些经验丰富的农民请教，收获颇丰。当时在位的北魏孝文帝倡导汉化运动，以农为首，后又实行均田制，将无主的荒地分配给无地或少地的农民耕种。这样的大环境，更增加了贾思勰对农学的兴趣。后来，他返回家乡务农，又积攒了丰富的实践经验。在此基础上，他整理、分析、总结了自己在农业方面积累的经验，写成了传世巨著《齐民要术》。

  书名中的"齐民"是指平民百姓，"要术"是指谋生的方法。"齐民要术"可以理解为平民谋生的方法，也可以理解为治理民生的方法。全书正文约七万字，注释四万多字，共计十一万多字，分为十卷，九十二篇，引用了《氾胜之书》《四民月令》

等现在已经失传的农书一百多种。全书主要记录了黄河流域下游地区，也就是现在的山西东南部、河北中南部、河南东北部、山东中北部的农业生产状况，内容涉及农业、园艺、造林、蚕桑、畜牧、兽医、配种、酿造、烹饪、储备、治荒等方方面面，几乎对所有类型的农业生产活动都做了详细的论述。

在《齐民要术》中，贾思勰建立了一整套相对完整的农学体系，从开荒到耕种，从生产前的准备到生产后的加工、利用，从种植业、林业到畜牧业、水产业，内容全面，脉络清晰，结构严谨。在安排各个项目的顺序时，以其在百姓生活中的重要性为依据，例如论述畜牧业，先说马、牛，然后再说羊、猪、家禽，主次分明，重点突出。

书中还提到了种植和养殖技术。关于种植技术，书中用大量篇幅讲述了蔬菜种植、树木嫁接等方法，还提出了一些防治病虫灾害和自然灾害的举措，比如开头就提到果农预测霜降、预防霜害的技巧，直到现在依然普遍适用。关于养殖技术，书中第六卷中的六篇分别记录了畜、禽和鱼类的养殖方法。其中，"养羊篇"提出：养十只羊，公羊的最佳数量是两只，公羊太少了，母羊不容易受孕；但是如果公羊太多了，羊群就会一片混乱。其他的家畜、家禽和鱼也要遵从一定的雌雄比例。除记录养殖经验外，书中还搜集、记录了外科、内科、传染病、寄生虫病等方面的四十八个兽医处方，其中，如直肠掏结术和疥癣病的治疗方法一直沿用至今。

另外，《齐民要术》中还倡导农副产品收获后要对其进行加工，这样既能提升产品价值，又能直接满足大众的消费需求。本书最早详细、严谨地记录了酒、酱、醋等的制作方法。

贾思勰重农抑商，认为农业生产技术是"益国利民，不朽之术"，《齐民要术》的序文中更是直接地写道："故商贾之事，阙而不录。"不过，他又提倡出售农副产品及其加工品，为农民创造更多的经济收益，并详细记录了相关的方法。

贾思勰在《齐民要术》中提出的很多农学思想，在当时是非常先进的，比如：要顺应农作物生长的自然规律，在此基础上再发挥人的主观能动性；要以粮食生产为核心，同时兼顾园艺、桑蚕、畜牧、养鱼、农副产品加工等；重视成本、利润的核算，以此为依据降低成本，提升利润等。就算放在今天，这些理论依然具有很强的实用性。

中国古代以农为本，《齐民要术》作为一部了不起的农学专著，成书后受到了历朝历代政府的重视，被誉为"惠民之政，训农裕国之术"。此后出现的很多农书，如元朝王祯的《王祯农书》、明朝徐光启的《农政全书》等，都以其为范本。这部书还流传到了海外。据说英国生物学家达尔文在研究进化论期间，参考了"一部中国古代百科全书"，有人认为此书正是《齐民要术》。虽然现在我们身边的很多人都不再直接参与农业生产，但阅读这部古老的农书，了解中国古代农民的生产、生活状况，依然是一件相当有趣的事。

37.《颜氏家训》

颜之推

　　家训是中国传统文化的重要组成部分，所谓"家训"，就是对子孙后代立身处世、持家治业的教诲，包含在家谱中。谈到家训，就不能不提一部书——《颜氏家训》，这是南北朝著名教育家、文学家颜之推所作的一部家训，也是汉族历史上第一部拥有宏大体系和丰富内容的家训，自成书以来便广受推崇，有"家教规范"的美誉。

　　颜之推生活于南北朝至隋朝年间，历经南梁、北齐、北周、隋朝四朝，"三为亡国之人"，饱受颠沛流离之苦。隋朝建立后，天下逐渐太平，颜之推为了保持颜家的传统以教育子孙，便总结了自己一生立身、治家、处事、为学的经验，写成了这部《颜氏家训》，最终成书在隋炀帝登基之前。

　　全书分为七卷，二十篇，依次是序致、教子、兄弟、后娶、治家、风操、慕贤、勉学、文章、名实、涉务、省事、止足、诫兵、养心、归心、书证、音辞、杂艺、终制。其中涉及的内容十分丰富，但主要是用传统的儒家思想教育子孙，很多观点直到现在依然颇具实用性。具体可将这些内容分为三个方面：

　　一是将学习与做人作为家训核心。反对不学无术，倡导学习——不管年纪是大是小，都应该读书学习。"幼而学者，如日出之光；老而学者，如秉烛夜行，犹贤乎瞑目而无见者也"。主要是学习书本知识，但在此之外，又要对工、农、商、贾之类的知识有所了解。学习之余还要注重实践，光有纸上谈兵是不够的。而学习的目的就是为了做人，"若能常保数百卷书，千载终不为小人也"。

二是要"慕贤"，以贤德之人作为自己效仿的对象，在其影响下健康成长。

三是要确立家庭教育的各项原则：家长要为子女做好榜样，上行下效；日常生活中那些微不足道的礼仪，要时刻重视；持家要做到"去奢""行俭"而又"不吝"；娶妻嫁女切忌贪慕虚荣，拒绝迷信，实事求是，不要贪图虚名。

除了教育方面，《颜氏家训》还详细记录了当时的社会风貌，为后世研究南北朝历史提供了翔实的历史资料。而由于颜之推本人还是一名文学家，《颜氏家训》中还有他对当时一些文学名家作品的点评，十分中肯、独到，颇具文学价值。

整体而言，《颜氏家训》内容真实，文笔亲切，风格淳朴，提出了一套切实有效的教育方法，对后世影响深远。作为《颜氏家训》的直接受益者，颜氏子孙在人格操守和学识方面都成就不俗，出现了很多历史名人，其中最有名的当数唐朝著名书法家颜真卿，此外还有唐朝著名学者颜师古，因抗击安禄山而死的名臣颜杲卿等。到了宋元两朝，颜氏子孙依然不断入仕为官。《颜氏家训》对颜家之外的人也有很大影响，开启了后世的"家训"先河，连历朝历代的皇帝都对这部书推崇备至，有"古今家训，以此为祖"的说法。时至今日，书中提出的家庭伦理、道德修养方面的建议，对于我们来说依然颇有借鉴意义，不妨一读。

隋唐五代篇

38.《千金要方》《千金翼方》
孙思邈

　　唐朝是中国历史上空前的盛世，政治、经济、文化等方方面面都获得了巨大的发展，医学也不例外。而说到唐朝的医学成就，著名医学家孙思邈和他的医学代表作《千金要方》和《千金翼方》是绝对不能忽略的。

　　孙思邈生活的年代跨越隋、唐两朝，他十八岁开始学医，二十岁开始为人治病。孙思邈医德高尚，认为医生唯一的职责就是解除病人的痛苦，对其他"无欲无求"；对于病人，无论贫富老幼、怨亲善友，都要一视同仁，无论风雨寒暑，饥渴疲劳，都要有求必应。这是中国最早的医德思想，孙思邈因此被西方尊称为"医学论之父"，视作与古希腊医师希波克拉底齐名的世界三大医德名人之一。孙思邈不仅医德高尚，医术更是高明，他终生致力于临床医学研究，精通内、外、妇、儿、五官、针灸各科，并重视药物研究，曾亲自到峨眉山、终南山、太白山等地，一边行医一边采药，人称"药王"。

在长达数十年的临床实践中，孙思邈深觉古代医方的数量繁多，分类混乱，检索困难。为此，他博览群书，收集古方，系统总结了唐朝之前的医药学成就，并与自己的临床经验结合，完成了传世著作《千金要方》和《千金翼方》，二者合称为《千金方》。孙思邈认为，人的生命贵于千金，一个能救人性命的处方价值更在千金之上，因此以"千金"作为书名。

其中，《千金要方》全称《备急千金要方》，大约成书于公元 652 年。全书共计三十卷，系统总结了唐朝初期以前的医学成就。第一卷是总论，内容包括医德、中药、制药等，为中医伦理学打下了基础。其后各卷分别论述了临床各科的辨证施治，包括妇科两卷、儿科一卷、五官科一卷、内科十五卷、外科三卷、解毒急救两卷、食治养生两卷、脉学一卷、针灸两卷，共计五千三百个处方。书中对妇科、儿科的论述，为宋朝妇科和儿科的独立奠定了基础。内科中有十卷是按照各个脏腑分别加以论述，类似于现代医学的分类，而且其中有不少主张在当时相当先进，比如指出霍乱的起因是饮食，飞尸鬼疰（类似于肺结核）是一种肺脏疾病等。孙思邈还在其中记录了消渴症（糖尿病）是能够治愈的，说消渴症的起因与复发的原因都是"不减滋味，不戒嗜欲，不节喜怒"，若能反其道而行之，就能治愈。而书中对针灸科的论述，也使得针灸取穴操作起来更加准确。

《千金翼方》约成书于公元 682 年，是为了补充《千金要方》的不足的，所以取名为"翼方"。全书共三十卷，两千九百个处方，包括药物四卷、妇科两卷、伤寒两卷、儿科一卷、养生长寿四卷、中风及十二种杂症十卷、针灸三卷、禁经两卷（即包含心理治疗方法的道教咒语）。

　　《千金要方》和《千金翼方》作为中国最早的临床医学百科全书，为后世医学家提供了丰富而宝贵的经验，并流传到国外，产生了极大的影响。非专业人士阅读这两部著作，理解起来会比较困难，可以有选择地阅读，如对医德等比较容易理解的部分细读，其余部分略读。

39.《晋书》

房玄龄等

　　唐太宗李世民非常重视修史，曾表示"大矣哉，盖史籍之为用也"，意即史书的作用非常重大。为此，他在位期间开始设馆修史，中国现存的"二十四史"中有六部都是他在位时修成的，《晋书》是其中相当重要的一部。

　　《晋书》由房玄龄、李淳风等二十一人合作编撰而成，记录了从三国时期司马懿早年到东晋最后一位皇帝恭帝被废，大约两个世纪的历史。在《晋书》问世之前，中国社会已经出现了二十一种晋史，有三种已经失传，传世的还有十八种。但唐太宗认为这些晋史"制作虽多，未能尽善"，于是在贞观二十年下诏修《晋书》。

　　从贞观二十年到贞观二十二年，《晋书》只用了不到三年时间就修成了。期间有二十一人参与其中，包括房玄龄、褚遂良和许敬宗三位监修，拟订修史体例的敬播，修撰天文、律历、五行三志的李淳风，以及令狐德棻、来济、陆元仕等十六人。这些作者全都留下了姓名，这在中国历朝的官方修史工作中是很罕见的。

　　在修撰过程中，这些参与者以南朝齐臧荣绪的《晋书》为蓝本，参考其余各家的晋史与相关资料，"采正典与杂说数十部"。最终成书的《晋书》共计一百三十二卷，包括帝纪十卷，列传七十卷，载记三十卷，志二十卷，以及叙例、目录各一卷。叙例、目录已经失传，现存一百三十卷。

《晋书》中按照时间顺序排列的帝纪是全书的总纲。列传中的人物则以时间为序，类别为辅，描摹出了一幅晋朝历史活动的画卷。而为了使内容更加丰富、详细，帝纪和列传部分还收录了大量诏令、奏疏、书札、文章，如《江统传》中收录了《徙戎论》，《温峤传》中收录了《奏军国要务七条》，《郭璞传》中收录了《刑狱疏》，《李重传》中收录了《论九品中正制》，《裴頠传》中收录了《崇有论》，《阮瞻传》中收录了《无鬼论》等，都是非常重要的思想文献，有着很高的史料价值。

载记是《晋书》首创的一种纪传体史书体例，记录了晋朝年间由匈奴、鲜卑等少数民族建立的十六国政权的历史。这一方面丰富了纪传体史书的体例，很好地解决了中原皇朝和各少数民族政权并载一史的难题，为后世史家提供了借鉴；另一方面全面展现了晋朝的历史面貌。此前出现的晋史都没有对十六国历史的专门记述，因此《晋书》便成了研究十六国历史的关键资料。而其中只称十六国政权为"僭伪"，也就是非正统的王朝政权，没有华夷之分，展现了唐朝统治者华夷一体、天下一家的大一统思想，如此胸襟，令人叹服。

书中的"十志"上承两汉，下启南北朝，类目齐全，内容丰富。其中，《食货志》和《刑法志》兼顾此前的三国时期，《后汉书》和《三国志》中"志"的部分都存在不足，《晋书》正好可以弥补这一不足。比如其中记述了"曹魏屯田、兴修水利、发展农业、经营西北"等内容，反映了三国时期的社会经济发展状况，为后世研究三国历史提供了宝贵的资料。由于编撰"十志"的多是当时有名的专家，因此水准都比较高，尤其是由当时有名的天文学家、数学家、道学家李淳风编撰的《天文志》《律历志》和《五行志》三志，历来为人所称道。

此外，唐太宗还亲自为书中的《宣帝纪》和《武帝纪》等写了四篇史论，称为"御撰"。唐太宗在位期间修了六部史书，除《晋书》外，还有《梁书》《陈书》《北齐书》《周书》《隋书》，但他只为《晋书》作了史论，这主要是因为晋朝的历史对唐朝颇具借鉴意义。西晋结束了三国的分裂局面，完成了统一，但这种统一并没有持续太长时间，东晋与十六国、南朝与北朝的长期对立就开始了。在这几篇史论中，李世民指出晋朝开国皇帝司马炎"居治而忘危""不知处广以思狭"等不足，虽未触及根本，也为后世提供了一些借鉴。同样是为了引以为鉴，书中在记述统治阶级的骄奢淫逸和对百姓的残害时也相当客观，少有粉饰，这在中国古代是十分难得的。

由于《晋书》的编撰者都是当时有名的史家和学者，文笔上佳，使得书中语言简洁生动，错落有致，首尾呼应，特别是在描摹历史人物时十分传神，有很高的可读性。

自问世以来，《晋书》便广受欢迎，成了影响最大的晋朝史书，"言晋史者，皆弃其旧本，兢从新撰"。要了解晋朝的历史，阅读《晋书》无疑是最好的选择。不过，《晋书》也存在一些缺陷，比如在史料的取舍方面不够严谨。修《晋书》时，可供参考的史料相当丰富，但编撰者却没有充分利用，除臧荣绪版的《晋书》外，其余史料都只当作参考，导致书中很多记载与史实不符，清朝张熷曾在《读史举正》中罗列了《晋书》

中多达四百五十余条谬误。但在文字雕琢方面，编撰者却花费了大量精力。唐朝刘知几曾在《史通》中批评其不分主次，一味追求辞藻华丽，却不重视史料的甄别选取，是比较中肯的。又如书中收录了很多荒诞的内容，甚至包括像《搜神记》和《幽明录》等志怪小说中的荒诞说法，如人在下葬十多年后又开棺复活的情况。这种内容如果出现在小说中当然没问题，但出现在正史中却着实不应该，阅读《晋书》时一定要留意这点。

40.《隋书》

魏征等

隋朝只经过了两个朝代就灭亡了，只维持了短短三十余年。为借鉴隋亡的教训，唐朝初年，朝廷就命人开始修撰隋朝历史，即《隋书》。《隋书》是一部纪传体断代史，是现存最早的隋朝历史著作，由魏征、颜师古、孔颖达、许敬宗等人合力修撰而成。

修撰《隋书》的工作从唐高祖在位时就开始了。唐高祖武德四年，也就是公元621年，大臣令狐德棻提议修梁、陈、北齐、北周、隋五朝的历史。唐高祖采纳了这一提议，于第二年开始命史臣修史。然而，经过数年的努力，依然没能成书。到了贞观三年，也就是公元629年，唐太宗命令魏征主持五朝历史的修撰工作，兼任《隋书》的主编，同时参与《隋书》修撰的还有颜师古、孔颖达、许敬宗等人；贞观十年，《隋书》的帝纪、列传部分，以及梁、陈、北齐、北周四朝的史书同时完成；贞观十五年又开始修撰书中的史志部分，在长孙无忌的监修下，最终在唐高宗显庆元年，即公元656年修完全书，前前后后总共经历三十五年。

成书后的《隋书》包括帝纪五卷、列传五十卷、志三十卷，共计八十五卷。《隋书》名列"二十四史"之一，是其中水准较高的一部。修撰者都是当时的饱学之士,如颜师古是有名的经学家、史学家;孔颖达、许敬宗、于志宁都名列"唐十八学士";修撰天文、律历部分的李淳风是有名的天文学家等,这样一批精英共同保证了《隋书》的质量。此外,由于当时距离隋朝灭亡的时间很近,还有大量一手史料可供利用,另有不少隋朝遗老依然在世,修撰者如有疑问可以直接向他们询问,而修撰者中也有几位曾在隋朝生活过,这些都增强了《隋书》的准确性。

而作为《隋书》成书的主要功臣,魏征和唐太宗也都十分尊重史实,整部书中少有曲笔、隐讳。唐太宗曾亲自参与灭隋战争,立下汗马功劳。登基之后,他经常说起隋朝灭亡的教训,认为应"以古为镜,可以见兴替"。因此,他在下令修撰《隋书》时,"以史为鉴"便成了主要目标。主编魏征也持有相同的观点,他曾上书唐太宗:"以隋为鉴,则存亡治乱可得而知。"为此,《隋书》中详细记述了隋朝是怎样灭亡的,包括隋炀帝大兴土木、三游江都,朝廷上下骄奢淫逸的生活,以及隋末风起云涌的农民起义等。在品评人物时,《隋书》也少有隐讳,对隋文帝的刻薄专断、不悦诗书,隋炀帝的锄诛骨肉、屠剿忠良等状况都据实描绘。书中提到的一些隋朝大臣后来成了唐臣,有些当时还在世,但《隋书》对他们及其亲朋好友在隋朝的所作所为同样没有做出半分伪饰。比如虞世南,他先后在陈朝、隋朝、唐朝为官,唐贞观十二年才去世,死后获赠吏部尚书,并名列"凌烟阁二十四功臣"之一。可他的哥哥虞世基却是隋朝有名的奸臣,《隋书》中将虞世基的恶行一五一十记录下来,丝毫不避忌彼时尚在人世的虞世南。

此外，《隋书》还有一大优点，便是保留了大量史料。书中的史志部分以三十卷的篇幅记录了隋朝以及梁、陈、北齐、北周乃至汉魏的政治、经济、科技、文化状况，如《律历志》和《天文志》总结了南北朝到隋朝的天文学成就，《地理志》记录了南北朝到隋朝的建制沿革，《食货志》记录了东晋以来的等级制度和货币制度，《经籍志》记录了从汉朝到隋朝中国书籍的存亡和学术的演变，是继《汉书·艺文志》后对中国古代书籍和学术史的第二次总结，并将书籍分成经、史、子、集四大类，为后世的四部图书分类打下了基础。

不过，《隋书》也不可避免地存在一些缺陷。比如碍于房玄龄的宰相身份，将其官职卑微的父亲房彦谦收入列传；又如因史料不足，导致部分章节内容空洞。但这些缺陷毕竟是微小的，总体说来，《隋书》仍是一部水准颇高的史书，非常适合那些想了解隋朝历史的读者阅读。

41.《史通》

刘知几

　　中国史学最早诞生于春秋战国时期，到西汉年间，司马迁借助《史记》建立了完整的史学体系和创作形式。然而，中国第一部系统的史学理论专著却直到唐朝才问世，这便是《史通》，它由著名史学理论家刘知几编撰而成，在中国史学史上占据着非同一般的地位。

　　唐高宗年间，刘知几出生于彭城（今江苏徐州）一个官宦世家。他家是书香门第，在家庭的影响下，刘知几自幼就对史学很感兴趣。十九岁那年，他考中进士，入朝为官，后来担任史官，与李峤等人修撰了《唐书》八十卷，并修撰了其余几部史书。公元708年，四十七岁的刘知几辞去官职，潜心编撰《史通》，耗时三年，终于完成。

　　成书后的《史通》原本包括内篇三十九篇，外篇十三篇，可惜内篇的《体统》《纰缪》《弛张》三篇在北宋年间已经失传，全书现存四十九篇，另有作为全书序文的《序录》一篇。书中的内容主要可分为以下几部分：

　　首先是史学源流。内篇开篇就总结了唐朝之前的中国史学源流，将史学分成"六家"和"二体"。所谓"六家"就是尚书家、春秋家、左传家、国语家、史记家和汉书家；所谓"二体"就是纪传体和编年体。书中分别论述了"六家"和"二体"的优缺点。

其次是史官制度。记录了中国历朝史官监制的沿革与史官的职责。

第三是历史编纂学，包括编纂体例、编纂方法，以及史料搜集、鉴定等，是全书最重要的部分。在编纂体例上，以纪传体的体例为主要论述对象，另外还论述了编年体体例。在编纂方法上，论述了叙事、言语、题目、模拟、书法、断限、烦省、人物、编次、称谓等十余种问题，有些论述就算放到现在也依然具有很高的实用价值。以言语为例，书中主张采用当代语言记录历史，放到今天同样适用。在史料搜集和鉴定上，要求视野广阔，鉴定认真，尽可能避免因援引史料谬误带来的恶劣后果。书中指出史书能不能"劝善惩恶"，关键在于史料是否真实可靠，史料是史学工作的基础所在。至于如何区分史料的真伪，刘知几给出了这样的建议：考察史料是不是合乎自然规律与社会实际，以及是不是自相矛盾。

最后是历史文献学。书中将此前中国历史上的文献资料分成两大类：正史和杂史。其中，正史包括先秦的经、传，唐朝之前的纪传史、编年史，还有唐朝的官修诸史；杂史包括十种，分别是偏记、小录、逸事、琐言、郡书、家史、别传、杂记、地理书和都邑簿。作者对其逐一进行论述、批判。

作为中国第一部系统的史学理论著作，《史通》总结了唐朝以前中国史学的所有问题，建立了比较完整的史学理论体系，堪称当时中国史学理论的集大成者。要了解中国史学，这是不可错过的一部佳作。但这部佳作也存在一些不足，比如站在统治者的立场上贬低农民起义等，阅读时不要被误导。

42.《昌黎先生集》

韩愈

　　唐宋文坛有"八大家"，唐朝著名文学家韩愈更名列"唐宋八大家"之首。他的文学成就主要在散文方面，是唐朝古文运动的倡导者，主张文道合一，以道作为文的内容，主张学习古文应从实际出发，"因事陈词"，"文从字顺"，积极创新，这些为唐朝散文的发展开拓了广阔的新天地。

　　韩愈著有诗文集《昌黎先生集》，因他祖籍河北昌黎，世称"韩昌黎""昌黎先生"。书中收录了他的很多散文代表作，其中最具知名度的要数两篇说理文《马说》和《师说》。

　　《马说》创作于韩愈初入仕途，郁郁不得志的时期。文章通篇都在说千里马，看似是一篇寓言，实际却是以马喻人，讨论了当时的人才问题。第一段开篇就说明由于"千里马常有，而伯乐不常有"，很多千里马都被埋没了，"祗辱于奴隶人之手，骈死于槽枥之间，不以千里称也"；第二段做了进一步的论述，千里马落到愚昧的喂马者手中，"虽有千里之能，食不饱，力不足，才美不外见，且欲与常马等不可得，安求其能千里也"；作者仍觉得不够，在最后一段做出了更深刻的刻画，"策之不以其道，食之不能尽其材，鸣之而不能通其意，执策而临之，曰：'天下无马！'"。末尾点名主题："呜呼！其真无马邪？其真不知马也！"也就是说，世上不是没有千里马，而是这些人根本不识千里马。全文语言凝练，层层递进，最后达到高潮，表达了作者对人才惨遭埋没的强烈愤慨，具有很强的艺术感染力。

《师说》是韩愈写给自己的学生李蟠的，文章末尾说："李氏子蟠，年十七，好古文，六艺经传皆通习之，不拘于时，学于余。余嘉其能行古道，作《师说》以贻之。"其中的"古道"是指从师学习。这篇文章表面是为李蟠而写，实际却是借此机会，批判当时的士大夫自视身份高贵，不愿从师学习，甚至嘲笑别人从师学习的不良风气，倡导"无贵无贱，无长无少，道之所存，师之所存也"。这种观点不仅在当时有很强的社会现实意义，就算放到现在也颇具借鉴价值。

除散文外，韩愈在诗歌创作方面也取得了很高的成就。他将散文的章法和句法结构引入诗歌，使得诗歌集叙事、议论、抒情为一体，"既有诗之优美，复具文之流畅，韵散同体，诗文合一"。比如《昌黎先生集》中收录的《山石》是一篇诗体的山水游记，按照时间顺序记录了诗人游览惠林寺的所见：从黄昏，"山石荦确行径微，黄昏到寺蝙蝠飞。升堂坐阶新雨足，芭蕉叶大栀子肥"；到夜晚，"僧言古壁佛画好，以火来照所见稀。铺床拂席置羹饭，疏粝亦足饱我饥。夜深静卧百虫绝，清月出岭光入扉"；再到黎明，"天明独去无道路，出入高下穷烟霏。山红涧碧纷烂漫，时见松枥皆十围。当流赤足踏涧石，水声激激风吹衣"。层次分明，环环相扣，然后点明全诗的主旨："人生如此自可乐，岂必局束为人靰？"意思是说，人生在世应该这样自得其乐，何必要像被套上马缰一样受束缚？整首诗文采铺陈，"以文为诗"，风格壮美，在当时和后世都赢得了很高的评价，清人称其"句烹字炼而无雕琢之迹，缘其于淡中设色，朴处生姿耳"，"不事雕琢，自见精彩，真大家手笔"。

韩愈一生仕途坎坷，对他的诗歌创作影响很大。《昌黎先生集》中的诗歌多雄奇怪异，以丑陋可怕的事物为描绘对象。比如描写诗人被贬黜到南方任职，赴任途中和到任以后遭遇恐怖的《八月十五夜赠张功曹》："洞庭连天九疑高，蛟龙出没猩鼯号。十生九死到官所，幽居默默如藏逃。下床畏蛇食畏药，海气湿蛰熏腥臊。"这首诗描述了这样的场景：山高水阔，路途遥远，蛟龙出没，野兽悲嚎，经九死一生后，终于抵达官所，却只见毒蛇遍地，莫说外出，连下床都心惊胆寒。另外，当地还有种能随时置人于死地的蛊药之毒，饮食要十分小心。而腥臊的海气和毒气，也让人不堪忍受。这段对自然环境的描绘，诡异夸张，令读者仿佛置身其间，毛骨悚然。《昌黎先生集》中类似的诗歌还有《石鼓歌》《宿龙宫滩》《永贞行》等，具有韩愈诗歌的鲜明特色。

43.《李太白集》

李白

　　在唐朝众多优秀的诗人中，"诗仙"李白堪称文学成就最高的一位，他的作品集《李太白集》也是唐诗作品中最令人瞩目的一部。

　　跟很多文人一样，李白在政治方面也相当失意，晚年又遭逢安史之乱，可谓一生坎坷。但如此丰富的人生经历，也为他的文学创作提供了丰富的素材。中国有句古话叫"著作等身"，用在李白身上再恰当不过，在他六十一年的人生旅途中，他创作的诗歌不计其数，无数佳作流传千古。《李太白集》中收录的不少名篇，如《静夜思》等，家喻户晓，连幼小的孩子都能背诵。

　　《李太白集》收录的李白作品主要包括三种类型：绝句、歌行、乐府。

　　绝句按照每句的字数，可分为五言绝句、六言绝句、七言绝句，六言绝句很少见，绝大多数都是五言、七言绝句。李白既擅长写五言绝句，又擅长写七言绝句，前者的代表作有《秋浦歌》《静夜思》《独坐敬亭山》等，后者的代表作有《望庐山瀑布》《早发白帝城》《黄鹤楼送孟浩然之广陵》等。李白的绝句语言简洁明快，却有丰富的内涵与情感，读起来朗朗上口，令人回味无穷。以《秋浦歌》为例，这是李白的组诗作品。所谓组诗，就是由展现同一主题的若干首诗组成的一组诗，以相同或相近的格式排列，每首诗都相对完整、独立，同时又跟其余诗存在内部感情联系。《秋浦歌》共十七首，最有名的是第十五首，其中的名句是："白发三千丈，缘愁似个长。"第一句乍一看难以理解，白发何以会有"三千丈"，看到第二句才豁然开朗，原来是因为愁思，要有多深重的愁思，才能长出三千丈长的白发？诗人的无限愁思就借着这寥寥十个字跃然纸上，如此奇思妙想，真令人啧啧称奇。

歌行是在乐府诗的基础上形成的一种古代诗歌体裁。李白的歌行作品多带有歌、行、吟、谣等字样，包含了大量佳作，如《宣州谢朓楼饯别校书叔云》《梦游天姥吟留别》《少年行》《玉壶吟》等。李白的歌行句式有长有短，错落有致，节奏鲜明，旋律激昂，感情充沛，雄壮豪迈，潇洒飘逸，如《宣州谢朓楼饯别校书叔云》中的"弃我去者，昨日之日不可留。乱我心者，今日之日多烦忧"，"抽刀断水水更流，举杯销愁愁更愁"，《梦游天姥吟留别》中的"世间行乐亦如此，古来万事东流水。别君去兮何时还"，"安能摧眉折腰事权贵，使我不得开心颜"等诗句，都是流传千古的佳句。

除绝句、歌行外，李白还有大量乐府诗佳作，比如《蜀道难》《行路难》《将进酒》等。以《行路难》为例，李白以这个为题目创作了三首诗，最出名的是第一首，写于李白因在官场受到排挤，离开长安之际。开篇写朋友为李白饯行："金樽清酒斗十千，玉盘珍羞直万钱。"但李白却"停杯投箸不能食，拔剑四顾心茫然。欲渡黄河冰塞川，将登太行雪满山"。随即笔锋一转，写到了两位早年不得重用，最终实现政治理想的古人吕尚和伊尹，"闲来垂钓碧溪上，忽复乘舟梦日边"，深感前路茫茫、苦闷不堪的他发出了"行路难！行路难！多歧路，今安在"的感慨与疑问，坚信自己"长风破浪会有时，直挂云帆济沧海"。

李白的仕途虽然坎坷，很多时候难免灰心沮丧，在提笔作诗时，先让自己的心情跃然纸上，但在末尾往往能重新鼓起勇气，为自己的诗歌写下一个慷慨激昂的结尾，这使得他的形象迥异于大众心目中那些孱弱的文人墨客。而这跟李白剑客的身份不无关系，李白在剑术方面颇有造诣，是名副其实的侠士，故而他的作品也多有侠士之风，相较于同时代的其他作品更具魅力。

除上述三种诗歌外，《李太白集》中还收录了少量李白的律诗。律诗是唐朝开始流行的一种诗歌体裁，对格律要求非常严格，分为五言律诗、七言律诗、排律（即长篇律诗）。李白的律诗代表作有《登金陵凤凰台》《鹦鹉洲》等，也都具有较高的文学价值。

李白是个不世出的天才诗人，即便称他是中国最伟大的诗人也不为过，若读诗，焉能不读李白？

44.《杜工部集》

杜甫

　　唐朝诗人虽多，但能跟"诗仙"李白齐名的，只有被世人尊称为"诗圣"的杜甫。他的作品集《杜工部集》，真实地再现了唐朝由盛转衰的过程。这部书因杜甫曾担任检校工部员外郎而得名，其中收录了杜甫生平创作的一千四百余首诗歌。

　　杜甫的人生经历异常坎坷，虽然满腹才华，却两度在科举考试中名落孙山，但他依然一心想要进入仕途，实现自己的政治理想。入仕之前，杜甫长年滞留在长安，看尽民间疾苦和社会黑暗，这为他之后创作反映社会现实的诗歌打下了坚实的基础。后来，杜甫终于因诗歌才华被赏识做了个小官，但人到中年时又遭逢安史之乱，过着颠沛流离的生活，最终弃官。他晚年在西南各地漂泊，疾病缠身，穷困潦倒，五十九岁那年不幸病逝。

　　这样的人生经历深深影响了杜甫诗歌的艺术风格和题材。杜甫的诗歌以沉郁顿挫为主要风格，感情悲慨、博大、深厚，表达起伏跌宕、低回往复。而其诗作题材多反映当时的社会现实，如史诗般厚重，因此赢得了"诗史"的美誉。在《杜工部集》中，跟"诗史"二字最为契合的作品当属其古体诗"三吏""三别"。古体诗是仿照古诗创作的一种诗歌，形式相对自由，不受格律束缚，一般有五言诗和七言诗两种。杜甫在古体诗的写作方面成就极高，"三吏""三别"都是其中的代表作。

"三吏"包括《新安吏》《石壕吏》《潼关吏》。

《新安吏》描述了军队抓壮丁，导致百姓骨肉分离的悲惨场景，揭示了安史之乱带给百姓的巨大痛苦，并对百姓进行了劝慰，展现了诗人对统治者尽快平息叛乱、振兴国力的期待。

同样是写抓壮丁，《石壕吏》的内容更加残酷、黑暗。官差趁夜深人静到石壕村抓壮丁，一户人家里的三个精壮男丁都被抓走了，"一男附书至，二男新战死。存者且偷生，死者长已矣"，家里只剩下了儿媳和嗷嗷待哺的孩子，以及一对老夫妇；"老翁逾墙走"，官差竟连老妇都不放过，将其抓去服役；"夜久语声绝，如闻泣幽咽"，这是怎样的凄凉与绝望！

《潼关吏》有别于前二者，借潼关吏之口描绘了潼关天险，表达了诗人对当初潼关之战官军失利的遗憾，希望守关将士吸取教训，利用好潼关的天险，保卫都城长安。

"三别"包括《新婚别》《垂老别》《无家别》。

《新婚别》模拟一个刚刚结婚的女子的口吻，说她第一天结婚，第二天丈夫就要赶赴前线，保家卫国，"结发为君妻，席不暖君床。暮婚晨告别，无乃太匆忙"；她心痛如刀绞，却强压下悲痛，鼓励丈夫为国尽忠，"勿为新婚念，努力事戎行"；同时立誓会对爱情至死不渝，"人事多错迕，与君永相望"。杜甫在这首诗中塑造了一个深明大义的新妇形象，精雕细琢，入木三分，将人民面对战争的复杂心理和战争带给人民的巨大不幸，揭露得淋漓尽致。

《垂老别》描述了一名老翁在子孙都在战场上牺牲后，告别妻子，前往前线参军的悲剧性场景。"子孙阵亡尽，焉用身独完。投杖出门去，同行为辛酸。幸有牙齿存，所悲骨髓干"；生离死别让老妇悲痛欲绝，"老妻卧路啼，岁暮衣裳单"；老翁明知这是死别，还是怜惜她的饥寒，"孰知是死别，且复伤其寒"；老妇明知他此行必然不会再回来了，还是劝他多吃些饭，"此去必不归，还闻劝加餐"，读来令人断肠。

《无家别》讲述了一个战败后回乡的军人，在家乡看到一片凋敝景象时的慨叹。诗人借着对景、物、事的描述，展现了沉痛哀婉的感情，最后发出了"人生无家别，何以为蒸黎"的感叹，即人活在世上却无家可归，这老百姓还怎么当？听起来悲凉、无奈，却打动人心。

除古体诗外，《杜工部集》还收录了大量律诗，在这方面，杜甫同样取得了极高的成就，其代表作有《登高》《咏怀古迹五首》《秋兴八首》等。杜甫的律诗精于炼字炼句，正可谓"为人性僻耽佳句，语不惊人死不休"，留下了很多传世佳句，如"好雨知时节，当春乃发生。随风潜入夜，润物细无声"，"感时花溅泪，恨别鸟惊心"，"无边落木萧萧下，不尽长江滚滚来"等等。

45.《孟浩然集》

孟浩然

　　中国的山水田园诗继东晋的谢灵运和陶渊明后，在唐朝又迎来了发展的高潮，《孟浩然集》是其中重要的代表作。这部唐朝诗人孟浩然的诗集，由唐朝人王士源编辑而成，收录了孟浩然生平创作的二百一十八首诗歌。

　　孟浩然是唐朝著名的山水田园派诗人，与该派的另一位代表人物王维并称为"王孟"。盛唐年间，孟浩然出生于湖北襄阳一个富裕的书香世家，自幼饱读诗书，文采斐然。年轻时，他隐居读书，后来进入官场，奈何仕途坎坷，最终又回归山水，以隐士身份度过一生，这种相对简单的人生经历导致孟浩然的诗歌创作题材也相对单一。《孟浩然集》中多是五言短诗，多以山水田园、隐居逸兴、羁旅行役为主题，但在艺术方面却颇具造诣，尤其善于发掘自然与生活之美，感受真切，语言不事雕琢，清新自然。

　　比如山水田园诗代表作《过故人庄》，写诗人应朋友邀请，到其家中做客，两人对着美丽的田园风光把酒言欢，最后相约重阳节再聚。整首诗看似平淡无奇却韵味无穷，描摹出一幅淳朴、优美的田园风光画，实现了景、事、情的完美结合，产生了很强的艺术感染力，正如清人沈德潜所言："语淡而味终不薄。"

又如《夏日南亭怀辛大》，前四句描绘了诗人夏夜乘凉的闲情适意："散发乘夕凉，开轩卧闲敞。荷风送香气，竹露滴清响。"这首诗从视觉、触觉、嗅觉、听觉等多个方面，描绘出诗人纳凉的闲适感受，后四句表达了作者对友人的怀念："欲取鸣琴弹，恨无知音赏。感此怀故人，终宵劳梦想。"整首诗写景细致入微，写情真挚自然，浑然一体，充满意蕴。

再如描写羁旅行役的《宿建德江》，孟浩然喜欢泛舟出游，这首诗就写于他出游期间。前两句写诗人将小船停靠在烟雾弥漫的建德江边，因日暮涌出愁思："移舟泊烟渚，日暮客愁新。"这是触景生情，随后又转入借景抒情："野旷天低树，江清月近人。"写宇宙如此广袤宁静，有明月相伴，心中的愁苦似乎也得到了慰藉。整首诗淡雅别致，含蓄委婉，颇具特色。

孟浩然一生大部分时间都在隐居，他的诗歌也很少牵涉大多数中国文人都会有的政治抱负，不过也有一些例外，比如他早期所写的《临洞庭湖赠张丞相》。当时，孟浩然正想结束隐居生活，求取官职，希望张丞相能为自己引荐。关于这个张丞相的身份一直存有争议，有人说是张九龄，也有人说是张说。诗中前四句描绘了洞庭湖壮丽恢宏的景色："八月湖水平，涵虚混太清。气蒸云梦泽，波撼岳阳城。"后四句借用比喻和典故，表示自己有心入仕，希望得到张丞相举荐："欲济无舟楫，端居耻圣明。坐观垂钓者，徒有羡鱼情。"这首诗采用了《诗经》中常用的比兴手法，托物言志。虽是向人求助却端庄得体，不卑不亢，不落俗套，形成了独具一格的特色。

此外，《孟浩然集》中还收录了诸如《春晓》《秋登万山寄张五》《夜归鹿门歌》等诗歌佳作，十分值得一读。不过，整体而言，孟浩然的诗歌成就并不及同属于山水田园派诗人的王维，尽管孟浩然才是唐朝这一派的创始人。这一来是因为孟浩然的才华天分在王维之下，二来也是因为孟浩然的人生经历太过简单，而写作需要丰富的阅历，否则很难达到顶尖水准。

46.《王摩诘文集》

王维

　　唐朝的山水田园诗派最具代表性的作品是《王摩诘文集》，这是唐朝著名诗人王维的作品集，因王维字摩诘而得名。

　　王维出生于武则天在位时，二十岁便考中进士，进入仕途。当时正值开元九年，唐朝国力兴盛，王维满心壮志，想要在政坛创出一番作为。可惜世事不如人意，他在官场并不得意，满心的报国之志也日渐消减，后来甚至过上了半官半隐居的生活。王维晚年时，安史之乱爆发，王维被叛军俘虏，被迫做了伪官。安史之乱平息后，他险些被朝廷诛杀。幸而他曾在战乱期间写过思慕天子的诗，又有担当刑部侍郎的弟弟从旁求情，最终只是被贬官。此后，王维渐渐升职，最后升任尚书右丞。不过，他的兴趣已经不在做官上了，而是将大量精力都用于参禅悟道。这样的人生经历对王维的诗歌创作影响极大，他的诗歌多以描绘山水田园风光、展现自己宁静淡泊的心境或隐逸思想的山水田园诗为主。

　　北宋文豪苏轼曾评价王维的诗画："味摩诘之诗，诗中有画，观摩诘之画，画中有诗。""诗中有画"便是王维山水田园诗最突出的特色，无论是描绘名山大川还是小桥流水，王维都能做到诗情与画意的完美融合，读者读这些诗，就犹如在看一幅优美的画作。

比如他的代表作《竹里馆》，这是他晚年隐居期间创作的一首五言绝句，全诗只有短短二十个字，描绘了幽居山林的生活："独坐幽篁里，弹琴复长啸。深林人不知，明月来相照。"整首诗用词简单、纯朴、清丽，既写景又抒情，既写静又写动，相映成趣，描绘了一幅雅致脱俗的画面，表达了诗人内心的淡泊与平和。

又如在《山居秋暝》中，作者描绘了黄昏时秋雨初晴后，山村美丽的自然风光以及当地人闲逸的生活。"空山新雨后，天气晚来秋。明月松间照，清泉石上流。竹喧归浣女，莲动下渔舟"，将空山雨后的秋凉、松间明月的光芒、石上清泉的水声、归家浣女的喧哗、渔船穿越荷塘的动景融为一体，俨然是一幅美丽清新的山水画。而末尾两句"随意春芳歇，王孙自可留"，又表达出诗人想要远离官场，隐居在这世外桃源般的世界的志向。

盛唐时期，诗坛有两大诗派，一是山水田园诗派，二是边塞诗派。王维虽是前者的领军人物，却也创作了一些成就颇高的边塞诗，均收录在他的文集中。这些诗多写于他早年壮志未消之际，其中的代表作有《使至塞上》《观猎》《老将行》等。王维山水田园诗"诗中有画"的特色，在部分边塞诗中也有所展现，如《使至塞上》中写大漠风光："大漠孤烟直，长河落日圆"，寥寥十字，已描绘出了一幅苍凉壮阔的大漠景色图。

此外，王维还有一些赠答诗和描绘日常生活的抒情小诗，也都十分脍炙人口。比如赠别友人的《送元二使安西》，末尾两句"劝君更尽一杯酒，西出阳关无故人"，传诵千载。又比如写游子思乡的《九月九日忆山东兄弟》，开头两句"独在异乡为异客，每逢佳节倍思亲"，直到现在依然能让游子心中产生巨大的共鸣，因此被全球各地的华人推崇，成为他们表达思乡之情使用频率最高的诗句。再比如借咏物寄托相思之情的《相思》："红豆生南国，春来发几枝。愿君多采撷，此物最相思。"整首诗语言明白如话，表达的情感却含蓄委婉，情真意切，被后世广为传唱。

在诗才辈出的唐朝，王维绝对不是最令人瞩目的一个，但却牢牢占据了一席之地，他清新脱俗的诗风，宛如唐诗中的一股清泉，让人读之忘俗。

47.《白氏长庆集》

白居易

　　唐朝有三位最伟大的诗人，除了之前说过的李白、杜甫外，还有白居易。他的作品集名为《白氏长庆集》，因其在唐穆宗长庆年间编辑成书而得名。这本书与李白的《李太白集》、杜甫的《杜工部集》一样，是阅读唐诗的必读佳作。

　　白居易生活于中唐时期，早年间对政治充满热忱，频繁上书言事，并创作了《秦中吟》《新乐府》等为数众多的讽喻诗。后来，他因在政治斗争中受排挤，被贬为江州司马。这件事对白居易产生了很大的影响，成为他思想变化的转折点——从昔日的"兼济天下"转为"独善其身"，因此创作了很多闲适诗。

　　《白氏长庆集》总共收录了两千八百多首诗，分成四种类型，除已经提到的讽喻诗、闲适诗外，还有感伤诗、杂律诗两大类。

　　讽喻诗是书中最精华的部分，共计一百七十多首，多创作于白居易被贬为江州司马之前，主要有两种题材：一是反映底层百姓痛苦的生活，二是揭露上层社会的腐败和欺凌百姓的恶行。正如白居易自己所言："文章合为时而著，歌诗合为事而作"，其中最具代表性的有《新乐府》五十首和《秦中吟》十首。

　　《新乐府》是仿照汉朝的民间歌谣乐府创作的，五十首中最出名的当数批判"宫市"抢掠百姓财物恶行的《卖炭翁》。白居易一直对作品语言的通俗易懂方面相当重视，《卖炭翁》也不例外。初读者几乎无需任何注释，就能顺畅地理解全文：一个卖炭老翁含辛茹苦地砍柴烧炭，天不亮就用牛车拉着木炭，想去市场上卖个好价钱。可惜还未到市场，就有两个宦官用半匹红纱一丈绫，强行换走了他满满的一车炭。全诗就终结于此，没有像《新乐府》其余很多篇章那样"卒章显其志"，但这种在矛盾冲突的高潮中戛然而止的表现手法却更有力度，更加含蓄深沉，发人深省。另外，控诉战争带给百姓的痛苦的《新丰折臂翁》，讽刺官员为讨好皇帝、残酷压榨百姓的《红线毯》，也都是《新乐府》中的名篇。

《秦中吟》十首中每一首都有一个揭露社会黑暗现实的主题，比如《议婚》批判了时人结婚只看重门第，攀高结富，使得贫苦人家的女儿难以出嫁；《重赋》批判了地方官员以向皇帝进贡的名义，巧立名目，搜刮百姓钱财；《伤宅》批判了权贵大兴土木，建造园林，给百姓带来了巨大的灾难；《轻肥》极力描绘了当时的宦官生活豪奢，与此同时，"是岁江南旱，衢州人食人"，用强烈的对比深刻揭示尖锐的社会矛盾，和杜甫的"朱门酒肉臭，路有冻死骨"有异曲同工之妙。

闲适诗的创始人是陶渊明，白居易又将这类诗的创作提升到了更高的境界，并提出了明确的闲适诗理论：闲适诗是讽喻诗的补充。讽喻诗志在"兼济天下"，完全不涉及个人的情感和需求；闲适诗则志在"独善其身"，开始考虑个人情感需求。讽喻诗表达了诗人的政治愿望，带有理想成分；闲适诗却不考虑诗歌的社会价值，只注重其能带来的精神愉悦和心灵超越。

在这种理论的指引下，白居易创作了大量语言浅近平易、情感悠闲洒脱的闲适诗，对后世产生了很大的影响。《白氏长庆集》中收录了很多他的闲适诗代表作，如《题浔阳楼》《大林寺桃花》等。

感伤诗，顾名思义，是一种描绘世间悲欢离合的诗，白居易的感伤诗中最负盛名的当数《长恨歌》和《琵琶行》。

《长恨歌》是一首长篇叙事诗，以唐玄宗和杨贵妃的爱情悲剧为主题。白居易在其作中一反常规，运用了很多想象与虚构手法，并将叙事、抒情、写景融合在一起，或将人物的感情倾注在景物中，或用人物对景物的感受展现其感情，形成了回环往复的抒情，将人物的感情展现得细腻、丰富，更增强了诗歌的感染力。这首诗对后世的很多文学作品产生了深远的影响，如元朝白朴的《梧桐雨》、清初洪升的《长生殿》等。而《长恨歌》中的很多诗句，比如"天生丽质难自弃"，"回眸一笑百媚生"，"在天愿作比翼鸟，在地愿为连理枝。天长地久有时尽，此恨绵绵无绝期"等，都是传诵千古的名句。

《琵琶行》创作于白居易任江州司马期间，诗人通过描述琵琶女高超的演奏技巧和不幸遭遇，表达了自己跟琵琶女一样怀才不遇的悲愤之情。其中对琵琶女演奏技巧的展现，是整首诗最精彩的部分，像"大珠小珠落玉盘"，"别有幽愁暗恨生，此时无声胜有声"等诗句，此后被广泛流传。而诗人感叹自己与琵琶女同一命运的两句诗"同是天涯沦落人，相逢何必曾相识"，更是家喻户晓。

除上述三类诗外，《白氏长庆集》中还收录了一些杂律诗，即各种律诗。白居易曾在《与元九书》中写道："又有五言、七言、长句、绝句，自一百韵至两韵者四百余首，谓之'杂律诗'。"《白氏长庆集》中杂律诗的数量是最多的，超过了其余三种类型。其中多是抒情山水小诗，以白描手法，寥寥几笔便写出了景物的盎然生机，比如在《钱塘湖春行》中，"几处早莺争暖树，谁家新燕啄春泥"两句，清新自然，极富情趣。另有部分以抒发政治苦闷为主题的杂律诗，如《洞中蝙蝠》。据说，这是白居易在晚年游嵩山时，看见洞窟中的蝙蝠，即兴创作的一首诗。其中写千年变成蝙蝠成精的老鼠，只要躲在洞窟中就能避开罗网，保得自己的一生平安，可是这样躲躲藏藏过一辈子又有什么意思呢？诗人借蝙蝠暗喻自己，可见他虽然远离朝堂，却依然心有不甘。

白居易在世时，他的诗歌便在国内广为流传，从宫廷到民间随处可见，甚至漂洋过海传到日本，得到了人们很高的评价。而后世很多文人，如陆龟蒙、梅尧臣、苏轼、陆游等的艺术创作也都深受其影响。

48.《河东先生集》

柳宗元

    唐朝一朝诗歌极为繁盛，与此同时，散文也获得了极大的发展。除了之前提过的名列"唐宋八大家"之首的韩愈外，名列"唐宋八大家"第二位的柳宗元也是唐朝的散文大家。他的作品集名为《河东先生集》，因他祖籍是河东郡（现在山西运城永济），所以人称之为"柳河东""河东先生"。

    柳宗元出生于安史之乱过后，当时唐朝国力已经衰落，朝政腐败，藩镇割据，社会动荡。柳宗元的父亲柳镇曾到各地为官，柳宗元跟随父亲宦游，对社会现状有了直观而深切的了解。柳宗元才华出众，二十岁时便考中了进士。为官期间，他对当时政治的黑暗腐败有了更深刻的认识，逐渐萌生了改革的念头。公元805年，唐德宗驾崩，唐顺宗即位。他重用王叔文等人实施改革，史称"永贞革新"，时年三十二岁的柳宗元也参与其中，可惜改革只持续了一百八十多天便在保守派的反对下宣告失败。唐顺宗被迫禅让帝位给太子李纯，即唐宪宗。此后，改革派的中坚力量不是被赐死，就是被贬黜。柳宗元也因此被贬为永州（今湖南零陵）司马，在永州一待就是十年，他的大部分文学作品就创作于这段时期。此后，柳宗元一直得不到重用，最终在任柳州刺史时病逝，终年只有四十六岁。

《河东先生集》是由柳宗元的好友刘禹锡编辑而成的，全书共四十五卷，收录了柳宗元生平创作的诗歌、寓言、传记、论说、游记等五百四十多篇。其中诗歌过百首，语言纯朴、自然，风格清新、雅致，意味悠长，比如脍炙人口的《江雪》："千山鸟飞绝，万径人踪灭。孤舟蓑笠翁，独钓寒江雪。"全诗仅用寥寥二十字便描摹出了一幅江天雪景图，精雕细琢，清晰明朗，意境幽僻，令人拍案叫绝。又如《渔翁》，这首诗写于柳宗元被贬黜到永州期间，诗中描绘了隐居于山水之间的渔翁的日常生活，诗人借此来寄托自己清高、孤傲的志趣，寻求超脱。整首诗描绘出一幅充满色彩与动感、奇妙飘逸的风景画："渔翁夜傍西岩宿，晓汲清湘燃楚竹。烟销日出不见人，欸乃一声山水绿。回看天际下中流，岩上无心云相逐。"读起来令人心旷神怡。

　　柳宗元主要的文学成就不是诗，而是文。《河东先生集》收录的文中，最具特色的要数寓言。柳宗元继承并发展了《庄子》《韩非子》《战国策》等古书的传统，将各类动物拟人化，借此表达某种哲理或是政见，极具幽默讽刺效果。

　　比如《黔之驴》讲述了一个这样的故事：黔地原本没有驴，有好事者用船运来一头驴，放到山脚下。老虎见驴体型庞大，不知是什么东西，对它十分畏惧，只敢躲在树林里偷偷看它。后来驴叫了一声，老虎以为它要咬自己，非常害怕，便逃跑了。可经过多次的观察与试探，老虎发觉驴并没有什么特殊的本领，就咬断了驴的喉咙，把它吃掉了。在文章的末尾，作者发出了这样的感叹："噫！形之庞也类有德，声之宏也类有能。向不出其技，虎虽猛，疑畏，卒不敢取。今若是焉，悲夫！"意思是，驴体型庞大，声音洪亮，却只是徒有其表，没有什么拿得出手的本领，而且驴对自己的无能和对手的强大都一无所知，在老虎的试探下轻举妄动，让老虎知道了自己的底细，最终落了个葬身于虎腹的下场，实在可悲！作者以此来讽刺那些无能又爱逞强的人，联系到作者的个人经历，可以推测其实际是在讽刺那些没有才能却身居高位的人。这则寓言笔法老道，造诣深厚，不仅塑造了生动的形象，更揭露了深刻的哲理，千百年来一直广为流传。

又如《永某氏之鼠》：永州有个人十分迷信，因自己出生于鼠年，便将老鼠奉若神明，爱护异常，以至于家中老鼠为患——家具、衣服全被老鼠咬过，食物全被老鼠尝过。老鼠白天成群结队，光明正大地在他家中活动，晚上又打打闹闹，吵得一家人都睡不着觉。后来，这家人搬到别处，另外一家人成了这房子的新主人。新主人对老鼠并没有丝毫顾忌，用各种方法捕杀老鼠，死老鼠堆积如山，臭味过了好几个月才散去。作者最后感叹："呜呼！彼以其饱食无祸为可恒也哉！"意思是：唉！你们以为这种饱食终日、无灾无祸的生活可以长久维持吗？作者用这些自以为是的老鼠讽刺了当时社会上嚣张一时的小人，认为其终有一日会像这些老鼠一样被彻底消灭。

除寓言外，柳宗元还创作了很多传记，在继承《史记》《汉书》的传统传记写法基础上进行了创新。他的作品既有严肃写实的《捕蛇者说》《梓人传》等，又有带有虚构夸张成分，类似于寓言、小说的《种树郭橐驼传》《宋清传》等。以其中的名篇《捕蛇者说》为例，文中讲述了永州人蒋氏祖孙三代为了免交赋税，宁愿冒着生命危险捕捉一种能治病的毒蛇，以上交抵税。蒋氏的祖父和父亲都在捕蛇时死去，但他们一家依然不改初衷。因为他们眼见乡里被沉重的赋税压迫得无法生存，要么死去，要么逃荒。但捕蛇只需每年冒险两次，不捕蛇却每天都在承受着死亡的威胁，因此蒋氏明知道自己终有一日要重蹈祖父和父亲的覆辙，被毒蛇咬死，还是坚持选择这条路。作者由此想到昔日孔子发出的"苛政猛于虎"的感叹，认为自己亲眼目睹的现状的确如此。全文对社会黑暗现实的揭露入木三分，读起来令人震撼不已。

此外，柳宗元还创作了很多游记，以清新、纯朴的语言展现出自然之美，并在其中寄寓了自己怀才不遇的遭遇与愤懑，代表作有《永州八记》，包括《始得西山宴游记》《钴鉧潭记》《钴鉧潭西小丘记》《至小丘西小石潭记》《袁家渴记》《石渠记》《石涧记》《小石城山记》八篇。

而柳宗元在哲学、政治论文的创作方面也颇有造诣，《河东先生集》中收录了他的哲学论文代表作《天说》等，带有朴素的唯物主义思想；还收录了他的《封建论》《断刑论》等政治论文，带有儒家的民本思想。

49.《刘梦得文集》

刘禹锡

　　唐朝文学家刘禹锡与柳宗元的命运十分相似，两人同榜进士及第，共同步入仕途。"永贞革新"失败后，身为改革派的他们都遭到贬黜。不同的是，柳宗元英年早逝，刘禹锡却活到了七十岁，他在被贬二十三年后重新调回家乡洛阳，最终在洛阳病逝。他的作品集名为《刘梦得文集》，"梦得"是他的字。

　　根据记载，《刘梦得文集》原有四十卷，现存三十卷，有十卷在宋朝初年已经遗失，书中收录了刘禹锡创作的大量诗歌与散文。刘禹锡诗文俱佳：在诗歌方面，与白居易并称为"刘白"；在散文方面，又与柳宗元并称为"刘柳"。

　　先说诗歌，虽然刘禹锡仕途十分坎坷，但创作的诗歌大多简单爽利，昂扬向上，振奋人心，世人称他为"诗豪"，比如《秋词》中："自古逢秋悲寂寥，我言秋日胜春朝。晴空一鹤排云上，便引诗情到碧霄。"这首诗创作于诗人被贬谪期间，中国古人自古便有悲秋的传统，但诗人却反其道而行之，说秋日更胜春朝，赋予秋一种旺盛的生命力。末尾两句不光描绘了秋日的风光，更展现了诗人昂扬的气魄和开阔的胸襟。整首诗意境壮丽，气势雄浑，在同题材的诗歌中独树一帜，广受称道。

　　又比如《酬乐天扬州初逢席上见赠》，这首七言律诗创作于刘禹锡被贬谪二十三年后，其重返洛阳途中。当时，刘禹锡在扬州遇到了故交白居易，两人作诗互赠。在这首诗中，刘禹锡先是回顾了自己的贬谪生活，感叹自己被贬时间之长："巴山楚水凄凉地，二十三年弃置身。怀旧空吟闻笛赋，到乡翻似烂柯人。"后两句中的"闻笛赋"和"烂柯人"是两个典故。西晋年间，嵇康因不满司马氏篡权，惨遭杀害。他的朋友向秀后来经过他的故居，听到隔壁有人吹笛，不由悲从中来，写下《思旧赋》纪念故友，诗人借"闻笛赋"这个典故来缅怀已经去世的柳宗元等故友。第二个典故源自一个传说，相传晋人王质上山砍柴，看到两名童子下棋，驻足观棋。等棋局终了时，王质手中的斧柄即柯已经腐朽。回村以后才知道已过去了一百年，同代人都已去世。诗人借这个典故表达自己暮年返乡，人事全非，恍如隔世的心情。随后，诗人又表示，尽管自己屡遭贬黜，但看到新人辈出，依旧颇感欣慰："沉舟侧畔千帆过，病树前头万木春。"这两句是广为传诵的名句。最后，诗人点明了这首诗是为赠答而作，并表明自己重新投入生活的意愿和信心："今日听君歌一曲，暂凭杯酒长精神。"整首诗沉郁中见豪放，跌宕起伏，情感真挚，颇具感染力。

被贬黜期间，刘禹锡长年居住在南方，当地民歌盛行，受此影响，刘禹锡创作了一些带有民歌性质的诗歌，比如《竹枝词》《杨柳枝词》《堤上行》等，语言清新、纯朴，生活气息浓厚。

而刘禹锡的咏史诗也广受称道，沉郁顿挫，极富张力，其中的名篇有《乌衣巷》《蜀先主庙》《西塞山怀古》等。以《乌衣巷》为例，这首七言绝句创作于刘禹锡暮年重返洛阳，途经南京时。东晋年间，南京秦淮河上的朱雀桥和南岸的乌衣巷曾盛极一时，而到了诗人经过时，却野草丛生，一片荒凉的景象："朱雀桥边野草花，乌衣巷口夕阳斜。旧时王谢堂前燕，飞入寻常百姓家。"通过描绘野草和夕阳，并用燕子见证历史兴衰，将历史与现实巧妙地联系在一起。全诗毫无议论的成分，却引导读者自觉去思考世事变迁，寓意深刻，回味无穷。

再说散文，刘禹锡的散文跟诗歌一样，隽永含蓄，意味深长，柳宗元曾评价其"文隽而膏，味无穷而炙愈出"。《刘梦得文集》中收录的代表作如《天论》三篇，集中展现了刘禹锡的唯物主义自然观。在这三篇哲学论文中，刘禹锡继承并发展了战国思想家荀子在《荀子·天论》中提出的思想，提出了"天与人交相胜""还相用"等观点，驳斥了当时的"因果报应"论等，并分析了"天命论"产生的社会根源，在中国唯物主义思想发展史上发挥了一定作用，另有《辩迹论》《答饶州元使君书》《训氓》《华佗论》《明贽论》等文，或借题发挥，或借古讽今，针砭时事，批判时政，表达了刘禹锡的历史政治观点。

不过，刘禹锡的散文中传唱度最高的却是一篇小文《陋室铭》。这篇文章创作于刘禹锡被贬到安徽和州任职期间，当时他身居陋室，却能自得其乐，写下《陋室铭》以自勉。全文集描写、议论、抒情于一体，运用了比兴、对比、用典等手法，描绘出陋室雅致的环境和主人高洁的品格，展现了作者洁身自好，安贫乐道，不慕名利，不与世俗同流合污的情怀。全诗韵律感极强，掷地有声，朗朗上口。开头几句"山不在高，有仙则名。水不在深，有龙则灵"，更是千古传诵。

50.《李义山诗集》

李商隐

　　盛唐诗坛有"诗仙"李白和"诗圣"杜甫组成的"李杜",到了晚唐,诗坛又出现了李商隐和杜牧组成的"小李杜",与前者遥相呼应。作为唐朝一位特色极为鲜明的诗人,李商隐与其诗歌一直广受关注。他的作品集被称为《李义山诗集》,其中"义山"是他的字。

　　《李义山诗集》分为三卷,收录了大约六百首诗歌,其中最具特色的是以"无题"或诗中个别词语为题目的抒情诗。这类诗辞藻华丽,情思婉转,意蕴含蓄,有些诗句让人很难猜测诗中真正表达的含义。比如《锦瑟》,诗中呈现出庄生梦蝶、杜鹃啼血、沧海珠泪、宝玉生烟四个意向,共同构成了诗中的情思。可整首诗究竟在表达什么,却一直存有很大的争议,有人根据末尾两句"此情可待成追忆,只是当时已惘然"推测这是一首爱情诗,有人说是写乐器的咏物诗,还有人说是在影射政治,正所谓"李商隐有《锦瑟》诗,人莫晓其意"。

　　另有《无题·昨夜星辰昨夜风》也属于这种类型。全诗用华美的辞藻追忆了"昨夜"一场热闹的宴会和宴会中的感情,所谓"身无彩凤双飞翼,心有灵犀一点通",这种感情十分细腻真挚,却又扑朔迷离,让人似懂非懂,隐约觉得像是在写爱情,又像是在写君臣关系,或是在追忆过去京华游宴的快乐,总之莫衷一是。

不过，李商隐也有一些抒情诗的含义较为清晰，比如他的爱情诗《无题·相见时难别亦难》，讲述了一对有情人离别的痛苦和离别后的思念，情感真挚，打动人心。其中，"相见时难别亦难，东风无力百花残"，"春蚕到死丝方尽，蜡炬成灰泪始干"都是传诵千载的名句。另有《无题·来是空言去绝踪》《无题·飒飒东风细雨来》等也都是含义比较清晰的爱情诗，其中的"刘郎已恨蓬山远，更隔蓬山一万重"，"春心莫共花争发，一寸相思一寸灰"等名句，也都传唱颇广。

除此之外，李商隐的咏史诗也取得了很高的成就。比如他的《贾生》，借古讽今，借西汉贾谊怀才不遇，被汉文帝夜半召进宫中倾谈，却"不问苍生问鬼神"之事，讽刺了晚唐时期的皇帝荒废政务，不顾百姓死活，一味求仙问药。又如《瑶池》，写周穆王西游遇到西王母，此后西王母再也不见他来（暗示他已经去世了）。这首诗同样是讽刺晚唐皇帝求仙问药，追求长生不老的虚妄。而在《马嵬》等二首诗歌中，李商隐更是直接将批判的矛头指向了本朝皇帝，十分大胆。诗中的"马嵬"即唐玄宗被逼赐死杨贵妃的地方，李商隐借着对马嵬坡事变的咏叹，批判了唐玄宗的荒淫误国。

李商隐师承广泛，在他的诗作中，明显能看出受到屈原、阮籍、杜甫等多位前辈的影响，熔百家于一炉，最终自成一家。他的诗歌，特别是爱情诗对后世影响深远。晚唐五代的韩偓等诗人，宋朝初期的西昆派诗人，甚至清朝的龚自珍等人都受其诗风影响。唐宋的婉约派词人，明清的爱情剧作家，也都不断从他的诗歌中汲取养分。特别值得留意的是，李商隐那些哀艳的抒情诗题材细微，情思微妙，意境柔美，与词比较接近，由此在唐诗和宋词之间搭建了一座过渡性的桥梁。

51.《樊川文集》

杜牧

　　"小李杜"中的另一位诗人杜牧,著有作品集《樊川文集》,因其号"樊川"而得名。杜牧才华横溢,在诗歌、辞赋等方面都有很深的造诣。《樊川文集》共二十卷,四百五十多篇,其中诗歌一百七十八首,构成了全书的精华。

　　杜牧生活的晚唐时期,诗坛盛行柔靡的诗风。杜牧对此十分不满,努力矫正。他的主要诗歌特色是将豪迈不羁和缠绵情思融合,既爽朗清丽,又含蓄柔美。《樊川文集》中包含了大量咏史诗,最具代表性的有《赤壁》《登乐游原》《过华清宫》等。其中,《赤壁》一诗感叹三国时期周瑜借东风之便取得胜利,"东风不与周郎便,铜雀春深锁二乔",表达诗人怀才不遇的愤懑悲凉。《登乐游原》感叹昔日繁盛的汉朝如今只余一片荒冢,所谓"长空澹澹孤鸟没","五陵无树起秋风"。《过华清宫》共有三首,是杜牧经过昔日唐玄宗与杨贵妃寻欢作乐的行宫骊山华清宫时,有感而作,其中艺术成就最高、最脍炙人口的是第一首。诗中先写骊山和华清宫壮丽奢华的景观,"长安回望绣成堆,山顶千门次第开"。寥寥十几个字,却像今人拍摄的电影一样充满了"镜头感"。先是"回望",看见广阔的骊山远景,宛如"绣成堆",美不胜收。然后作者将镜头向前推进,将山顶恢宏的行宫推到读者眼前——平时紧闭的宫门突然接连打开。接着出现了两个特写"镜头","一骑红尘"和"妃子笑"。加上前面的"千门次第开"都是诗人设下的悬念,到底门为谁开,一骑为何而来,妃子为何而笑?最后一句揭露谜底:"无人知是荔枝来。"原来是唐玄宗为博杨贵妃欢心,兴师动众从海南往京师运送荔枝。整首诗语言纯朴,毫无雕琢,也不用典故,却寓意深刻,含蓄深沉,是咏史诗中难得的佳作。

除咏史诗外,杜牧的写景诗也取得了不俗的成就,《樊川文集》中的《山行》《江南春》等都是家喻户晓的名篇。《山行》描绘了一幅美丽的山林秋景图:山路、人家、白云、红叶共同构成了一幅和谐统一的画面:"远上寒山石径斜,白云生处有人家。停车坐爱枫林晚,霜叶红于二月花。"诗人捕捉的这些形象都是最能展现自然之美的典型形象,还在其中融入了自己的情感。古时文人总作伤秋之诗,《山行》却颂扬了秋色之美,展现出一种豪爽向上的感情,情景交融,成就了这篇秋色赞歌。《江南春》描绘了一幅生动的江南春景图,既展现了明媚的江南春光——"千里莺啼绿映红,水村山郭酒旗风",又展现了烟雨蒙蒙中的江南楼台景色——"南朝四百八十寺,多少楼台烟雨中"。整首诗有静有动,有声有色,有近有远,优美含蓄,千百年来广为传诵。

杜牧在辞赋方面同样造诣颇深,《樊川文集》收录的辞赋中,最负盛名的要数《阿房宫赋》。写《阿房宫赋》时,杜牧只有二十三岁,正值唐敬宗宝历年间,当时唐敬宗骄奢淫逸,不理朝政。杜牧便通过秦朝二世而亡的教训,告诫唐敬宗:"宝历大起宫室,广声色,故作《阿房宫赋》。"

《阿房宫赋》可分为四部分:第一部分写阿房宫的雄伟壮丽;第二部分写宫中的美人与珍宝,展现秦朝皇帝荒淫无度的生活；第三部分写百姓不堪受压，揭竿而起，将盛极一时的阿房宫焚毁成一片焦土；第四部分总结秦国灭亡的历史教训，警告在位的唐朝皇帝。

整首赋雄浑有力，运用了多种艺术表现手法：首先是想象、夸张和比喻。由于阿房宫早已被毁，相关史料记载也都很简略。在此基础上要描绘其昔日的繁盛，只能依靠丰富的想象力，辅以夸张、比喻。借助这些艺术手法，杜牧成功"再造"了一座宏大、奢华的阿房宫，小到楼阁廊檐、长桥复道都描绘得淋漓尽致，"五步一楼，十步一阁"，"廊腰缦回，檐牙高啄"，"长桥卧波，未云何龙"等等。其次是描述、铺排和议论。文中前面主要是描述，后面主要是议论，二者都用了大量铺陈排比，比如第二部分中描述阿房宫中的美人，"明星荧荧，开妆镜也；绿云扰扰，梳晓鬟也。渭流涨腻，弃脂水也；烟斜雾横，焚椒兰也"，就是典型的铺排。结尾骈散结合，错落有致。文中出现了大量铺排、对偶句等，同时也出现了大量单句散行，比如第一部分描述阿房宫，在"五步一楼，十步一阁。廊腰缦回，檐牙高啄。各抱地势，钩心斗角"接连六个四字句后，又接了几个散句，"盘盘焉，囷囷焉，蜂房水涡，矗不知乎几千万落"，抑扬顿挫，节奏鲜明，更具表现力。

这篇借古讽今的《阿房宫赋》，融叙事、抒情、议论为一炉，创造了"散赋"这种新体，对之后赋的发展影响深远。不仅如此，它还具备很高的社会价值，展现了诗人忧国忧民、匡世济俗的情怀。

除此之外，《樊川文集》中还包含了一些政论，如《燕将录》《罪言》《原十六卫》《战论》等等诗作中表述了杜牧在论政、用兵、固边、削藩等方面的政治观点。阅读这些文章，对我们了解唐朝文学和唐朝历史都会有所帮助。

52.《元和郡县图志》

李吉甫

　　清朝初年问世的《四库全书总目提要》中提到："舆地图经，隋唐志所著录者，率散佚无存；其传于今者，惟此书为最古，其体例亦为最善，后来虽递相损益，无能出其范围。"这部获得盛赞的地理学著作便是唐朝李吉甫编撰的一部总地志《元和郡县图志》，书名中的"元和"是当时在位的唐宪宗的年号。书中系统地论述了中国古代行政区域的地理沿革，是中国现存最古老、水准最高的总地志。

　　作者李吉甫身兼多重身份，既是唐朝的政治家、思想家，又是一名杰出的地理学家。唐宪宗在位时期，唐朝已经历了安史之乱，各地藩镇割据。为了方便皇帝总览全国形势，李吉甫才创作了《元和郡县图志》这部书。全书内容丰富，记录了全国各地的地理沿革、山川以及物产，保存了大量资料。

　　书中系统论述了行政区域的历史沿革，其中对南北朝的行政区域变迁的记录，更显得难能可贵。当时的史书记录南北朝的地理都十分简略，《水经注》以水道为主，也无法兼顾，这一空白在《元和郡县图志》中成功地得到了填补。李吉甫在创作这部书时，态度非常严谨，比如遇到一些重复的地名，便会实事求是地做一些必要的考证。如京兆府的万年、长安、咸阳三个县都有一处地方叫"细柳营"，他便在《元和郡县图志》分别给这三个地方做了注释，说明其确切位置，跟其余两个地方明确区分开。此外，书中还详细记录各个地区一些名胜古迹的遗址，比如已经被毁的秦阿房宫等，对后世的历史研究颇具参考价值。

书中还收录了相当丰富的自然地理资料，包括每个县的山脉、水道、湖泊，以及各种地形特征等。书中记录了五百五十多条水道，一百三十多处湖泽，连一些很小的水道和湖泽也记录在案，十分翔实，书中还记录了诸如高原、沙漠、喀斯特地形等多种地形特征，这部分资料同样很宝贵，因为此前的资料不是像《汉书·地理志》一样太过简略，就是像《水经注》一样，因受成书年代所限，无法兼顾成书后数百年间的变化。《元和郡县图志》中的这些记录，对后世研究水道、湖泊、地形的变化显得弥足珍贵。

另外，书中还记录了各地的水利设施、矿业、手工业发展等经济和地理状况，为研究当时的经济提供了依据。书中还记录了各个朝代的户口数，为研究户口数变动提供了重要的资料。另外，本书还开创性地在记录贡品的项目，将各地的特产都记录在案。

《元和郡县图志》开启了中国总地志的先河，此后，宋、元、明、清各朝在编写总地志时，都不免会受其影响。可惜因年代久远，现存的《元和郡县图志》已经很不完整了，不光附图散失，文字也出现了大量残缺。不过，从现存的残本中依然能一睹这部地理学著作昔日的风采。

53.《历史名画记》《法书要录》
张彦远

　　绘画、书法两种艺术在中国有着悠久的历史。唐朝年间，张彦远创作了两部绘画、书法理论专著《历代名画记》和《法书要录》。尤其是前者，是中国首部绘画通史，为研究中国古代美术提供了重要的文献资料。

　　张彦远出生于宰相世家，他的高祖、曾祖和祖父都曾官至宰相，人称"三相张家"。当时的文人士大夫都喜欢书画，张家人也不例外。张彦远的祖父张弘靖本人非常擅长书画，并收集了大量名人书画，连唐宪宗都忍不住眼红地向其索要。张彦远年幼时，家中的书画已因屡次向皇帝进贡和战乱频发而大量散失，余下的"十无一二"。尽管如此，张彦远依然在家人的影响下，学到了丰富的鉴赏书画的知识。

　　在学习的过程中，张彦远发现古往今来很多珍贵的名画都在战火中被毁，侥幸保存下来的也很少有人能了解其真正价值，这些都会严重阻碍绘画艺术的发展。因此，他想到要编写一部评述历代画家及其作品的著作，也就是后来的《历代名画记》。其实在此之前，中国已经出现了很多评述绘画的著作，但不是太过简单，就是太多疏漏，或是太过片面，没有一种能让张彦远满意。鉴于此，张彦远开始着手创作《历代名画记》，最终在公元847年完成了这部作品。

《历代名画记》共十卷，内容大致可分为三部分：一是对绘画历史发展的评述与绘画理论的阐述，二是鉴赏收藏知识，三是古今三百七十多位画家的传记。

第一部分包括第一卷和第二卷前两节，概述了古代绘画传统的形成和演变。其中点明了绘画艺术是一种重要的文化现象，以师资传授为依据，追溯了画家一脉相承的承继关系；在强调绘画艺术的传统性之余，指出不同年代、不同地区的服饰、车马、风土、人情各有差异，要在画中据实展现；对南朝绘画理论家谢赫提出的"六法"加以阐释，点明"上古""中古""近代"画风的差异；另外，书中详细解析了顾恺之、陆探微、张僧繇、吴道子这四位大画家，尤其是吴道子的风格与成就。

第二部分包括第二卷后三节和第三卷，提出了鉴赏绘画作品的五个等级，分别是自然、神、妙、精、谨细，记录了"跋尾押署"也就是末尾签名的体制，以及一些有名的鉴赏家和装裱手，罗列了古往今来有名的收藏家的用印，讲述了装裱的历史、技巧，以及长安、洛阳等地寺庙壁画等。

第三部分在全书中所占的比例最大，包括第四到第十卷，其中收录遍及张彦远生活的年代之前的历朝历代的三百七十多位画家，尤以魏晋南北朝和隋唐两朝最多。这些画家要么一人成一篇传记，要么父子师徒成一篇传记，每篇传记中包含着画家的生平等基本资料及其作品、前人的评论以及张彦远所列的品级和作出的评论。

《历代名画记》内容丰富，总结了前人在绘画史和绘画理论方面的研究成果，见解独到，根据自己的理解创立了一个全新的绘画品评系统和完整的画史研究体系，在中国绘画史上发挥了承前启后的重要作用。另外，书中还录入并保存了大量珍贵的绘画史料，不光有从前人的绘画书籍中摘录的，还有从各色史书、小说、文集中摘录的，很多书籍现已失传，幸有本书将其中与绘画相关的内容保存下来。《历代名画记》被誉为一部绘画百科全书、绘画领域中的"《史记》"。对那些想了解中国早期绘画基本理论知识的读者来说，阅读这部书会是一个不错的选择。

《法书要录》是张彦远编撰的一部书法学论著，是中国现存最早的书法学论著。全书分为十卷，收录了从东汉到唐宪宗元和年间历朝历代名家的书法理论文章三十九种，由于有的现在只剩下了篇目，实存三十四种，包括赵壹的《非草书》、羊欣的《采古来能书人名》、王僧虔的《论书》、张怀瓘的《书断》、卫铄的《笔阵图》、王羲之的《题笔阵图后》等名篇。书中收集的资料极为丰富，东汉到唐元和年间的很多书法学论著得以保留下来全靠此书。这部书对后世的书法研究者来说，是不可或缺的参考资料。

据说，在完成《历代名画记》和《法书要录》这两本书后，张彦远曾骄傲地表示："有好事者得余二书，书画之事毕矣！"这并非言过其实。时隔一千余年，今天的书画爱好者依旧能从他这两部著作中汲取丰富的营养。

54. 《旧唐书》

刘昫等

　　《旧唐书》是记录唐朝历史的纪传体断代史，成书于五代后晋开运二年，由赵莹主持修撰而成。《旧唐书》原名《唐书》，北宋年间，欧阳修、宋祁等人修撰的《新唐书》问世后，才被改称为《旧唐书》。

　　其实，修撰唐史的工作从唐朝初年就开始了。当时最有名的要数吴兢修撰，韦述补充、续写的《唐书》。五代十国的后梁、后唐也曾广泛搜集唐史资料，后晋贾纬曾修撰了六十五卷的《唐年补遗录》。公元940年，后晋开国皇帝石敬瑭命令当时的宰相赵莹负责监修唐史。在前人的资料基础上，赵莹等人花费了四年多的时间，终于在开运二年，即公元945年修完了《旧唐书》。由于成书时后晋宰相已经换成了刘昫，当时有规定，国家修史主编要署宰相的名字，所以《旧唐书》便署名刘昫等人撰，但修撰本书最大的功臣却是赵莹，从搜集资料到组织编撰，他都是主要负责人，亲力亲为。除他以外，张昭远、贾纬、赵熙、王伸、吕琦等人也都为《旧唐书》的编撰付出了巨大的努力。

　　成书后的《旧唐书》共计二百卷，包括《本纪》二十卷，《志》三十卷，《列传》一百五十卷，内容极为丰富，保留了大量珍贵的唐朝史料，这也成了《旧唐书》最大的价值所在。

　　唐朝在安史之乱过后战乱不断，很多原始史料因此失传，好在有吴兢、韦述等人编撰的国史等史料留存。赵莹等人开始修撰《旧唐书》时，唐朝才灭亡了不到四十年，还能搜集到大量直接出自唐人之手的一手史料。《旧唐书》成书后第二年，北方契丹人便对后晋发起了大规模进攻，导致河南境内数百里内不见人烟。

在这场浩劫中，很多重要的史料都不见了踪影，好在有《旧唐书》，才能将这么多唐朝史料保留至今。如书中《懿宗本纪》和《僖宗本纪》中对庞勋起义和黄巢起义的详细记录；《昭宗本纪》和《哀帝本纪》中对唐末藩镇割据、宦官专权的详细记录；《吕才传》和《卢藏用传》中收录的两人反对迷信的重要文章；唐朝君臣的诏令、手札、奏章；唐朝与少数民族往来的资料，其中包括文成公主与松赞干布的联姻，金城公主远嫁西藏的史实，突厥、回纥、吐蕃、契丹等少数民族的状况，以及唐朝和邻国日本、朝鲜、印度的关系等，都是非常罕见的原始资料。

在保留这些资料之余，《旧唐书》也十分忠实于其原始面貌，将唐朝人的思想认知和行文风格原原本本地保留在书中，从而更加真实地呈现出了唐朝时期的社会风貌，为后世史家提供了大量材料。如北宋司马光在编撰《资治通鉴》的唐朝部分时，就从中选取了丰富的素材。

不过，《旧唐书》也存在很多缺陷，最典型的就是在对史料的剪裁和考辨上十分欠妥，内容多而杂乱，后世对其的评价普遍不高。因此，宋仁宗在位期间，便以《旧唐书》芜杂不精为由，命令欧阳修、宋祁等人重新修撰唐书。《新唐书》成书后在民间广为流传，《旧唐书》从此被废弃，直到明朝嘉靖年间才再度刊行。

这样一部史书，阅读时难免会让人觉得有些枯燥，不过，对于对唐朝历史有浓厚兴趣的读者来说，这依然是很值得阅读的一部好书。

55.《花间集》

花间派词人

　　晚唐至五代十国时期，文坛出现了一个词派，人称"花间派"。该派的词人多是蜀人，他们所作的词风格相近，题材以旅愁、闺怨、合欢、离恨为主，多局限于男女之情，格调不高。五代十国后蜀的赵崇祚将这些词人的作品收集起来，编成了一部《花间集》，这也是中国首部文人词集。全书共十卷，收录了十八位花间派词人的五百首词。

　　在花间派词人中，温庭筠和韦庄是名气最大的两位，《花间集》中收录了二人的多篇佳作。其中，温庭筠更被奉为花间派的鼻祖。他生活于晚唐时期，出生于没落的贵族家庭，常年在歌楼妓馆中出入，这对他的文学创作影响很大。温庭筠颇有才华，既能作诗，又能写词。人们常将他的诗跟李商隐的对比，但其明显逊色于李商隐。不过，他的词在晚唐时期却没有能与之媲美者。《花间集》中共收录了他的六十六首词，这些词辞藻浓艳，情致含蕴，可惜题材太过狭窄，大多局限于描写女性的容貌、服饰、情态，比如他的代表作《菩萨蛮》，描绘了女性早起梳妆打扮的场景：

　　　　小山重叠金明灭，鬓云欲度香腮雪。懒起画蛾眉，弄妆梳洗迟。照花前后镜,花面交相映。新帖绣罗襦,双双金鹧鸪。

温庭筠最擅长营造词的意境,选择极具特征性的景物构成艺术镜头,展现人物的情绪,像《菩萨蛮》中的"照花前后镜,花面交相映",就是一个鲜艳明快的镜头,在烘托出人物如花美貌的同时,也含蓄地展现出她的命运如花般地脆弱易碎,流露出她内心的孤寂。

又如描写闺怨的《望江南》:

梳洗罢,独倚望江楼。过尽千帆皆不是,斜晖脉脉水悠悠。肠断白蘋洲。

整首词只有短短二十七个字,却已经将盼君归来而不得的思妇形象刻画得入木三分。词中描绘了一幅清丽的山水画,画中萦绕着浓浓的愁绪和幽怨,情景交融,看似轻描淡写,却十分情真意切,是辞藻浓艳的花间词中少有的清丽自然的精品。

韦庄是五代前的蜀人,跟温庭筠一样,既能写诗,也能作词。他展现女性在战乱期间悲惨遭遇的长诗《秦妇吟》,在当时声名远扬,跟《孔雀东南飞》《木兰诗》并称为"乐府三绝"。

韦庄的词稍有些内容,风格也比较清新,抒情方面有别于温庭筠词的含蓄,常直抒胸臆。《花间集》中收录了他的四十八首词,其中有多首都脍炙人口,比如《思帝乡》:

春日游,杏花吹满头。陌上谁家年少,足风流,妾拟将身嫁与,一生休。纵被无情弃,不能羞。

这首词用白描手法勾勒出一个天真烂漫的少女对爱情的热烈追求，其语言纯朴、自然，带有浓郁的民歌风味，在花间词中别具一格。

又如《菩萨蛮》：

人人尽说江南好，游人只合江南老。春水碧于天，画船听雨眠。垆边人似月，皓腕凝霜雪。未老莫还乡，还乡须断肠。

这首词描绘了江南的美景、美人和美好的生活，却在末尾抒发了漂泊江南、无法回乡的愁苦之情，虽是直接抒情，却又婉转低回，颇具韵味。

除温庭筠和韦庄外，《花间集》还收录了牛希济、欧阳炯、鹿虔扆等十六位词人的作品。其中，牛希济的《生查子》也是一首颇具民歌风味的佳作，词中"记得绿罗裙，处处怜芳草"两句被广为传唱。欧阳炯开拓了词的题材，比如在《南乡子》中首次以南方风物作为描绘的对象，对后世很有启发性。鹿虔扆的《临江仙》则是一首悲悼后蜀亡国之哀的词，这种题材的词在《花间集》中相当少见，甚至有人将这首词跟李后主悲悼亡国的词相提并论。

整体而言，《花间集》的文学价值和社会价值都不算高，甚至被南宋大诗人陆游批判为"无聊之作"。但这部词集集中展现了中国早期词人创作的倾向、审美、风格和成就，真实地再现了早期的词从民间向文人创作转变的全过程，具有相当重要的历史价值。另外，由于这部词集出现的时间正处在中国文学史上的两大巅峰作品——唐诗和宋词之间，标志着词这种文体正式登上文坛，要跟诗分庭抗礼了，因此在文学史上占据着不容忽视的地位。而且这部词集还对此后宋词的繁荣发展提供了不少启发，发挥了不小的推动作用，因此总体说来依然很值得一读。当然，阅读时可以有选择地读，有些太过平庸或艳俗的篇章可以直接跳过，集中精力阅读部分佳作。

56.《南唐二主词》

李璟、李煜

　　据统计，中国历史上总共出现了大大小小上千位皇帝，大部分籍籍无名，有名的皇帝多以政绩闻名，不是政绩太好，就是政绩太差。而说到政绩，南唐后主李煜无疑属于差的那一类，最终南唐在他手上覆灭。但李煜闻名千载，却不是作为昏君，而是作为词人，人们称它为"千古词帝"。他和他的父亲李璟——南唐的另一位皇帝，都是当时有名的词人，两人的作品被合成一部《南唐二主词》，传承后世。读中国古代的词，这部书绝对不能落下。

　　李璟是南唐的第二位君主，因在位期间奢侈无度，朝中政治腐败，国力衰落，被后周威胁，不得不削去帝号，改称国主，史称南唐中主。李璟虽然不是个好皇帝，但在文学方面却颇有造诣。他在位期间，经常和韩熙载、冯延巳等大臣饮宴赋诗。他的词语言清新、自然，情真意切，对南唐词坛有一定的影响力。他的词现存五首，《南唐二主词》收录了其中四首，尤以《摊破浣溪沙·菡萏香销翠叶残》最为出名，"小楼吹彻玉笙寒"一句更是广为传诵。后世对他的词评价颇高，比如《全唐诗李璟小传》中称其"风度高秀，善属文"，《词史》中更盛赞："言辞者必首数三李，谓唐之太白，南唐之二主与宋之易安也。"

　　除了李璟的几首词外，《南宋二主词》中收录的大部分词都是李煜的。李煜是李璟的第六个儿子，史称南唐后主。跟父亲相比，李煜明显更不适合做皇帝。他对政治一窍不通，在位期间昏庸无能，接连在政治方面犯下大错，让本就衰落的南唐迅速走向灭亡。赵匡胤建立北宋后，南唐的地位岌岌可危，李煜主动求和，却换来赵匡胤一句："卧榻之侧，岂容他人鼾睡！"很快，南唐就被北宋消灭了，李煜被俘虏，被押解到北宋都城开封，被册封为违命侯。被俘期间，李煜因写了一首表达亡国之痛的《虞美人》，被赵匡胤认为有复辟之心，遭到毒杀。

从皇帝到阶下囚的经历，使得李煜的创作生涯被鲜明地切分成了两个阶段：第一个阶段是亡国之前，词多以爱情和宫廷生活为主题；第二个阶段是亡国之后，词多以亡国之恨为主题。

在第一个阶段中，李煜虽然也创作了不少比较优秀的词作，但内容肤浅，少有能传世的佳作。《玉楼春》算是其中的佼佼者，写的是春季宫廷夜宴的盛大场景，整首词热烈奔放，轻快明丽，显示出词人非凡的艺术才能。

李煜创作的黄金时期在第二个阶段，他的传世佳作《乌夜啼》《浪淘沙》《虞美人》等全都写于这段时期。《乌夜啼》中的"剪不断，理还乱，是离愁，别是一般滋味在心头"，《浪淘沙》中的"独自莫凭栏，无限江山，别时容易见时难"等都是传诵千古的名句。然而，其中最突出的还要数他最后的绝唱——《虞美人》，整首词用优美、清新、精练的语言，用设问、对比、比拟、比喻等多种修辞手法，将词人的亡国之痛展现得入木三分。后世评价其："通首一气盘旋，曲折动荡，如怨如慕，如泣如诉。"甚至有人称："后主之词，足当太白诗篇，高奇无匹。"足见这首词的影响之大，成就之高。词中开头两句"春花秋月何时了？往事知多少"，最末两句"问君能有几多愁，恰似一江春水向东流"，至今仍家喻户晓。

宋元明清篇

57.《旧五代史》

薛居正等

　　宋太祖在位期间，下诏修撰五代十国的历史。所谓"五代十国"，是指从公元907年唐朝灭亡到公元960年宋朝建立期间的这段历史。当时中原先后出现了后梁、后唐、后晋、后汉、后周五个政权，统称为五代。而在中原以外还存在前蜀、后蜀、吴、南唐、吴越、闽、楚、南汉、南平、北汉等十多个割据政权，统称为十国。这部史书修成后，便是《旧五代史》，又称《梁唐晋汉周书》。其实，书的原名叫《五代史》，因为之后欧阳修又修撰了一部《新五代史》，所以才被称为《旧五代史》。

　　《旧五代史》的修撰始于公元973年，由薛居正担当监修，卢多逊、扈蒙、张澹、李昉等人参与，他们都是当时有名的学者名流，水准颇高，而且他们大多数都曾在五代生活过，对那段历史比较熟悉。再加上他创作时，"五代十国"的局面刚刚结束不久，各朝都有实录可供参考，另有范质据此整理出的实录简编《五代通录》做蓝本，特别是还保留了很多后来失传的五代十国的诏令公文和时人所写的"行状"、墓志铭等，作为人物传纪的一手资料，为修史提供了巨大便利，因此全书只用了短短一年半就修成了。

成书后的《旧五代史》共计一百五十卷，分为纪六十一卷，志十二卷，传七十七卷。按照五代的断代，分成《梁书》《唐书》《晋书》《汉书》《周书》五部分，每部分从十多卷到五十卷不等。书中的主线是中原五个王朝的兴亡，副线是十国的兴亡及其周边少数民族政权如吐蕃、契丹等的兴衰，将其列入《世袭列传》《僭伪列传》《外国列传》中，将整个五代十国时期的社会历史面貌条理清晰地展现了出来。

书中保留了大量珍贵的史料，被之后历朝历代的史家重视。北宋司马光在编撰《资治通鉴》时便从中援引了很多资料，北宋沈括等名人的著作也多参考其中的资料。而由于此书成书时，十国中一些国家尚未被消灭，因此书中收录了很多十国的一手资料，为后世史家借用。如清朝吴任臣在编撰纪传体史书《十国春秋》时，就曾参考此书。《旧五代史》成书后，朝代更替，战乱不断，五代时期的很多实录和其余一手材料大量散失，全因为《旧五代史》才得以保留至今。

不过，这部史书也存在很多缺陷。这主要是因为书的修撰过程太过仓促，编者们对很多史料都没能进行充分鉴别，就直接抄录到书中，不少时人为政治目的写下的不实之词也这样被收录了。比如先后在唐朝、后梁、后唐三朝为官的张全义，作者在《旧五代史》中只对他振兴洛阳经济的丰功伟绩大加赞美，却对他每逢朝代更替，便主动讨好新朝，反复改名的趋炎附势之举只字未提，这是很不客观的。因此，清朝学者赵翼对《旧五代史》的指责颇多。然而，瑕不掩瑜，整体说来，《旧五代史》依然是我们了解五代十国历史的重要史料。

58.《新五代史》

欧阳修

　　薛居正等人修撰的《旧五代史》问世后，北宋欧阳修又修了一部《五代史》。后世为了将其跟官修的《旧五代史》区分开，便称其为《新五代史》。

　　欧阳修之所以在《旧五代史》问世之后，还要费尽心机修一部《新五代史》，是因为他认为"史者国家之典法也"，史书记录"君臣善恶，与其百事之废置"，目的是为了"垂劝戒，示后世"，但《旧五代史》在这方面做得还不够，没有发挥它应该发挥的作用。并且他认为"五代之乱极矣"，"当此之时，臣弑其君，子弑其父，而缙绅之士安其禄而立其朝，充然无复廉耻之色者皆是也"，为了批判这些缺乏廉耻的现象，他也必须重修五代史，在其中加入大量对历史的褒贬，希望能达到孔子作《春秋》的目的，"《春秋》作而乱臣贼子惧"。

　　薛居正等人编撰《旧五代史》时，北宋才刚刚建国。而欧阳修编撰《新五代史》时，北宋已经建国八九十年，在此期间又出现了很多新的史料，为他修史提供了更多的便利。根据欧阳修写给友人尹洙、梅尧臣等人的信函，《新五代史》的编撰应该在公元 1036 年之前就开始了，直到公元 1053 年才基本完成。欧阳修去世后一个月，即公元 1072 年八月，在位的宋神宗命令欧阳修家人将《新五代史》奉上，收藏在国家图书馆中，后来这部分史书逐渐取代了《旧五代史》的地位。

欧阳修编撰的这部《新五代史》共计七十四卷，分为本纪十二卷，列传四十五卷，考三卷，世家和年谱十一卷，四夷附录三卷。此书改变了《旧五代史》的编撰体例。《旧五代史》根据五代的断代分成五部分，各自独立成体系。《新五代史》却打破了朝代界限，将各朝的本纪、列传合为一体，按照时间顺序进行编排。其中最具特色的是列传部分，采用类传形式，分为《家人传》《臣传》《杂传》《死节传》《死事传》《一行传》《义儿传》《伶官传》《宦者传》等。这些列传的名目本身就含有褒贬的意思，比如将专事一朝的将相列入《臣传》，历事几朝的列入《杂传》。又如根据死者忠诚的程度不同分为一等、次等，前者列入《死节传》，后者列入《死事传》。

书中的"考"其实就是其余史书中的"志"，因为欧阳修认为五代十国"礼乐崩坏，三纲五常之道绝，而先王之制度文章，扫地而尽于是矣"，根本谈不上什么礼乐制度，所以只写了《司天考》和《职方考》，分别相当于《旧五代史》的《天文志》和《郡县志》，对其余典章制度则没有涉及。

书中的世家包括《吴世家》《南唐世家》《前蜀世家》《后蜀世家》《南汉世家》等。其中，《十国世家》是全书中相较于《旧五代史》新增史料最多的部分，对十国历史的记录更加完善。

在史料价值方面，《新五代史》其实是逊色于《旧五代史》的。虽然欧阳修在修史时得到了很多新史料，却人为地删去了大量史料，特别是志的部分。《旧五代史》的志有十种之多，《新五代史》却只有两种。而在列传方面，《旧五代史》中为四百六十多人作传，《新五代史》的列传涉及的却只有二百五十六人。不过，欧阳修在删减之余也做了一些补充，比如前面提到的世家部分，又如列传部分，从新的材料补充事实，丰富了人物的事迹和形象，再如对少数民族的记录，也新增了诸如高如晦出使于阗时沿途见到的各国风土人情等内容。另外，欧阳修还对五代十国的史料进行了更加细致的考证，修正了《旧五代史》中因考证不足出现的很多谬误。

在文笔方面，《新五代史》要胜于《旧五代史》。欧阳修是北宋有名的文学家，文采斐然，由他编撰的《新五代史》文笔简洁，叙事生动，在"二十四史"中出类拔萃，甚至被评价为"与司马迁的《史记》不相伯仲"。特别是书中的议论部分，其模仿《春秋》的笔法，微言大义。不过成也萧何，败也萧何，欧阳修在史书中大发议论，也引来了后世很多史家、学者的批判。比如清朝的顾炎武、钱大昕等人，都认为欧阳修的《新五代史》虽是史书，却不将重点放在史实上，爱发议论，说空话，惹人反感。

尽管如此，《新五代史》依旧是一部十分优秀且颇具特色的史书，读者可以将其跟《旧五代史》互为补充，对比阅读。

59.《太平广记》

李昉、扈蒙、宋白等

  《西厢记》的故事大家都耳熟能详，但很多人不知道这个故事的前身是唐朝元稹所作的《莺莺传》，被收录在北宋问世的一部小说集《太平广记》中。

  《太平广记》成书于北宋太平兴国年间。当时在位的宋太宗命令翰林学士李昉，以及扈蒙、王克贞、宋白等人共同编纂了四大类书，分别是百科全书性质的类书《太平御览》、史学类书《册府元龟》、文学类书《文苑英华》和小说类书《太平广记》。所谓"类书"，就是指辑多个门类或某个门类的资料，依照内容或字、韵分门别类编成，以供搜索、征引的工具书。

  其中，《太平广记》成书最早，于太平兴国二年开始编纂，第二年完成。史书中记载："兴国二年三月诏昉等取野史小说集为五百卷，三年八月书成，号曰《太平广记》。"全书共计五百卷，另有目录十卷，按主题分为九十二大类，一百五十余小类。书中收录的多是神怪小说，包括《神仙》五十五卷，《女仙》十五卷，《报应》三十三卷，《神》二十五卷，《鬼》四十卷等。从六朝到宋初的小说，基本都能在书中找到。由于年代久远，唐朝及之前的很多小说现在都已失传了，全靠《太平广记》才得以保存至今。

166

书中收录了很多广为流传的小说名篇，如第四百七十八卷中收录的《霍小玉传》。这是唐朝蒋防所作的一篇传奇小说，讲述了妓女霍小玉和书生李益的爱情悲剧：霍小玉和出身名门的新科进士李益私恋，李益被派往外地为官，离别之际，立誓会娶霍小玉为妻。不久之后，李益却因忌惮母亲的威严，背弃对霍小玉的誓言，迎娶了别的女子。他无法再面对霍小玉，便断绝了与她的书信往来。霍小玉相思成疾，千方百计地想与李益见面，最后终于在一名黄衫豪客的帮助下见到了李益，她痛斥李益负心薄幸，最后竟"长恸号哭数声而绝"。因霍小玉的冤魂作祟，李益此后终生不得安宁。文中霍小玉痛斥李益的部分，饱含血泪，畅快淋漓，将全篇推向了高潮："我为女子，薄命如斯！君是丈夫，负心若此！韶颜稚齿，饮恨而终。慈母在堂，不能供养。绮罗弦管，从此永休。征痛黄泉，皆君所致。李君李君，今当永诀！我死之后，必为厉鬼，使君妻妾，终日不安！"《霍小玉传》被誉为"唐人最精彩之传奇"，而若非《太平广记》，今人根本无法欣赏到这篇精彩的传奇小说。

　　又如第四百一十九卷中收录的《柳毅传》，是唐朝李朝威所作，讲述了这样一个故事：洞庭龙女远嫁泾川，被丈夫泾阳君和公婆虐待。她偶遇书生柳毅，请他去洞庭龙宫向自己的家人报信求救。在柳毅的帮助下，龙女的叔父钱塘君将她救回了洞庭。为向柳毅报恩，钱塘君要将龙女许配给他。但柳毅帮助龙女完全是出于满腔正义，并无私心，再加上他对钱塘君的蛮横不满，于是严词拒绝。而龙女此时已对柳毅动情，两人经过几番波折后终于结为夫妻。小说只有短短五千字，却成功地用细腻的笔触讲述了一个跌宕起伏的故事，塑造了多个立体、鲜明的人物形象，不愧为唐传奇中的名篇。

此外，《太平广记》还收录了诸如《李娃传》《莺莺传》《离魂记》《长恨歌传》《无双传》《虬髯客传》等传世名篇，就如一座小说的宝库，为此后中国的文学创作提供了取之不尽、用之不竭的资源。元朝的杂剧、明清两朝的小说等，很多都是从《太平广记》的故事中取材。比如元朝戏剧家王实甫的《西厢记》，就取材于《太平广记》中收录的唐朝元稹所作的《莺莺传》；元朝戏剧家郑光祖的《倩女离魂》，就取材于《太平广记》中收录的唐朝陈玄祐所作的《离魂记》；明朝文学家冯梦龙直接将本书进行精简化改编，加上自己的点评，写成了一部《太平广记钞》；甚至到了清朝年间，蒲松龄所作的《聊斋志异》中的很多故事，都明显受到《太平广记》的影响。而作为普通读者，要阅读中国宋初之前的小说，《太平广记》无疑是最完备的资料。

60.《新唐书》
欧阳修、宋祁等

　　记录唐朝历史的史书，五代后晋时期已经有了一部《旧唐书》。北宋年间，宋仁宗认为此书"纪次无法，详略失中，文采不明，事实零落"，于是在庆历四年，即公元1044年下诏重修唐史。负责修撰工作的包括欧阳修、宋祁、范镇、吕夏卿等人。其中，欧阳修负责统筹大局，并编撰了本纪和志、表的序，以及《选举志》《仪卫志》；宋祁主要负责编撰列传；范镇、吕夏卿分别负责编撰志和表。宋仁宗嘉祐五年，即公元1060年，《新唐书》终于编撰完成，前前后后总共经历十七年。

　　成书后的《新唐书》包括本纪十卷，志五十卷，表十五卷，列传一百五十卷，共计二百二十五卷。本纪、志、表、列传是司马迁在《史记》中首创的完整的史书体例，但是魏晋、五代时期的史书体例都不完整，直到《新唐书》才恢复了这种完整性，为之后历朝的史书做了示范。

　　相较于《旧唐书》，《新唐书》的志要丰富得多。其中首创了《兵志》和《选举志》，记录唐朝的军事制度和科举制度，被之后的很多史书承袭。《食货志》增加到了五卷，保留了更加丰富、系统的唐朝社会经济史资料。《天文志》《历志》都比《旧唐书》的篇幅多三倍以上，记录了唐朝盛行的七种历法，尤其是《大衍历》中的《历议》，展现了唐朝历法理论的高水准，在历法史上占据着重要的地位。《地理志》也新增了很多资料，着重记录唐朝的地理沿革、军府设置、物产分布、水利兴废等状况。《艺文志》中补充了很多唐玄宗开元之后的作品，如李白、柳宗元的作品等。

列传方面，《新唐书》也增加了一些《旧唐书》中没有的内容，比如增加了很多唐朝晚期人物的列传。但由于史料不足，宋祁在编撰这些列传时采用了大量小说、笔记、野史之类的资料，这些资料并不可靠，因此产生了很多谬误。

在新增内容的同时，《新唐书》还对《旧唐书》的本纪部分做了大规模的删减。据统计，《旧唐书》的本纪部分有将近三十万字，可到了《新唐书》中，却只剩了寥寥九万字。而很多删减是很不应该的，导致《新唐书》失去了很多重要的史料。除本纪外，书中的列传部分也出现了多处删减，这主要是为了追求文字简练，结果却过犹不及，致使多篇精彩的列传都变得平淡乏味。另外，由于欧阳修、宋祁都排斥佛教，竟对《新唐书》中对玄奘西行取经一事只字未提，唐朝佛教发展的盛况无法从书中得见。

不过，《新唐书》最明显的缺陷还在于贯彻始终的封建正统思想，比如对隋朝末年和唐朝末年的农民起义大加批判，将隋末的窦建德领导的农民起义军形容为"磨牙摇毒""孽气腥焰"，将唐末的农民起义军领袖黄巢称为"逆臣"；又如批判武则天是"弑君篡国之主"，这些观点都有失公允，阅读时需要格外留意。

然而，整体而言，《新唐书》依然是一部可读性颇高的优秀史书，资料丰富，条理清晰，语言清新质朴。毕竟担任主要编撰者的欧阳修名列"唐宋八大家"之一，另一位编撰者宋祁也是当时有名的文学家，他们编撰的史书自然颇具文采。这种语言风格为后世很多史家效仿，影响深远。

61.《欧阳修集》

欧阳修

　　两宋时期，文人辈出，欧阳修是其中极具盛名的一位。他的作品集《欧阳修集》也成了今人了解两宋文学成就的重要书籍，书名中的"文忠"是他的谥号。

　　欧阳修是吉州永丰（今江西省永丰县）人，号醉翁。他二十四岁考中进士，入仕为官，却因直言敢谏，以及支持"庆历新政"而屡遭贬黜。在政坛郁郁不得志的欧阳修，却是北宋文坛中的一代领袖，领导了北宋诗文革新运动。

　　北宋初期，诗坛盛行"西昆体"。这种诗歌的特色是一味追求辞藻华丽，对仗工整，内容方面却毫无可取之处，严重脱离社会现实。针对这种浮靡的文风，欧阳修等人开展了一场轰轰烈烈的诗文革新运动。

　　在散文创作方面，欧阳修以唐朝散文大家韩愈为榜样，并发展了韩愈的观点。韩愈认为"文以载道"，写文章是为了说明道理，因此道理才是最重要的。欧阳修以此为基础，更深入地阐释了文和道的关系：文仅仅是表现方式，道才是真正的内涵，道决定了文，但文同时也具有独立性，要文道并重。这样一来，便将文学的艺术形式与思想内容放到了同等重要的位置上。韩愈在写文章时，追求"词必己出""陈言务去"，欧阳修却坚持优秀的文章只需表达清晰、顺畅即可，不必刻意追求雄奇险怪。此外，他还废除了辞赋中对排偶等格式的约束，不求对偶工整，也不求典故、成语的大量应用，使得辞赋创作更加自由、多样。

在诗歌创作方面，欧阳修主张诗歌要重视反映社会现实，并在韩愈的影响下，在诗歌中加入了散文的创作手法，将叙事、抒情、议论融为一体。

以上主张都在《欧阳修集》中收录的诗文中得到了展现。先说散文，欧阳修最具代表性的散文作品是《醉翁亭记》。这篇文章写于欧阳修在滁州任职期间。当时欧阳修因支持范仲淹实行新政，被贬到滁州做知州。期间，他的内心十分苦闷，文中描绘的虽是滁州一年四季不同的风光和当地百姓平静祥和的生活，以及诗人在山林中与百姓共同游玩、饮宴的乐趣，却隐藏着诗人郁郁不得志，只能借山水之乐暂作排遣的苦闷心情。全文结构精巧，意境优美，语言凝练，虽受骈文影响，却毫不雕琢做作，浑然天成。文中还首创了"水落石出"和"醉翁之意不在酒"，被后世赋予了多种意义，至今仍广为沿用。

继《醉翁亭记》后，欧阳修最负盛名的散文代表作是《秋声赋》。这是一篇文赋，是欧阳修首创的一种文学体裁。写《秋声赋》时，欧阳修已经五十二岁了，仕途已步入顺境，身居高位，但长久以来的政治斗争已经让他看透了官场的黑暗与复杂，变得淡泊名利。此时，他回首此前的宦海浮沉与当时实施政治改革的步履维艰，内心十分苦闷，于是他以"悲秋"为主题，抒发自己的这种感慨。全文融合了写景、抒情、叙事与议论，骈散结合，自由挥洒，成就了宋朝文赋的典范。

再说诗歌，《欧阳修集》中收录了很多反映社会现实的诗歌，如《边户》和《食糟民》等。前者描绘了在宋辽两国边境地区生活的百姓的悲惨遭遇，表达了诗人对这些百姓的深切同情。后者描绘了种粮的农民只能吃酒糟充饥的不合理现实，不露痕迹地发表着议论，开启了宋诗的新风气。除这类反映社会现实的诗歌外，欧阳修还创作了很多或展现个人生活经历，或抒发个人情怀，或吟咏历史的诗歌，如《书怀感事寄梅圣俞》《戏答元珍》《春日西湖寄谢法曹歌》等。

而欧阳修在词的创新方面也做出了一些贡献。他很重视词的抒情作用，频频用词抒发感情。比如《踏莎行·候馆梅残》，上片写离家远行的游子在旅途中的所见，"候馆梅残，溪桥柳细。草薰风暖摇征辔"，以及由此而生的愁绪，"离愁渐远渐无穷，迢迢不断如春水"；下片从闺中少妇的角度，抒发了对游子的思念之情，"寸寸柔肠，盈盈粉泪。楼高莫近危阑倚。平芜尽处是春山，行人更在春山外"。整首词笔调委婉细腻，寓情于景，含蓄深沉，是宋朝婉约词的代表作之一。另外，欧阳修还很重视将词的审美转向通俗化，比如他的《渔家傲·花底忽闻敲两桨》，便是借鉴民歌创作而成的。词中描绘了一群采莲女划船采莲时的情景，语言清新，颇具民歌风味，读起来令人耳目一新。

62.《范文正公文集》

范仲淹

　　很多中国文人都会在自己的作品中表现出忧国忧民的情绪，历朝历代也出现了无数这类题材的诗词文章，包含了无数传诵极广的名句。"先天下之忧而忧，后天下之乐而乐"便是其中之一，这出自《范文正公文集》中的《岳阳楼记》。

　　《范文正公文集》是北宋文学家、政治家范仲淹的作品集，因范仲淹谥号"文正"，世称范文正公而得名。范仲淹出生于苏州吴县（今江苏省吴县），二十六岁进士及第，入朝为官。因直言敢谏，屡遭贬黜。庆历三年，五十四岁的范仲淹上疏《答手诏条陈十事》，针对北宋国内的冗官、冗兵、冗费现象，向在位的宋仁宗提出了十项改革举措。宋仁宗接纳了他的提议，开始实行改革，史称"庆历新政"。可惜好景不长，新政很快就因保守派的反对无法继续推行，范仲淹也因此被贬出京城，到各地担任地方官。几年后，他在前往颍州赴任的途中病死。

　　范仲淹工于诗词散文，留下了不少传世佳作，收录在《范文正公文集》中，多涉及政治内容，比如本文开头便提到的《岳阳楼记》，也是他最负盛名的代表作。这是一篇散文，写于庆历六年，当时范仲淹已经因新政实施受阻，被贬到河南邓州担任知州。文章一开头就点明了他的写作原因：庆历四年春天，范仲淹的好友滕子京被贬到巴陵郡，也就是湖南岳州做太守。第二年，滕子京重修岳阳楼，将唐朝名家和今人的诗赋刻在上面，请范仲淹写一篇文章记录此事。范仲淹因此写下了这一传诵千古的名篇。

全文集叙事、写景、抒情、议论为一体，叙事简洁，写景铺张，抒情真挚，议论精辟。其中写景部分颇具特色，先写了洞庭湖的大观，"衔远山，吞长江"，"衔""吞"二字，极具气势，"浩浩汤汤，横无际涯"，极言湖面之波澜壮阔，"朝晖夕阴，气象万千"，概述湖上的气象变化。先后从空间、时间的角度，道尽了洞庭湖的壮观景象。随后两段分别写阴雨天和晴天登岳阳楼看到的景色，一暗一明，一悲一喜，情景感应。其中运用了大量对偶句，如"日星隐曜，山岳潜形"，"沙鸥翔集，锦鳞游泳"，"而或长烟一空，皓月千里"，"浮光跃金，静影沉璧"等，都是广为流传的佳句。

而最后的抒情、议论部分更是全文的精髓："不以物喜，不以己悲"，"先天下之忧而忧，后天下之乐而乐"。前者是说要有坚定的意志，不因外界条件的改变或喜或悲，这是范仲淹对好友滕子京的劝勉。后者是说要在天下人忧愁之前忧愁，在天下人快乐之后快乐，这是范仲淹一生奉行的行为准则。

《岳阳楼记》突破了单纯写景的狭隘，把自然界的明暗、阴晴变化和文人的览物之情相结合，将全文的重点放到了对政治理想的议论上，将文章提升到了全新的境界，在中国散文史上占据着极为重要的地位。

除散文外，《范文正公文集》中还收录了范仲淹多首优秀的词作。众所周知，宋朝是词的繁荣时期，范仲淹在词的创作方面同样颇具造诣，比如他的代表作《渔家傲·秋思》。这首词写于庆历新政之前，范仲淹镇守北疆之际。词的上片描绘了边疆的荒凉景色，"塞下秋来风景异，衡阳雁去无留意。四面边声连角起，千嶂里，长烟落日孤城闭"；下片描绘了戍边战士厌战思归的情绪，"浊酒一杯家万里，燕然未勒归无计。羌管悠悠霜满地，人不寐，将军白发征夫泪"。整首词意境开阔，慷慨豪放，极具感染力。而用词来展现国家、社会的重大问题，这在当时的词坛十分罕见。借助这首词，范仲淹成功开拓了宋词的审美境界，开启了此后以苏轼、辛弃疾等为代表的宋词豪放派的先声。

在创作散文、词之余，范仲淹还创作了不少诗歌，《范文正公文集》中收录了他的《鹤联句》和《江上渔者》等代表作，也都很值得一读。

63.《临川文集》

王安石

　　孟尝君在中国历史上素以招贤纳士闻名，偏偏北宋有人提出了截然不同的观点，称其只能招来鸡鸣狗盗之徒。所谓孟尝君能"得士"，不过是徒有虚名。要问该观点的出处，便是北宋文学家王安石的《临川文集》。

　　《临川文集》是王安石的诗文集，因王安石是临川（今江西抚州市临川区）人，世称"临川先生"而得名。王安石二十一岁考中进士，步入仕途，政绩十分突出，但他最大的政治成就还是变法。宋仁宗在位期间，由范仲淹主持推行的"庆历新政"宣告失败。此后，北宋国内的冗官、冗兵、冗费现象不断加剧。到了宋神宗即位后，北宋先后与西夏、辽发生了数次争战，国内也连续几年发生自然灾害，百姓生活困苦不堪，不断爆发农民起义。面对这样的情况，王安石上书变法，得到了宋神宗的大力支持，君臣联手，实行了一场轰轰烈烈的大变革，无论是规模还是力度，都远超过此前的"庆历新政"。可惜跟"庆历新政"一样，王安石变法也遭到了保守派官员的强烈反对。在巨大的压力下，宋神宗不得不将王安石逐出京城。虽然后来宋神宗又将其召入京城，主持变法，但不久王安石再遭贬黜。等到宋神宗驾崩，宋哲宗即位后，王安石变法的大部分举措被废除，惨淡收场。王安石忧愤至极，第二年便去世了。

王安石一生热衷政治，诗文创作也多与政治相关，他强调文学的作用首先在于为社会服务，文章要具备现实功能和社会效果，所谓"文道合一"，这在他的散文中表现得尤为突出。《临川文集》中收录的散文，多带有浓厚的政治色彩，揭露时弊，展现社会矛盾，观点鲜明，分析透彻，尤其是那些短小精悍的短文，更是语言简练，结构严谨。

如开头提到的反驳孟尝君能"得士"的《读孟尝君传》，这是王安石对司马迁《史记·孟尝君列传》的读后感。孟尝君是战国时期齐国的贵族，名列战国四公子之一，以擅长招贤纳士闻名。王安石却在《读孟尝君传》中提出了一个全新的观点，称孟尝君招纳的所谓"贤士"，不过是鸡鸣狗盗之徒。如若不然，以齐国如此强大的国力，只要得到一个贤士就能称王，制伏秦国。而孟尝君门下都是鸡鸣狗盗之徒，自然吸引不了贤士归顺。全文只有不到一百字，却出现了三次转折，彻底驳斥了孟尝君能"得士"的传统观点，议论严谨、周密，逻辑性强，具有极强的说服力。这篇文章从表面上看是读后感，其实是王安石在借题发挥，表达自己对人才的看法：人才应该是"居则为六官之卿，出则为六军之将"的有识之士，而非只会读死书的书呆子。这跟他在变法期间对科举制度实施的改革是一致的。

除了《读孟尝君传》外，《临川文集》中收录的散文代表作还有《答司马谏议书》《祭欧阳文忠公文》《伤仲永》等，也都十分值得一读。

而王安石在诗词创作方面，同样取得了很高的成就。《临川文集》中收录的诗歌代表作有《泊船瓜洲》《梅花》等。《泊船瓜洲》是一首七言绝句，一般认为这首诗是王安石在变法期间被贬出京城后，又被召回途中所写。末尾两句至今仍然广为流传："春风又绿江南岸，明月何时照我还？"展现了诗人被召回京的喜悦，同时也流露出其内心的矛盾：变法是他的政治理想，但是此前遭遇的残酷的政治斗争，已经让他萌生退意，他想早日辞官回乡，安度晚年。整首诗最妙的是一个"绿"字，将无形的春风化为了鲜明的形象，生动传神。《梅花》是一首五言绝句，传唱极广："墙角数枝梅，凌寒独自开。遥知不是雪，为有暗香来。"这首诗写于王安石晚年退出政坛，隐居于钟山期间。全诗语言纯朴自然，明白如话，诗人以梅花自比，暗喻自己在重重的阻碍下，无法继续改革的艰难处境与孤独心态，恰如不惧严寒、傲然绽放的梅花。

至于《临川文集》中的词，最具代表性的要数《桂枝香·金陵怀古》。全词通过对金陵（今江苏南京）美景的描绘，表达了作者对历史兴亡的感叹和对当时朝政的忧心。词的上片写词人在金陵登山临水的所见："登临送目，正故国晚秋，天气初肃。千里澄江似练，翠峰如簇。归帆去棹残阳里，背西风，酒旗斜矗。彩舟云淡，星河鹭起，画图难足。"从水上到陆地，再到空中，全景展现，壮丽雄浑。下片写词人由其所见引发的所想："念往昔，繁华竞逐，叹门外楼头，悲恨相继。千古凭高，对此漫嗟荣辱。六朝旧事如流水，但寒烟衰草凝绿。至今商女，时时犹唱，《后庭》遗曲。"古今对比，时空交错，虚实相生，感慨凝重。整首词将金陵的景色和历史完美融合在一起，情景交融，境界开阔，豪放沉郁，与范仲淹的《渔家傲·秋思》共同开启了宋朝豪放词的先声。

64.《资治通鉴》

司马光

　　中国史学史上有"两司马"，一是《史记》的作者司马迁，二是《资治通鉴》的作者司马光。司马光和他的《资治通鉴》也在中国史学史上具有重要的地位。

　　司马光生活于北宋年间，《资治通鉴》是他主编的一部编年体史书，也是中国第一部编年体通史。为了编撰这部史学巨著，司马光前前后后总共花费了十九年的时间。宋英宗在位时，司马光就开始编撰《资治通鉴》。编撰完前八卷后，他将自己的成果呈给英宗看。宋英宗对其大加赞赏，为支持他继续往下编，专门为他成立了书局，提供人力、物力方面的援助。宋英宗之子宋神宗即位后，认为这部史书"有鉴于往事，以资于治道"，即能借鉴以往的经验，增强当前的统治，于是亲自为本书作序，继续支持司马光的编撰工作。王安石开始变法后，司马光与其政见不同，主动请求调离京城，到洛阳任职，并将编撰《资治通鉴》的书局也带到了洛阳。之后，司马光在洛阳一住就是十五年，终于完成了这部史学巨著。

　　在编撰《资治通鉴》的过程中，司马光担当主编，还有刘恕、刘攽、范祖禹以及司马光的养子司马康等几人协助他，几人各有所长，分工合作，各自作出了重要的贡献。不过，在具体写作过程中，司马光从来都是亲力亲为，《资治通鉴》中的所有字句都是他亲手写成。为了这部史书，司马光在长达十九年的时间内勤勤恳恳，费尽心思，最终"筋骨癯瘁，目视昏近，齿牙无几，神识衰耗"。结果《资治通鉴》成书后不到两年，他就去世了，正是"以一生精力成之，遂为后世不可无之书"。

这部司马光的呕心沥血之作共计二百九十四卷，三百多万字，记录了从战国初期到五代末期后周世宗柴荣征战淮南，长达一千三百六十二年的历史。全书共记录了十六个朝代的历史，每个朝代称为一纪，每一纪包含的卷数各不相同。司马光本着"详近略远"的原则，对距离北宋最近的隋唐五代的历史做了最细致的记录，占全书的百分之四十，也是全书史料价值最高的部分。尤其是对于唐朝部分的撰写，长达八十一卷，对唐朝贞观盛世的记录更是翔实。

由于司马光编撰《资治通鉴》有着明确的目的——为了巩固当时的统治，在书中，他将政治和军事当成了编撰的重点。在政治方面，他根据诸位君主的才能，将他们分成五种类型：创业、守成、陵夷、中兴、乱亡。通过对各类君主种种作为的论述，让北宋的皇帝吸取经验，借鉴教训。在军事方面，生动描绘了多场重要的战争，诸如赤壁之战、淝水之战等，对战争的原因、战局分析、战争过程和影响力都做了相当细致的记录，同样颇具借鉴意义。

除此之外，《资治通鉴》还涉及文化、科技、经济等多个方面。在文化方面，书中的记录非常全面，从先秦时期诸子百家的代表人物和主张，到汉朝的独尊儒术，再到魏晋时期盛行的玄学等，都能在其中找到，书中还记录了佛教和道教的起源与发展以及二者与儒家的斗争等，而历史上有名的文人学者及他们的作品记录，大多也能在书中找到；在科技方面，主要记录了历朝的历法，此外还涉及重要的建筑，如秦长城、隋朝大运河等；在经济方面，则主要记录了历朝的赋税制度。

《资治通鉴》有个很突出的特色，就是叙事过后都附有评论，共计一百八十六篇。其中各家评论八十四篇，司马光自己的评论一百零二篇，后者开头都会加上"臣光曰"三个字。我们在阅读《资治通鉴》的叙事部分时，可参照这些评论增强理解。

不过，《资治通鉴》也并非十全十美，比如全书侧重于政治和军事，对经济和文化都记录得比较简略，像唐朝重要的赋税制度"租庸调制"居然只记录了短短二十多个字。像杜甫这样的文化巨擘，在《资治通鉴》中的记录居然少得可怜，连隋朝首次开始科举考试这种重要的文化事件都只字未提。之所以会这样，主要是因为《资治通鉴》的创作目的就是为了"资治"，所以跟政治关系不大的都被简化甚至直接剔除了。

整体而言，《资治通鉴》作为一部史料，它"体例严谨，脉络清晰，网罗宏大，体大思精，史料充实，考证稽详，叙事详明，繁简得宜"，可以"鉴前世之兴衰，考当今之得失"，古代君主能将其作为教科书，今人能从中了解历史，加以参考。《资治通鉴》在中国历史上的地位，也就只有司马迁的《史记》能与之媲美。而作为一部文学作品，《资治通鉴》同样有很高的价值，梁启超评价其"天地一大文也"，"其结构之宏伟，其取材之丰赡，使后世有欲著通史者，势不能不据以为蓝本"。毛泽东也评价《资治通鉴》"写战争，真是写得神采飞扬，传神得很"。

65.《乐章集》

柳永

　　北宋民间流传着这样一句话："凡有井水饮处，皆能歌柳词。"这里的"柳词"便是柳永所写的词，由此可见其词的流传之广。柳永是北宋"婉约派"最具代表性的词人之一，读宋词，不可不读他的词集《乐章集》。

　　柳永，原名柳三变，出生于官宦世家，他的父亲、叔叔、哥哥、侄子都是进士出身。年轻时，柳永也曾想过走科举入仕这条路。可他第一次到京城赶考时，就在京城的繁华中迷失了方向，整日混迹于青楼，最终名落孙山。他很不甘心，于是便重新开始备考，终于在第二次考试中高中。然而，当时在位的宋仁宗却因他的词《鹤冲天》中的两句"忍把浮名，换了浅斟低唱"，将他除名，批示："且去浅斟低唱，何要浮名？"从此，柳永便自嘲为"奉旨填词柳三变"，开始将所有精力都集中于词的创作中。

　　柳永是北宋首位以写词为职业的词人。他时常和教坊中的歌妓、乐师合作，由他负责填词，乐师负责演奏，歌妓负责演唱。北宋之前的五代十国，词坛盛行柔靡之风，北宋词人在此基础上对词加以革新，将词这种文体发展到了巅峰，柳永便是宋词革新运动中最早的功臣。他所做的革新都清楚展现在了他的作品集《乐章集》中，具体包括以下几点：

一是丰富了词调。所谓词调就是词的格调，也就是写词时依据的平仄格式，每种格式都有一个词牌名，如"江城子""菩萨蛮""浣溪沙"等。写词时根据选择的词牌的平仄格式进行，因此写词也被称为填词。在两宋词坛中，柳永是创作词调最多的词人。宋词共计八百多个词调，柳永首创或首度使用的就有上百个，如《驻马听》和《望海潮》等。

二是推广了慢词这种体式。在柳永之前，词人都喜欢创作另外一种体式的词——小令。小令字数少，少则二三十字，多则五六十字，用词精练，节奏明快。慢词字数较多，少则八九十字，多则一两百字。篇幅的增加丰富了词的内容，能表达更复杂、更曲折的感情，对词的发展大有裨益。唐朝和五代时期，词坛上一直盛行小令，慢词一共只有十余首。这种情况一直延续到宋朝初年，跟柳永生活年代相近的词人张先、晏殊、欧阳修的词也都以小令为主，写慢词最多的张先总共才写了十七首慢词。柳永便创作了八十七首慢词，他的代表作《雨霖铃·寒蝉凄切》《八声甘州·对潇潇暮雨洒江天》《望海潮·东南形胜》等都是慢词，从而彻底改变了小令在词坛中一统天下的局面，让慢词和小令两种体式开始平分秋色，共同发展。

三是将词变得雅俗共赏。在柳永之前，词大多被用来展现文人士大夫的生活、感情，柳永却将其广泛拓展到市井生活中，由雅变俗，用通俗化的语言展现世俗化的市民生活。

四是首次将铺叙、白描这两种表现手法引入了词中。如《雨霖铃·寒蝉凄切》中用铺叙手法依次展现送别的氛围、场景、过程以及人物的动作、神态、心理；《忆帝京》中用白描手法展现人物复杂的爱情心理。

五是将大量口语、俚语加入了词的语言中，比如"怎""恁""我""你""消得"等，使得词的语言更加生动活泼，通俗易懂。

《乐章集》收录了柳永的大批佳作，其中最具知名度的当数《雨霖铃·寒蝉凄切》。这首词描绘了情人离别的场景和离别后的凄楚，情感真挚，缠绵悱恻，凄婉动人，是抒写离愁别绪的千古名篇。其中，"执手相看泪眼，竟无语凝噎"，"多情自古伤离别，更那堪冷落清秋节"，"此去经年，应是良辰好景虚设"等句，都传唱极广。

另有名篇《蝶恋花·伫倚危楼风细细》，描绘了作者因登高望远生出的无尽离愁，为了消解愁绪而把酒狂歌，却觉得索然寡味，最后以健笔写柔情："衣带渐宽终不悔，为伊消得人憔悴。"整首词巧妙地将作者漂泊异乡的落魄感受与思念意中人的缠绵情思融合在一起，以景抒情，情深意切，末尾"衣带"一句更是无人不知无人不晓的名句。

作为宋词的首位革新者，柳永为词的发展开启了全新的一页，他的《乐章集》也成了人们阅读宋词的首选。

66.《苏东坡集》

苏轼

　　北宋是一个文学空前繁荣发展的朝代，当时涌现出了很多大家，苏轼是其中最突出的一个，无论是他的词、诗，还是散文，都代表了北宋文学的最高成就。他的作品集名为《苏东坡集》，因他号"东坡居士"而得名。全书共计一百一十卷，基本囊括了他一生的词、诗、散文等所有作品。

　　苏轼出生于书香世家，苏家有"一门父子三词客"的佳话，苏轼的父亲苏洵和弟弟苏辙也都是北宋著名的文人。苏轼才华横溢，二十岁进京赶考就中了榜眼，其实他本应该中状元的。当时担任主考官的欧阳修阅卷时，对他的文章赞赏有加，却误以为这是自己的门生曾巩所写，为了避嫌，便将他排到了第二名。

　　此后，苏轼顺利地入朝为官。然而，好景不长，王安石变法就开始了。苏轼站到了保守派一边，反对以王安石为代表的改革派。当时，改革派正得势，很多保守派官员都遭到贬黜，苏轼知道自己也难逃此劫，就主动申请调到杭州担任通判。三年期满后，他又被调到密州、徐州、湖州等地为官。在湖州为官期间，苏轼经历了"乌台诗案"——他人生的转折点。

　　"乌台诗案"其实就是一起文字狱，当时改革派的一些官员对苏轼的诗文断章取义，诬蔑他借诗文讥讽在位的宋神宗昏庸。苏轼被囚禁到御史台，也就是在"乌台"监狱中接受审讯。审讯期间，改革派不断落井下石，污蔑苏轼，苏轼有几次都险些被处死。好在宋朝开国皇帝赵匡胤曾下令不杀士大夫，很多官员，甚至是改革派领袖王安石都上书"圣朝不宜诛名士"，为苏轼求情。苏轼最终保住了性命，却被贬黜到黄州担任团练副使这样的芝麻小官。自此，苏轼开始了颠沛流离的后半生，最终在宋徽宗登基后，在被召回京城的途中去世，这样的人生经历对苏轼的文学创作产生了巨大的影响。

在诗、词、文三个领域，苏轼成就最高的是词，他对词的发展作出了历史性的贡献。在苏轼之前，词的文学地位一直不高，更无法与诗歌相提并论。苏轼针对这一点，对词进行了改革，向诗靠拢，主张"诗词一体"，提出诗、词只是在外在形式上有所差异，但二者的艺术实质与展现功能是一样的。他还提出了词"自成一家"的主张，具体说来就是词也应该像诗一样抒发作者的真实情感和独特的人生感受，追求壮美的风格和阔达的意境，把传统的女性化柔情之词拓展为男性化豪情之词，就此开创了宋词除"婉约派"之外的另一大流派"豪放派"。

苏轼的豪放词视野开阔，题材丰富，气势恢宏，不拘格律，汪洋恣肆，读起来令人意兴风发，如《念奴娇·赤壁怀古》。这首词创作于"乌台诗案"后，苏轼被贬黄州期间。黄州城外有赤壁矶，壮美的风光让苏轼想起了三国时期的风流人物，又想起自己壮志难酬，于是他借古抒怀，写下了这首千古绝唱。其中，"大江东去，浪淘尽，千古风流人物"等名句，大气磅礴、雄浑苍凉，直至今日依然广为传唱。

又比如《江城子·密州出猎》，这首词写于苏轼在密州为官期间，他通过描述围猎时的盛况，抒发自己渴望上阵杀敌，报效国家的豪情。开头"老夫聊发少年狂，左牵黄，右擎苍，锦帽貂裘，千骑卷平冈"，寥寥几句，便将词人英勇的"狂"态展露无遗。末尾又直抒胸臆，表达了词人想亲上战场报国的愿望，"会挽雕弓如满月，西北望，射天狼"。整首词慷慨激昂，充满阳刚之美，不愧为豪放词的代表作。

不过，苏轼的词也并非都如此豪放、阳刚，《苏东坡集》中还收录了他的很多比较婉约、柔美的词，比如《江城子·十年生死两茫茫》。这是苏轼为纪念亡妻而作的一首悼亡词，整首词语言质朴，情真意切，凄婉哀绝，令人动容，千百年来为世人传诵，开头的"十年生死两茫茫，不思量，自难忘"几句更是广为流传。

除词之外，苏轼在诗歌方面同样取得了颇高的成就。《苏东坡集》中收录了他的两千余首诗，其中最引人瞩目的要数批判社会现实和思考人生这两大主题的诗，前者的代表作有《荔枝叹》等，后者的代表作有《寒食雨》等。另外，苏轼一生阅历丰富，因此他很善于从生活经历中总结经验，从客观事物中总结规律，哪怕再寻常的生活内容与自然景色，到了他这里也能被挖掘出深刻的哲理并用诗歌表达出来，这便是理趣诗。比如他的《题西林壁》中的"不识庐山真面目，只缘身在此山中"，《饮湖上初晴后雨》中的"欲把西湖比西子，淡妆浓抹总相宜"等。

而在散文方面，苏轼同样成就不俗。他提倡文风要多样化，因此他的散文也十分丰富多彩，议论文、叙事文、辞赋应有尽有。他尤其擅长写议论文，见解独到，有的放矢，逻辑说服力与艺术感染力兼具，特别是杂说、书札、序跋等议论文，代表作有《平王论》《留侯论》《日喻》等。苏轼的叙事文中也夹杂着很多议论，夹叙夹议，还兼顾抒情，比如他探究"石钟山"名字由来的著名游记《石钟山记》，首先发表议论，然后由议论引出记游，最后结尾时又发表结论，叙事和议论环环相扣，浑然一体。另外，苏轼的辞赋也颇多佳作，《赤壁赋》和《后赤壁赋》都十分有名。前者的成就更胜于后者，苏轼在其中表达了自己豁达的宇宙观和人生观。他以无尽的长江和永存的明月为喻，表示"逝者如斯，而未尝往也；盈虚者如彼，而卒莫消长也"，意思是，像这江水不断流逝，其实并没有真正逝去；像这月亮时圆时缺，其实最终并没有增加或减少。"盖将自其变者而观之，则天地曾不能以一瞬；自其不变者而观之，则物与我皆无尽也，而又何羡乎！"意思是，如果从事物变化的角度看，天地的存在不过是转瞬之间；如果从不变的角度看，则事物和人类都是无穷尽的，又何必羡慕江水、明月和天地呢！如此豁达，令人读之忘俗。

67.《梦溪笔谈》

沈括

　　北宋的科技发展取得了非凡的成就，活字印刷术、指南针、火药等都取得了突破性发展，当时还出现了一部记录北宋科技发展最高成果的百科全书《梦溪笔谈》。这部书由当时著名的科学家沈括所作，其在中国科学史上占据着重要的地位，并发挥了重要的作用。比如中国第三大油田长庆油田就是根据书中记录的延州石油开采出来的，江西铅山附近的一座大规模铜矿也是后人根据书中的记录发现的。

　　沈括出生于官宦世家、书香门第，在家庭的影响下，他自幼就喜欢读书，十几岁就读遍了家中丰富的藏书。在"读万卷书"之余，沈括还不忘"行万里路"。少年时期，他便跟随父亲宦游，增长见闻。父亲去世后，沈括承袭父荫，进入仕途，先后在江苏、安徽两地担任地方官，组织百姓兴修水利，开垦荒地，修建圩田等，这些实践活动都为他日后写《梦溪笔谈》打下了基础。后来，沈括考中进士，到京城为官。期间，他对天文历法萌生了兴趣，利用职务之便阅读皇家藏书，并时常奉命到各地考察，积累了丰富的资料。而在地理方面，沈括也造诣颇深，曾绘制出《大宋天下郡守图》。

　　王安石变法期间，沈括加入了改革派，表现积极，深受王安石赏识。后来，变法失败，沈括被贬到安徽宣州担任知州。后他又被调到边疆，指挥宋军与西夏交战。后因沈括领导不力，被贬为均州（今湖北省均县）团练副使，从此形同流放，其政治生涯也宣告完结。

晚年时，沈括搬到此前在江苏润州（今镇江）买的一座园子"梦溪园"中居住。期间他不理世事，专心著书论说，花费六七年时光，终于写成了《梦溪笔谈》。

《梦溪笔谈》全书共分为笔谈、补笔谈、续笔谈三部分，收录了六百零九个条目，涉及天文历法、地理、物理、生物、医药、建筑、水利等多个方面。

在天文历法方面，书中收录了二十多个条目，其中既有对浑仪、壶漏、圭表等天文仪器的改进，又有当时天文观测的新发现与新成果，还提出了"十二气历"说，这是一种与现在的阳历相近的立法，中国传统的农历分为二十四节气，存在很大误差，沈括便提出了更科学的"十二气历"，与天文更加吻合，对农时的安排更加有力，有着很高的科学价值和实用价值。

在地理方面，《梦溪笔谈》中收录了三十多个条目，内容包括自然地理、政治经济地理、地理测量、地图制作等，为后世研究北宋的地理状况提供了重要的资料。其中提及沈括对浙江温州雁荡山的独特地貌进行实地考察，分析其成因是"流水侵蚀作用"。而西方直至十八世纪末才提出类似观点，比沈括晚了大约七个世纪。

在物理方面，《梦溪笔谈》中收录了十多个条目，内容包括光学、磁学、声学等。他首次发现了地磁偏角，这比西方早了四个多世纪。

在生物方面，《梦溪笔谈》中收录了三十多个条目，颇具研究价值的有对动植物分类、地域分布的记录，对药用植物的考察、记录，以及对古生物化石的研究记录等。

在数学方面，《梦溪笔谈》中收录了七个条目，首创了隙积术和会圆术，前者即高阶等差级数求和方法，后者即由弦求弧方法，对后世的数学发展影响深远。

在医药方面，《梦溪笔谈》中收录了四十多个条目，主要包括大量重要的理论和医方，直到现在依然有很高的实用价值。

在建筑、水利方面，《梦溪笔谈》中收录了三十多个条目，记录了当时很多新发明与新技术，比如炼钢、炼铜法，建造船闸、船坞的方法等。

以上自然科学条目占了全书超过三分之一的篇幅。此外，书中还有大量内容涉及历史、军事、文学、音乐、书画鉴赏等方方面面的内容，不愧为一部了不起的百科全书。

《梦溪笔谈》自问世之初便广受欢迎，还传播到日本和欧美各国，在世界范围内产生了巨大的影响，沈括本人也被英国科学家李约瑟称为"中国科学史上最卓越的人物"。不过，这部著作也并非全无瑕疵，比如受当时认知水平的限制，书中一些条目的论述现在看来已无法成立。而由于沈括自身的原因，书中很多条目充斥着迷信色彩，历来为人诟病。但从整体看来，《梦溪笔谈》依旧是中国历史上一部伟大的科学巨著，是了解中国古代科技发展的重要古籍。

68.《乐府诗集》

郭茂倩

    花木兰的故事在中国民间几乎家喻户晓，这要归功于北朝一首诗歌《木兰诗》。而这首诗能保存至今，全靠在北宋年间问世的一部诗集《乐府诗集》。这部由郭茂倩编录的诗歌总集，现存一百卷，主要收录了从汉魏到唐朝和五代的乐府诗，共计五千余首。在现存的中国古代诗歌总集中，《乐府诗集》是收录历朝各类乐府歌辞最完备的典籍。

    全书将收录的乐府诗分为十二种类型，分别是郊庙歌辞、燕射歌辞、鼓吹曲辞、横吹曲辞、相和歌辞、清商曲辞、舞曲歌辞、琴曲歌辞、杂曲歌辞、近代曲辞、杂歌谣辞和新乐府辞。每种类型又按照曲调细分成若干小类，比如横吹曲辞可以细分为汉横吹曲、梁鼓角横吹曲等类，相和歌辞可以细分为相和六引、相和曲、吟叹曲、平调曲、清调曲、瑟调曲、楚调曲、大曲等类，清商曲辞细分为吴声歌、西曲歌等类，诸如此类。具体编次是将每种曲调的"古辞"，也就是早期的作品放在前边，后人的拟作放在后边，这样前人对后人的影响便一目了然了。一些"古辞"虽然已经失传，但曲调仍对后世有影响的状况，书中都做了相应的说明。这样的分类方法清晰明了，为后世乐府诗的整理、研究提供了巨大的便利。

在书中收录的五千余首诗中，艺术成就最高的要数被誉为"乐府双璧"的《孔雀东南飞》和《木兰诗》。《孔雀东南飞》问世于东汉末年，是中国历史上第一首长篇叙事诗。这首诗原名《古诗为焦仲卿妻作》，因开篇即"孔雀东南飞"一句，故得此名。全诗共三百五十多句，一千七百多字，讲述了焦仲卿与刘兰芝的爱情悲剧：焦仲卿是一名小官，其母十分凶悍，对儿子美丽、温柔、贤淑的妻子刘兰芝有诸多挑剔，还将她赶回娘家。娘家人威逼利诱刘兰芝再嫁，但刘兰芝心中只有焦仲卿一人，两人相约自杀。刘兰芝先投水而死，焦仲卿听说后，也在家中院子里一棵树上上吊自杀。

整首诗故事情节完整，矛盾冲突不断，曲折跌宕，扣人心弦，更成功塑造出了多个鲜明的艺术形象，特别是两位男女主角。刘兰芝才貌双全，重情重义，勇于反抗。反观焦仲卿，他在诗中则显得比较懦弱，在蛮横无理的母亲面前一味委曲求全，可他最终还是以自己的死做了最强烈的反抗，显示了他内心深处的勇敢与坚贞。另外，焦仲卿的母亲也被塑造得相当成功，虽然诗中对她的言行描绘并不算多，但每一处都生动传神。比如写焦仲卿恳求她不要驱逐刘兰芝，否则自己将终生不再续娶，她"槌床便大怒"，说："小子无所畏，何敢助妇语！吾已失恩义，会不相从许！"意思是："你这小子太大胆，居然敢帮着媳妇胡言乱语！我跟她已经恩断义绝，绝对不会答应你的要求！"聊聊数句，一个恶婆婆的形象已经跃然纸上。

在语言方面，《孔雀东南飞》也取得了很高的成就，语言虽通俗易懂，却生动描摹出了人物的情态和心理。其中有不少广为流传的名句，如描绘刘兰芝早起梳妆的"鸡鸣外欲曙，新妇起严妆。著我绣夹裙，事事四五通。足下蹑丝履，头上玳瑁光。腰若流纨素，耳著明月珰。指如削葱根，口如含朱丹。纤纤作细步，精妙世无双"，又如刘兰芝向焦仲卿表达自己的忠贞，并希望焦仲卿不要有负于自己的"君当作磐石，妾当作蒲苇，蒲苇纫如丝，磐石无转移"等，直到现在依然广为人知。

另外一首《木兰诗》也问世于北朝，同样是一首长篇叙事诗，讲述了木兰女扮男装，替父从军的故事。全诗最成功的地方莫过于塑造了木兰这个巾帼英雄的形象，这在当时的社会环境下是惊世骇俗的。到了一千多年后的今天，木兰的故事依旧为人津津乐道，由其改编的作品层出不穷，连迪士尼公司都创作了以木兰为主角的动画电影。除人物塑造外，诗中的语言也极具特色，运用了大量排比、对偶、比兴、叠字、夸张、比喻等手法，既有朴实无华的口语，又有对仗工整的律句，充满了浓郁的民歌特色。其中不乏传承千载的名句，如"将军百战死，壮士十年归"，"当窗理云鬓，对镜贴花黄"，"雄兔脚扑朔，雌兔眼迷离。双兔傍地走，安能辨我是雄雌"等。

除了"乐府双璧"，《乐府诗集》中还收录了如《陌上桑》《上邪》《十五从军征》等大量佳作。其中比较特别的是一些借动物之口所作的寓言诗，比如《枯鱼过河泣》，写一条枯鱼过河时伤心痛哭，悔不当初，于是作诗给其他鱼，提醒它们出入小心："枯鱼过河泣，何时悔复及。作书与鲂鱮，相教慎出入。"整首诗想象奇异，妙趣横生，令人过目难忘。

69.《樵歌》

朱敦儒

　　两宋之交，文坛出现了一批南渡词人。他们在北宋灭亡后逃到南方，他们的漂泊流离的人生经历都反映在词作上，多家国之感和身世之悲。朱敦儒便是这些南渡词人中的代表之一，他的作品集名为《樵歌》，又称《太平樵歌》。

　　朱敦儒是洛阳人，早年家庭富裕，他为人清高，两次被举荐为官，都选择了拒绝，终日闲居于河南洛阳，过着寻花问柳、游山玩水的惬意生活。这种生活对他的词作影响巨大，比如《樵歌》中收录的他这段时期的代表作《鹧鸪天·西都作》。这是一篇鄙夷权贵、傲视王侯、热爱自由的宣言。上片以狂放的语气写自己本是天上掌管山水的郎官，生来便有这种狂放不羁的性格："我是清都山水郎，天教分付与疏狂。"下片写自己的真实生活，饮酒赋诗，不将王侯放在眼中："诗万首，酒千觞。几曾着眼看侯王？"从诗句中可以看出，作者宁愿在洛阳醉生梦死，也不愿接受征召入朝为官，只愿享受荣华富贵的生活："玉楼金阙慵归去，且插梅花醉洛阳。"整首词气势潇洒豪迈，尤其是"诗万首"三句，简直有"诗仙"李白的遗风。

　　靖康之变过后，朱敦儒南下避难，周围的环境和他的心境都发生了巨大的改变。当时有人向南宋朝廷举荐他，说他有经世之才，在位的宋高宗便下诏让他到临安任职。他起初推辞，后来在亲友的劝说下答应了，从此步入仕途，力主对抗金国，收复失地。这段时期，他的词多贴近社会现实，以忧时愤乱为主题，与前期的《鹧鸪天·西都作》风格迥然不同，比如《樵歌》中收录的《临江仙·直自凤凰城破后》。凤凰城本来是指汉唐时期的都城长安，这里指北宋都城汴京。词中描绘了靖康之变过后，一个普通家庭的毁灭和当事人的感受。上片着重写离别的痛苦："直自凤凰城破后，擘钗破镜分飞。天涯海角信音稀。梦回辽海北，魂断玉关西。"下片着重写自己对重逢的期盼："月解重圆星解聚，如何不见人归？今春还听杜鹃啼。年年看塞雁，一十四番回。"整首词用深情的笔触写出了词人对亲人的怀念和对国家的热爱，展现了整个时代的悲剧。又比如《水龙吟·放船千里凌波去》，这首词创作于朱敦儒乘船南下的逃亡途中。上片写词人去国离乡的感受和沿途看到的景色，下片写词人对国事的关注和报国无门的悲怆，在当时极具社会现实意义，正所谓"忧时念乱，忠愤之致，触感而生"。

除了以上两种主题的词外，《樵歌》中还收录了一些涉及宫怨、游仙、讽刺世情的词作。另外，朱敦儒晚年辞官归隐，过着闲适的生活。这段时期，他创作的词多弥漫着消极、颓废的情调，语言清新、自然，还加入了很多口语，独具特色。

整体而言，朱敦儒的词自成一家，在两宋词坛上留下了不可磨灭的印迹，他的《樵歌》也成了阅读宋词的必读书目之一。

70.《漱玉词》

李清照

《漱玉词》
笔译·心解·选评

李清照 原著
陈祖美 译解

　　宋朝有一位女词人可谓巾帼不让须眉，在词坛取得了非同一般的成就，她就是与朱敦儒同属于南渡词人的李清照。李清照生前将自己的作品编成《易安居士文集》和《易安词》两册，可惜都已失传。后人将她的作品收集起来，编成了一本《漱玉词》，流传于后世。"漱玉"这个名字取自李清照济南故居前的漱玉泉——济南的七十二名泉之一。

　　李清照早年的生活可以说是一帆风顺。她出生于书香世家，家境富足。父亲李格非是北宋文学家，曾是苏轼的门生，颇有文名，对李清照影响很大。李清照十八岁那年，嫁给宰相之子赵明诚，婚后夫妻恩爱，生活十分美满。后来"靖康之变"爆发，北宋为金兵所灭，北方大片地区都被金兵占领，很多北方人被迫南迁，李清照夫妇也在其中。南迁后不久，李清照的丈夫赵明诚就因病去世了。国破家亡的经历，成为李清照一生的转折点，让她的词呈现出了前后截然不同的两种风格，这一点，读者在读《漱玉词》时能明显感觉到。

　　《漱玉词》中收录的词主要可分为两种类型，第一种创作于顺遂的早年，题材以爱情、悠闲的生活和自然风光为主，风格清丽、明快。比如《如梦令》，词人用清新、简练、自然的语言，描绘出一幅充满情趣的画面：词人外出饮宴直到日暮时分才回来，划着小船迷失了方向，误入一片荷塘，于是"争渡，争渡，惊起一滩鸥鹭"。

又如在《醉花阴》中，词人描绘了重阳节把酒赏菊的情景，表达了自己对在外地做官的丈夫的思念，末尾三句"莫道不销魂，帘卷西风，人比黄花瘦"，含蓄深沉，回味无穷，是传诵千古的名句。

《漱玉词》中第二种类型的词，创作于李清照南渡之后，题材以对故乡的怀念、对现实生活的感伤为主，风格哀伤、沉重。比如《武陵春》虽然写的是闺怨，却与李清照早期创作的闺怨词如《醉花阴》等相差甚远。其中，"物是人非事事休，欲语泪先流"，"只恐双溪舴艋舟，载不动许多愁"几句，深沉哀婉，极富感染力，被后世评价为："全词婉转哀啼，令人读来如见其人，如闻其声。本非悼亡，而实悼亡，妇人悼亡，此当为千古绝唱。"

又如《声声慢》，一开头便以"寻寻觅觅，冷冷清清，凄凄惨惨戚戚"，奠定了整首词的基调。词人连用七组叠词，极富韵律之美，仿佛一个悲伤的人在婉转低唱，反反复复。待其唱完后，空气中还弥漫着感伤的氛围，久久无法散去，给人无尽回味。

中国古代历史上罕有女性作家出现，成就高的更是屈指可数，李清照是其中之一。在词人辈出的两宋时期，她能突出重围，与苏轼、辛弃疾等伟大的词人齐名，不愧为胡适口中的"女文豪"，不愧为"千古第一才女"。我们要了解宋词，了解宋朝历史，了解宋朝的女性生活，特别是了解中国古代的女性文学，《漱玉词》是最好的资料之一。

71.《剑南诗稿》

陆游

　　两宋是词的繁荣期，这期间也出现了多位优秀的诗人，陆游便是其中之一。他的作品集名为《剑南诗稿》，共八十五卷，收录了九千三百四十四首诗词，主要是诗歌，另有少量词。

　　陆游出生于公元 1125 年，他出生两年后，就发生了"靖康之变"，北宋灭亡。陆游从小亲眼目睹祖国山河破碎，民不聊生，再加上他出身于官宦世家的背景，自幼便受到长辈爱国教育的熏陶，忧国忧民。陆游早年入仕为官，因为反抗秦桧，力主抗金，在朝廷受尽排挤，后来又被罢官，仕途坎坷。他晚年蛰居故乡越州山阴（今浙江绍兴）二十年，直至逝世。这样的人生经历，对他的文学创作产生的影响极大。陆游一生创作了大量爱国主义题材的诗歌，这构成了《剑南诗稿》的精华。其中最具代表性的有《书愤》《十一月四日风雨大作》《示儿》等。

　　在《书愤》中，诗人先是回忆了自己早年的心态：空有满腔爱国热忱，却对世道艰难一无所知，遥望北方被金人占据的国土，郁愤难平，"早岁那知世事艰，中原北望气如山"。随后，诗人对宋军在瓜洲渡江击退金兵，收复大散关的壮举表示赞赏，"楼船夜雪瓜洲渡，铁马秋风大散关"。而诗人自己也渴望上阵杀敌报国，奈何年纪老迈，空怀壮志，"塞上长城空自许，镜中衰鬓已先斑"。最终，诗人以诸葛亮自比，表示也想像诸葛亮一样为国为民，死而后已，"出师一表真名世，千载谁堪伯仲间"。全诗笔力雄浑，感情深沉，颇具"诗圣"杜甫遗风。诗人报国无门，只能将蹉跎岁月中的悲愤贯彻整首诗，正合了题目"书愤"。

《十一月四日风雨大作》同样写诗人满怀壮志，却报国无门，"僵卧孤村不自哀，尚思为国戍轮台"。因此只能在一个风雨大作的夜晚，在梦中实现自己金戈铁马、收复中原的夙愿，"夜阑卧听风吹雨，铁马冰河入梦来"。全诗以"痴情化梦"的手法，深沉地展现了诗人报效祖国的矢志不渝与赤胆忠心，悲壮雄浑，感人肺腑。

《示儿》是陆游临终前写给儿子的绝笔诗。他知道自己命不久矣，即将远离人世间的一切纷扰，唯一放不下的是没有见到祖国统一，"死去元知万事空，但悲不见九州同"。因此，他叮嘱儿子在中原失地收复时，一定要将这个好消息告诉他，"王师北定中原日，家祭无忘告乃翁"。整首诗语言质朴，毫无雕饰，情感真挚，直抒胸臆，却有着极强的艺术感染力，将诗人满腔的悲慨展现得淋漓尽致，千百年来广为流传。

南宋偏安一隅，国力孱弱，导致早期诗坛的风气也萎靡不振，多不切实际的吟风弄月之作。陆游却高举爱国大旗，振奋诗风，这对南宋后期的诗歌创作产生了积极的影响，并波及之后的历朝历代。此后，每当一个朝代走向没落，国家陷入危困时，陆游的爱国诗便会成为激励人心的精神力量。比如清朝末年的改良派代表梁启超就十分推崇陆游，他曾表示："诗界千年靡靡风，兵魂销尽国魂空。集中十九从军乐，亘古男儿一放翁！"诗中的"放翁"即陆游的号。

除爱国诗外，陆游还创作了大量描绘田园风光、日常生活的诗歌，风格清新质朴，语言优美动人。《剑南诗稿》中最具代表性的作品有《临安春雨初霁》《游山西村》等。

《临安春雨初霁》是陆游晚年所作的一首七言律诗，描绘了江南春雨和自己闲居于书斋的生活，字里行间散发着一种淡淡的无奈与惆怅，与诗人慷慨悲壮的爱国诗迥然不同。诗中"小楼一夜听春雨，深巷明朝卖杏花"两句，至今仍家喻户晓。

《游山西村》同样是一首七言律诗，写于陆游罢官后闲居在家期间，描绘了江南农村的秀丽风光和悠闲的日常生活，用白描手法营造出优美的意境，格调隽永、恬淡。其中"山重水复疑无路，柳暗花明又一村"两句，是广为人知的佳句。

此外，陆游在爱情诗方面也取得了不小的成就。宋朝的爱情诗无论在数量还是质量上，都远不能跟唐朝相比，陆游的爱情诗却是其中罕有的精品。钱钟书曾说："除掉陆游的几首，宋代数目不多的爱情诗都淡薄、笨拙、套板。"《沈园》二首是《剑南诗稿》中最具代表性的爱情诗，是陆游晚年为悼念前妻所作。陆游和前妻唐氏感情深厚，却因为陆游的母亲从中作梗，最终劳燕分飞，唐氏便抑郁而死。沈园是陆游和唐氏初遇的地方，陆游晚年重游此地，触景生情，故写下了这两首悼亡诗。此时距离唐氏去世已四十余年，陆游对她的感情却随着时间的流逝越来越深厚。《沈园》二首语言质朴，含蓄蕴藉，深沉哀婉，感人至深，其中"伤心桥下春波绿，曾是惊鸿照影来"两句，传唱颇广。

宋朝是词创作的黄金时期，陆游的词虽然不多，但也有不少精品，比如爱情题材的《钗头凤·红酥手》。这首词写于陆游与唐氏分别再重逢后，陆游在词中描述了两人的爱情悲剧，上片追忆他们昔日美好的爱情生活，"红酥手，黄縢酒，满城春色宫墙柳"，并感叹被迫离异的痛苦，"东风恶，欢情薄。一怀愁绪，几年离索。错、错、错"；下片写重遇唐氏的情景，"春如旧，人空瘦，泪痕红浥鲛绡透"，并展现了两人相遇后的悲苦，"桃花落，闲池阁。山盟虽在，锦书难托。莫、莫、莫"。词人虽然心怀满腔怨恨愁苦却又无法言说，如此痴情、凄楚，读起来催人泪下，在佳作不断的两宋爱情词中，具有相当高的知名度。据说，唐氏在看到这首词后，也作了一首《钗头凤·世情薄》，同样哀婉动人，与前者相映生辉。阅读时可将这首词一并找来，与陆游的词对照着阅读。

另外，《剑南诗稿》中收录的《卜算子·咏梅》和《诉衷情·当年万里觅封侯》，同样是陆游的词代表作，尤其是前者的"无意苦争春，一任群芳妒。零落成泥碾作尘，只有香如故"几句，更是传唱千古的名句。

72.《诚斋易传》

杨万里

　　南宋的诗人，除陆游外，还有一位颇具声名，他便是杨万里。杨万里号诚斋，世称"诚斋先生"，其作品集《诚斋易传》由其子杨长孺编辑而成，共一百三十三卷，其中诗歌四十二卷，收录了杨万里传世的四千二百余首诗歌，是全书的精华之所在。这些诗歌语言清新纯朴，浅显易懂，构思巧妙，妙趣横生，人称"诚斋体"，其作品主要可分为两大题材：一是描绘自然风光，展现百姓生活；二是反映民间疾苦，抒发爱国之情。

　　第一类代表作有《小池》《晓出净慈寺送林子方》《宿新市徐公店》等。《小池》是一首七言绝句，以生动细腻、充满想象力的手法描绘了小池周边的自然景物，充满情趣。尤其是后两句"小荷才露尖尖角，早有蜻蜓立上头"，几乎无人不晓。《晓出净慈寺送林子方》同样是一首七言绝句，描绘了六月西湖的美景，表达了诗人对好友林子方的眷恋。后两句在后世广为流传，"接天莲叶无穷碧，映日荷花别样红"，用强烈的色彩对比，描绘出一幅大红大绿、惊艳至极的西湖美景图。莲叶、荷花在中国的古诗词中常被归为柔美的类型，杨万里却将其描绘得异常壮美，"接天""无穷""映日"，实现了阳刚与柔美的完美融合。《宿新市徐公店》也是一首七言绝句，描绘了暮春时节乡村的景色和孩童捕蝶的情景："篱落疏疏一径深，树头花落未成阴。儿童急走追黄蝶，飞入菜花无处寻。"将戏蝶飞花都写入诗中，细致精巧，充满趣味，难怪同为南宋文人的姜夔会打趣杨万里道："处处山川怕见君。"

第二类代表作有《悯农》和《初入淮河四绝句》等。《悯农》是杨万里的诗歌中被传唱最广的作品，连几岁的孩子都能背诵如流："锄禾日当午，汗滴禾下土。谁知盘中餐，粒粒皆辛苦。"诗中描绘的不是具体的某个人、某件事，而是农民这个整体和他们的生活、命运，展现了诗人对农民深切的同情。《初入淮河四绝句》是一组四首诗组成的组诗。杨万里所生活的南宋，国力衰落，受尽别国欺凌。杨万里深受刺激，创作了大量爱国诗歌，《初入淮河四绝句》便是其中之一，写于淳熙十六年。当时，金国派出使臣"贺正使"来向南宋朝廷恭贺新年。杨万里奉命前去迎接，行至当时已成为宋、金两国国界的淮河时，触景伤情，创作了这一组诗。第一首诗统领整组诗，先是写诗人进入淮河时的情绪烦躁，"船离洪泽岸头沙，人到淮河意不佳"，然后解释了产生这种情绪的原因之一，"何必桑乾方是远，中流以北即天涯"，意思是何必要到遥远的桑乾河才是塞北边境呢，如今淮河以北不就是天的尽头了吗？其中，桑乾河是唐朝年间，中原与北方少数民族的边界。这两句其实是抒发了诗人对南宋朝廷偏安南方，置北方大片沦陷的土地和百姓于不顾的悲愤之情。第二首诗谴责了造成这种山河破碎局面的南宋朝廷，"长淮咫尺分南北，泪湿秋风欲怨谁"。第三首诗表达了诗人对国家分裂的痛苦与无奈，"两岸舟船各背驰，波浪交涉亦难为。只余鸥鹭无拘管，北去南来自在飞"，期盼国家能早日实现统一，南北百姓能自由往来。第四首诗描绘了中原百姓不堪忍受金朝的统治，"中原父老莫空谈，逢着王人诉不堪"，并对南宋朝廷存在深深的向往，"却是归鸿不能语，一年一度到江南"。前两首诗侧重于抒发诗人本人的感情，后两首诗则表达了淮河两岸的百姓，尤其是中原遗民的心声。四首诗语言通俗，运用了很多口语，风格沉郁，怨而不怒，是南宋爱国诗中的佳作。

除诗歌外，《诚斋易传》还收录了杨万里的一些诗歌创作理论。比如《诗论》一篇中提及"诗也者，矫天下之具也"，指出诗歌应该发挥扬善讽恶的社会作用，又如提出诗歌应积极创新，不要墨守成规，这些理论都颇具进步意义。《诚斋易传》中还包括赋三卷，文八十七卷，以及附录一卷，收录了杨万里的散文、辞赋等作品，也都具有一定的文学价值。

73.《稼轩长短句》

辛弃疾

　　南宋年间，词坛出现了声势浩大的爱国词派，其中成就最高的当数辛弃疾，他著有词集《稼轩长短句》，收录了他生平创作的六百二十多首词，书名中的"稼轩"取自他的号。

　　辛弃疾，原字坦夫，后字幼安，后来从西汉名将霍去病的名字中得到启发，改名辛弃疾，希望自己也能像霍去病一样击退外敌，保卫国家。辛弃疾出生时，北宋已经灭亡，当时北方被金国占领，辛弃疾的故乡历城（今山东济南）也不例外。辛弃疾常年目睹金人欺压汉人，自幼便立志要收复中原。他青年时联合家乡父老，组成了抗金义军，为阻止金军南下进攻南宋立下汗马功劳，因此得到机会，进入南宋朝廷为官。辛弃疾做官的目的是为了抗金，可当时南宋朝廷中主和派占据了主导地位，皇帝也站在他们那边。辛弃疾空有满腔热忱，却无用武之地，被派到各地担任地方官。他很不甘心，写下多篇抗金建议书，如《美芹十论》等，无奈始终得不到重视。再加上他性格耿直，在官场上时常遭到排挤，最终被排挤出朝廷，去江西上饶隐居了二十多年，年过六旬才重新出山做官。此次出山，辛弃疾再度为抗金北伐提出了很多建议，可惜当时的朝政被重臣韩侂胄把持，此人轻敌冒进，对辛弃疾的建议不予理睬。不久，辛弃疾再度被排挤出朝廷，最终在六十七岁那年病逝。

一生报国无门的辛弃疾，创作的词以爱国题材为主，这便是《稼轩长短句》的精髓，其中的代表作有《永遇乐·京口北固亭怀古》《菩萨蛮·书江西造口壁》《水龙吟·登建康赏心亭》等。

　　《永遇乐·京口北固亭怀古》写于辛弃疾六十五岁那年，此时，他已从上饶重入朝堂，虽然壮志踌躇，却再次遭到冷遇，十分失望。这天，他来到京口，也就是江苏镇江的北固亭，登高望远，忆古思今，感慨万千，于是便写下了这首词。该词上片写历史上曾在京口建立霸业的孙权，以及率军北伐、气吞胡虏的刘裕；下片讽刺刘裕之子刘义隆北伐失利，表示自己坚决主张北伐抗金，但反对像刘义隆一样轻敌冒进。末尾处，词人发出了"廉颇老矣，尚能饭否"的疑问，表达了自己已垂垂老矣，一心想要报国，但心有余而力不足的悲凉。整首词接连用了孙权、刘裕、刘义隆、廉颇等多人的历史典故，而喜欢用典正是辛弃疾词的一大特色。这首词所用的典故虽多，却与词的主旨贴合得十分自然，天衣无缝，更增强了作品的说服力与意境美。全词悲凉雄壮，情深意切，被后人评价为"辛词第一"，而词中"风流总被，雨打风吹去"，"想当年，金戈铁马，气吞万里如虎"等句至今仍被广为传唱。

　　《菩萨蛮·书江西造口壁》是辛弃疾早年在江西为官时，途经造口，登郁孤台（今江西省赣州市西北部贺兰山顶，又名望阙台）时作的一首词。上片从眼前的景色引出对历史的回顾，表达了国家沦亡时自己的痛苦和收复无望的悲愤，"郁孤台下清江水，中间多少行人泪。西北望长安，可怜无数山"；下片借景抒情，抒发自己对南宋朝廷偏安江南的愁苦与不满，"青山遮不住，毕竟东流去。江晚正愁余，山深闻鹧鸪"。词中满怀愁绪，却娓娓道来，含蓄深沉，是《稼轩长短句》爱国词中别具一格的佳作。

　　《水龙吟·登建康赏心亭》是辛弃疾早年在建康（即南京）

做官时，登赏心亭有感而作的一首词。上片写登赏心亭后看到的苍凉壮丽的景色，"楚天千里清秋，水随天去秋无际"。作者在诗中借景抒情，抒发了词人的家国之恨和乡关之思，然后用七个一气呵成的短句，"落日楼头，断鸿声里，江南游子。把吴钩看了，栏杆拍遍，无人会，登临意"，描绘出一个孤独的爱国者形象。下片连用四个典故，对四位相关的历史人物进行褒贬，展现了作者慨叹流年似水、壮志难酬的悲哀，末尾三句"倩何人唤取，红巾翠袖，揾英雄泪"，深沉哀婉，令人动容。整首词一波三折，一唱三叹，豪而不放，壮中见悲，力主沉郁顿挫，不愧为辛弃疾早期词中最负盛名的一首。

辛弃疾的词多壮怀激烈，充满英雄豪情，这使得他在两宋词人中显得格外突出。另一位"豪放派"大家苏轼的词也充满豪情，但明显带有文人的特质，如他在《念奴娇·赤壁怀古》中的感慨"多情应笑我，早生华发"，是文人，而非英雄；而在《霜天晓角·赤壁》这首同样以赤壁怀古为题材的词中，辛弃疾发出的感慨却是"半夜一声长啸，悲天地，为予窄"，是文人，更是英雄。

作为豪放派词人的代表，辛弃疾的词也有不少带有婉约派的特色，不过却是用婉转的笔触来写豪情，且写柔情时往往又带着英雄的豪迈，刚柔并济。比如他的《摸鱼儿·更能消几番风雨》，上片写美人伤春，下片写美人遭妒，柔美婉转，实际却柔中带刚，用比喻的手法展现当时南宋的社会现实：主战派被投降派打压，几乎无立足之地。词人借此抒发了自己壮志难酬的悲愤，更表达了对国家民族命运的深切关注，将身世之悲和家国之痛巧妙地融为一体，其境界远非普通的婉约词所能相比。

辛弃疾和他的《稼轩长短句》在当时和后世都获得了极高的评价，人们称之为"人中之杰，词中之龙"。读南宋的词，尤其是爱国词，就不能不读《稼轩长短句》。

74.《四书章句集注》

朱熹

　　所谓"四书"，是《论语》《孟子》《大学》《中庸》四部书的合称。其中，《论语》记录的是孔子的言行，《孟子》记录孟轲的言行，《中庸》和《大学》两篇都取自西汉戴胜所著的《礼记》。"四书"中包含了儒家思想的核心内容。不过，《论语》在先秦时期并未得到应有的重视。直至汉武帝在位时，董仲舒提出"罢黜百家，独尊儒术"，它才越来越受到推崇。而《孟子》《大学》和《中庸》则长久不受重视。直至唐宋年间，三者的地位才逐渐被认可。朱熹在《四书章句集注》中，首次将三者和《论语》相提并论，构成了儒家经典"四书"。

　　朱熹的这部《四书章句集注》，又称《四书集注》，顾名思义，就是为"四书"所作的注本。朱熹是两宋理学的集大成者。所谓理学，又叫道学，是一种哲学思想，直接继承了从孔子到孟子的先秦儒家思想，并有选择地吸收、扬弃了一些道家、玄学、佛教思想，构成了一种新的思想体系。理学从南宋末年一直到清朝，始终是朝廷钦定的官方正统哲学思想，朱熹也成了继孔子之后，儒学思想文化的新代表。

　　朱熹出生于南宋初年，十九岁便考中进士，入仕为官。可他骨子里却是个学者，完全不懂得圆滑变通，因此仕途坎坷。

朱熹晚年因牵涉政治斗争，连累理学被定为"伪学"，他本人也被批判为"伪学魁首"，因此他深受打击，没过几年便去世了。直到他去世以后，理学才得到正名，他的各类理学著作才获得认可。

朱熹一生著作颇多，有《四书章句集注》《太极图说解》《周易读本》《楚辞集注》等多种，还有后人辑录的他和学生的问答录《朱子语类》等。《四书章句集注》是其中最具代表性的著作，是后世朝廷钦定的教科书和科举考试的标准。全书共计十九卷，包括《大学章句》一卷，《中庸章句》一卷，《论语集注》十卷，《孟子集注》十四卷。

对于本书的阅读，朱熹给出了这样的提议：先读《大学》，了解其规律；再读《论语》，立足其根本；再读《孟子》，观察其传播；最后读《中庸》，了解古人微妙之处。《大学》是纲领，包含了其余一切杂说。《中庸》是精髓，是传授儒家心法的经典，正如北宋理学家程颐所言，这本书一开始说的是一个道理，中途便散为万事万物的道理，到了末尾又合为一个道理。把它放开，和所有的事物都是相通的，将它收回来看，它又是那么神秘。《论语》和《孟子》也不可不读，因为"学者之要务，反求诸己而已。反求诸己，别无要妙，《语》《孟》二书，精之熟之，求见圣贤所以用意处，佩服而力持之可也"。

朱熹的《四书章句集注》是他宣传理学和儒家精神最权威、最通俗、最普及的一部著作，甚至有人将它与《圣经》和《古兰经》相提并论。今人要了解中国古代的儒家思想，不妨以《四书章句集注》作为入门之作。

75.《通志》

郑樵

　　私人修史在中国历史上早有先例，如司马迁的《史记》。南宋年间，又出现了一部由私人修撰的史书——《通志》。这是南宋史学家郑樵所著的一部以人物为核心，上起三皇，下迄隋朝的纪传体中国通史。后世将其和唐朝杜佑的《通典》、元朝马端临的《文献通考》并称为"三通"。

　　郑樵出身于书香世家，从小就接受了良好的家庭教育。他本人勤奋好学，立誓要读尽天下书。在读书之余，他还常出入山林乡野，拜农夫为师，学习很多书本上学不到的知识。郑樵生活的年代正值南宋初期，北方被金军占领，国家内忧外患。郑樵一心报国，曾上书给朝廷，希望能参与抗金，可惜并未得到朝廷的重视。郑樵很失望，但他深知南宋官场黑暗，也没有想过走科举入仕这条路，而是决定要以一介布衣的身份，为朝廷修一部大通史，也就是后来的《通志》。

　　在修《通志》的过程中，郑樵遭遇了三大难题：首先是当时的朝廷不允许私人修史，他必须先征得朝廷的许可；其次是要得到足够的历史资料和纸张笔墨，而这同样需要朝廷的支持；三是要拥有广博的学识，向写出《史记》这种史学巨著的司马迁看齐。

为此，郑樵先来到东南各地借阅书籍，经过三年努力，他读遍了东南各地的藏书，为创作《通志》打下了坚实的基础，第三个问题算是在一定程度上解决了。然而，第一、二个问题却始终没得到解决。南宋朝廷一直不支持郑樵修《通史》，甚至三番五次威胁他，要以"擅修国史"的罪名处置他。郑樵只能归隐山林，凭一己之力编撰这部规模宏大的史书。经过近三十年的发愤述作，他终于在五十八岁那年完成了这部巨著，随后在第二年就病逝了。

　　这部耗尽郑樵毕生精力完成的心血之作，共计两百卷，五百多万字，记录了从上古到隋唐的历史。书中的体例继承了《史记》的传统体例，仅仅将"表"改成了"谱"，将"志"改成了"略"。全书分为帝纪十八卷，年谱四卷，略五十卷，皇后列传二卷，宗室八卷，世家三卷，列传一百二十五卷，载记八卷。其中二十略堪称《通志》的精华，所谓"二十略"就是"总天下之学术"。《四库全书》中评价："其平生之精力，全帙之精华，惟在二十略而已。一曰《氏族》、二曰《六书》、三曰《七音》、四曰《天文》、五曰《地理》、六曰《都邑》、七曰《礼》、八曰《谥》、九曰《器服》、十曰《乐》、十一曰《职官》、十二曰《选举》、十三曰《刑法》、十四曰《食货》、十五曰《艺文》、十六曰《校雠》、十七曰《图谱》、十八曰《金石》、十九曰《灾祥》、二十曰《草木昆虫》。其《氏族》《六书》《七音》《都邑》《草木昆虫》《五略》，为旧史之所无。"郑樵也非常引以为傲，曾说《二十略》是"百代之宪章，学者之能事尽于此矣"。在二十略中，最突出的要数《金石略》《图谱略》《艺文略》《校雠略》。其中，《金石略》《图谱略》扩大了历史文献资料的范围；《艺文略》收录了古往今来存佚的文献资料，并创立了全新的图书分类方法；《校雠略》是对以上三略的说明，是通志二十略中最具创新性的部分，包含了对文献资料的搜集、典藏、整理、利用等问题的解答，内容十分丰富。

在编撰方法方面，郑樵的《通志》也显得颇为特别。他以各个门类的学问为着手点，搜集尽量多的史料，并加以考证，然后按照时间顺序进行综合整理，探寻其源头，理顺各类事物从古至今的发展过程。

这种体例和编纂方法都对后世史书的编修产生了一定影响，比如清朝的《续通志》《清朝通志》等都采用了相同的体例和编纂方法。

郑樵治学严谨，实事求是，敢于批判主观、迷信等思想，这些都反映在了《通志》中。不过，他只借助一个人的力量编撰史书，难免势单力薄，对部分历史文献的考证不足，出现了一些主观谬误。但从整体看来，《通志》依然是一部颇具历史价值的史学著作，值得一读。

76.《洗冤集录》

宋慈

　　在很多人心目中，法医是一个与现代科技紧密联系的职业。殊不知，早在秦朝就已经出现了检验尸体的官员，可以说是法医的前身。南宋时期，中国又诞生了一部法医学专著——《洗冤集录》，这也是全世界现存最早的系统的法医学专著。在它问世后的三百五十多年，国外才出现了这方面的第一部专著，由意大利人菲德利斯写成。

　　《洗冤集录》的作者宋慈是建阳（今属福建南平）人，和南宋理学大师朱熹是同乡，其祖上是唐朝有名的宰相宋璟。宋慈一生多次担当提点刑狱公事，简称提刑官，相当于现在的法医。宋慈晚年将自己毕生从事法医的经验总结成书，写成了《洗冤集录》。全书共计七万字左右，分为五卷，五十三目。作品的内容十分丰富，首先列出了尸体检验人员应该遵守的原则和注意事项，尤其是要坚持重视民命和实事求是。

　　宋慈作为一名法医，重视民命，态度认真，"不敢萌一毫慢易心"。他曾说："狱事莫重于大辟，大辟莫重于初情，初情莫重于检验。"认为此案件"死生出入之权舆，直枉曲伸之机括，于是乎决"。（"大辟"就是杀头）这几句话的意思就是杀头堪称最重的刑罚，是由犯人的犯罪事实决定的，而要确定犯罪事实，一定要经过检验。检验的结果往往事关人命，这要求检验过程中一定要认真负责，绝对不能敷衍了事。为此，宋慈提出，发生命案时，法医一定要亲临现场，哪怕是炎炎夏日，尸体臭不可闻，法医也不能因恶臭而回避。

而在检验尸体时，宋慈坚持实事求是的原则。众所周知，中国古代的教条很多，连验尸都要将尸体的隐秘部位遮盖起来。而宋慈为了验尸的实际需求，提出应对尸体的一切隐秘部位都要详细检验，看其中有没有插入足以致命的异物。即使死者为女性，也不能"避羞"。这样才能找到尸体上残留的一切线索，尽最大可能探寻案件的真相。这在当时的社会环境中是相当大胆的，但实践证实，这才是法医应该有的态度。

之后，书中详细论述了尸体检验、人体解剖、现场勘查、尸体发掘、鉴定死伤原因、自杀和谋杀的各类现象以及各类急救方法等内容。而全书的主要成就在于：尸斑的产生与分布，尸体腐败的表现和影响条件，尸体现象和死亡时间的关系，棺内分娩的发现，缢死的绳套分类，缢沟的特征和影响的条件，自缢、勒死和死后假作自缢的鉴别，溺死与外物压塞口鼻而死的尸体所见，窒息性玫瑰齿的发现，骨折的生前死后鉴别，各类刃伤的损伤特征，生前死后和自杀、他杀的鉴别，致命伤的确定，焚死和焚尸的区分，各种死亡状况下的现场勘验方法等。

《洗冤集录》成书距今已有七个多世纪，受当时的科学条件所限，难免会有一些谬误，但整体而言，本书依然非常符合科学精神，书中有些检验方法，虽只是经验之谈，却与现代科学有着惊人的吻合。比如书中谈及的救缢死法，跟现代的人工呼吸几乎一模一样，还有银针验毒法、用明矾蛋白解砒霜之毒法及迎日隔伞验伤法等。其中，迎日隔伞验伤法的原理类似于现在的紫外线照射，运用光学原理检验尸骨的损伤，十分有效。书中还有很多方法，比如区分溺死、自缢和假自缢、自刑和杀伤、火死和假火死等的方法，直到现在还在沿用。

作为一部伟大的法医学专著，《洗冤集录》对后世影响深远，成了南宋之后的元、明、清三朝的检验官的办案必备之书，甚至被列入考试内容，一版再版，单是有据可查的就有三十九个版本之多。而这三朝出现的很多法医学著作，也都明显受《洗冤集录》的影响，比如元朝的《无冤录》、明朝的《洗冤汇编》、清朝的《洗冤录集证》等等。

不仅如此，《洗冤集录》的影响还波及海外。清朝同治年间，荷兰人首先将本书翻译成荷兰文，传入西方。此后又陆续出现了法文、德文、英文、日文、韩文、俄文等译本，对世界各国的法医学发展都产生了很大的影响。宋慈不光是中国的法医学鼻祖，更是世界公认的法医学鼻祖。可惜关于宋慈的生平事迹，史书上却罕有记载。《宋史》中没有为他立传，《四库全书》中也只提到"宋慈始末未详"六个字，后人只能从《洗冤集录》中一窥他的生平。

《洗冤集录》虽是一部专业著作，却充满了趣味性和知识性，尤其对那些热衷于侦探推理的读者来说，阅读这本书得到的乐趣不逊于阅读一部精彩的侦探小说。而全书宣扬的专业精神，也能让我们更好地了解法医这个职业。

77.《梦窗词》

吴文英

　　南宋词人中存词最多的是辛弃疾，其次便是吴文英，存词三百四十多首，这些词全都收录在他的词集《梦窗词》中。吴文英生活于南宋末年，具体生卒年不详。他平生没有参与过重要的政治活动，生活范围也十分狭窄，一直局限于江、浙两地。阅历不足导致他的词作题材十分狭窄，以爱情和哀时伤世为主。

　　吴文英的爱情词构思巧妙，哀怨缠绵，在南宋词坛十分引人注目。《梦窗词》中最具代表性的有《风入松·听风听雨过清明》和《莺啼序·残寒正欺病酒》等。

　　《风入松·听风听雨过清明》是一篇伤春怀人之作。上片写伤春怀人的愁思："听风听雨过清明，愁草瘗花铭。楼前绿暗分携路，一丝柳，一寸柔情。料峭春寒中酒，交加晓梦啼莺。"下片写由此引发的痴想："西园日日扫林亭，依旧赏新晴。黄蜂频扑秋千索，有当时纤手香凝。惆怅双鸳不到，幽阶一夜苔生。"吴文英在词的创作方面常逆转普通人的思维习惯，将真实的事物化为虚无，将虚无的事物化为真实。在这首《风入松·听风听雨过清明》中，他便将下片中自己到往日与情人幽会的西园游玩时产生的幻觉"纤手香凝"，借助"有当时"三字将其化为了一种真实存在，如梦似幻，意境优美。而整首词语言清丽淡雅，不事雕琢，不用典故，细腻婉转，情意绵绵，不愧为一首爱情词佳作。

《莺啼序·残寒正欺病酒》是吴文英为悼念亡妾所写，全词分为四段。第一段写词人在爱妾去世后独自伤春："残寒正欺病酒，掩沈香绣户。燕来晚、飞入西城，似说春事迟暮。画船载、清明过，晴烟冉冉吴宫树。念羁情、游荡随风，化为轻絮。"第二段追忆词人与爱妾往昔的爱情："十载西湖，傍柳系马，趁娇尘软雾。溯红渐、招入仙溪，锦儿偷寄幽素。倚银屏、春宽梦窄，溯红湿、歌纨金缕。暝堤空，轻把斜阳，总还鸥鹭。"第三段写词人与爱妾的别后情事："幽兰旋老，杜若还生，水乡尚寄旅。别后访、六桥无信，事往花委，瘗玉埋香，几番风雨。长波妒盼，遥山羞黛，渔灯分影春江宿。记当时、短楫桃根渡。青楼仿佛，临分败壁题诗，泪墨惨淡尘土。"第四段浓墨重彩地表达词人对爱妾的哀悼："危亭望极，草色天涯，叹鬓侵半苎。暗点检：离痕欢唾，尚染鲛绡，亸凤迷归，破鸾慵舞。殷勤待写，书中长恨，蓝霞辽海沈过雁，漫相思、弹入哀筝柱。伤心千里江南，怨曲重招，断魂在否？"整首词时空多次变换，显得十分跳跃，极难驾驭，吴文英却将其写得细腻真挚，感人至深，不愧为南宋悼亡词中的精品。

《梦窗词》中还收录了很多哀时伤世的词作。吴文英所生活的年代，南宋政权已朝不保夕。吴文英并未像辛弃疾、陆游等爱国文人一样疾呼呐喊，只是消沉地感伤南宋朝廷的衰微，或隐喻南宋君臣苟且偷安，或悲悼惨遭陷害的忠臣良将，或描绘破碎山河的一片荒凉，其中混杂着对人世沧桑的感喟，将家国之感和自己的身世之痛融为一体，从整体看来，其成就远不能与辛弃疾、陆游等人的爱国诗词相提并论。

78.《遗山集》

元好问

　　金庸的武侠小说《神雕侠侣》中多次提及一首词："问世间，情为何物，直教生死相许？天南地北双飞客，老翅几回寒暑。欢乐趣，离别苦，就中更有痴儿女。君应有语：渺万里层云，千山暮雪，只影向谁去？"这是金末元初诗人元好问所作的《摸鱼儿 ·雁丘词》的上片，收录在其诗文集《遗山集》中。

　　元好问出生于金章宗在位时，虽有满腹才华，却仕途坎坷。后来金国为元朝所灭，他和金国的大批官员被俘，遭到囚禁，后来重获自由。因为元好问的诗文十分有名，元世祖忽必烈在位期间，曾有意召他为官，但被他拒绝。元好问晚年时隐居故乡，潜心著书论说，留下了不少传世佳作。

　　《遗山集》共计四十卷，收录了元好问生平创作的大量诗词。元好问的诗词流传至今的高达一千四百余首，无论是数量还是水准都在金国诗人中名列首位。全书成就最高的要数"纪乱诗"，其创作于金国亡国前后，诗中弥漫着深重的亡国之痛，同时兼具慷慨悲壮之气，形成了一种独特的风格，更掀起了继杜甫之后，中国现实主义诗歌创作的又一次高潮。这类代表作有《岐阳》三首、《癸巳五月三日北渡》三首等。

　　以《岐阳》三首其二为例，描绘了岐阳一战的惨况："百二关河草不横，十年戎马暗秦京。岐阳西望无来信，陇水东流闻哭声。野蔓有情萦战骨，残阳何意照空城！"最终走投无路，发出了"从谁细向苍苍问，争遣蚩尤作五兵"的疑问。整首诗慷慨悲凉，感情深沉，产生了很强的艺术感染力。而《岐阳》三首中的其三，则描绘了金国从全盛到衰落的过程，作者感叹朝政腐败，抗敌不力，空有嵩山三十六峰这样的天然屏障，却没能抵挡住敌军。整首诗沉郁悲凉，字字泣血，尤其是"北风猎猎悲笳发，渭水潇潇战骨寒"两句，颇具打动人心的力量。而描绘金国亡国后惨况的《癸巳五月三日北渡》三首，更是字字句句浸着血泪。第一首写蒙古大军掳掠金国后妃、宗室北去的情景，"道旁僵卧满累囚，过去舆车似水流。红粉哭随回鹘马，为谁一步一回头"；第二首写蒙古大军掠夺、摧毁金国文物的情景，"随营木佛贱于柴，大乐编钟满市排。虏掠几何君莫问，大船浑载汴京来"；第三首写民间百姓的惨况，"白骨纵横似乱麻，几年桑梓变龙沙。只知河朔生灵尽，破屋疏烟却数家"。这三首诗写于元好问被蒙军俘虏后的押解途中，诗中所写全是他的所见所闻，真实深刻，悲愤凄楚，意境苍凉，带给人无穷回味。

除纪乱诗外，元好问在写景诗方面也成就不俗，比如《游黄华山》。诗中描述了黄华山瀑布的壮丽奇观："湍声汹汹转绝壑，雪气凛凛随阴风。悬流千丈忽当眼，芥蒂一洗平生胸。雷公怒击散飞雹，日脚倒射垂长虹。骊珠百斛供一泻，海藏翻倒愁龙公。"整首诗笔力雄浑，不事雕琢，慷慨豪迈。

另外，《遗山集》中还收录了元好问创作的大量词，其中最负盛名的便是开头提到的《摸鱼儿·雁丘词》。写这首词时，元好问只有十六岁。当时他正值去并州应试，途中遇到一名猎人，他看见猎人射杀了空中比翼双飞的一对大雁中的一只，另外一只随即撞地，殉情而死。元好问被这种生死不渝的深情震撼，于是便买下这对大雁，将它们合葬在汾水岸边，建了一个小坟墓，取名"雁丘"，并写下《摸鱼儿·雁丘词》作为纪念。这首词将大雁拟人化，谱写了一曲缠绵悱恻的爱情悲歌，寄托了词人对殉情者的哀思，是中国古代赞美忠贞爱情的代表作之一，被后世广为传唱。

79.《文献通考》

马端临

　　古代中国非常重视典章制度。宋末元初，著名史学家马端临编撰了一部中国古代典章制度史，称其为《文献通考》，简称《通考》，时间跨度从上古时期一直延续到南宋宁宗时期。《文献通考》的编撰蓝本是唐朝杜佑编撰的《通典》，后者共两百卷，约一百九十万字，记录了唐朝天宝年之前历朝的经济、政治、礼法、兵刑等典章制度。马端临以此为基础，创作了《文献通考》这部中国古代典章制度的集大成之作。

　　马端临的父亲是南宋末年的丞相马廷鸾，此人曾任南宋国史院编修官等职位，博学多识，藏书丰富。在父亲的影响下，马端临从三十四岁左右便开始编撰《文献通考》，耗时二十多年，终于完成了这部巨著。

　　编撰《文献通考》期间，马端临广泛取材。无论是各朝正史还是私家史书等等，只要跟典章制度相关，他都会将其收入书中。书名中的"文"，便是指这类历史典籍。另外，他还在叙事中援引了当时很多大臣的奏疏与学士名流的议论，这便是所谓的"献"。马端临借助这些资料，对各项典章制度加以融会贯通，发表议论，即所谓的"考"，最终形成的这部著作便顺理成章地被命名为"文献通考"。

成书后的《文献通考》共三百四十八卷，四百七十多万字，鉴于杜佑的《通典》所分门类太过宽泛，马端临将《文献通考》细分成了二十四门：田赋、钱币、户口、职役、征榷、市籴、土贡、国用、选举、学校、职官、郊社、宗庙、王礼、乐、兵、刑、经籍、帝系、封建、象纬、物异、舆地、四裔。每一门再细分子门，分类更加精密，内容更加丰富，也更具时代性。比如杜佑的《通典》相当重视"礼"，这部分内容占据了全书内容的二分之一。马端临与时俱进，大幅压缩"礼"的篇幅，使其仅占全书内容的六分之一。马端临又非常重视经济，将论述经济的"食货"部分摆到了全书的第一位，占据了八门，还在"职官"部分中重点记录了户部尚书、太仆卿、司农卿等财政官员。

　　全书最具史料价值的是"文献"部分，尤其是很多原始资料现已失传，只能从《文献通考》中一窥其面目。而马端临表达个人观点的"考"也相当具有可读性，尽管年代久远，但这些观点依然十分独到，这主要是因为马端临治学严谨，勇于破除迷信，这其中既包括对鬼神的迷信，也包括对前朝学者的迷信，纠正了过去的很多谬误。

　　《文献通考》对后世有很深远的影响，出现了多部续作，如明朝王圻编撰的《续文献通考》，将原书中的二十四门发展到三十门，时间上也承继了《文献通考》——从南宋宁宗时期到明朝万历初期，特别是对明朝的典章制度有相当详细的记载。又如清朝乾隆年间由著名的修书馆三通馆编撰的《续文献通考》，纪昀等人曾为其校订，全书共二十六门，时间从宋宁宗时期一直延续到明朝末年。阅读《文献通考》时，不妨把这两部著作找来一并阅读。

80.《窦娥冤》《单刀会》
《拜月亭》《救风尘》

关汉卿

　　元朝的杂剧空前繁荣，出现了"元曲四大家"，分别是关汉卿、郑光祖、白朴和马致远。其中，关汉卿名列"四大家"之首，是元杂剧的奠基人。关汉卿一生创作了六十多种杂剧，留存至今的不下十种，其中，《窦娥冤》是知名度最高的。

　　《窦娥冤》全名《感天动地窦娥冤》，是一部悲剧，名列中国十大悲剧之首。故事取材于古老的民间传说"东海孝妇"，大概情节如下：

　　窦娥幼年丧母，父亲窦天章因为要参加科举考试，无力还债，就将她卖给债主蔡婆做童养媳。窦娥长大以后，与蔡婆的儿子成婚，可惜婚后不到两年，窦娥的丈夫就去世了，窦娥只能跟蔡婆相依为命。

　　蔡婆靠放债为生，赛卢医欠了她的债，无法偿还。蔡婆去向他讨债，差点儿被他活活勒死，刚好被张驴儿父子救下来。想不到这张驴儿是个流氓恶棍，借着这个机会搬到蔡家，强迫窦娥两婆媳嫁给他们两父子，结果遭到窦娥的严词拒绝。

　　有一天，蔡婆想吃羊肚汤，张驴儿从赛卢医处讨来毒药，想趁机毒死蔡婆，霸占窦娥。岂料张驴儿的父亲误食了有毒的羊肚汤，被毒死了，张驴儿便诬陷窦娥下毒杀人。太守桃杌对窦娥和蔡婆严刑逼供，窦娥不忍心看着蔡婆跟自己一起受罪，只能违心认了罪，被判处斩刑。

窦娥被押赴刑场时，为表明自己冤屈，对天立下三个愿望：死后血溅白练而不沾地、六月飞霜三尺掩其尸、楚州大旱三年，结果一一应验。

窦娥死后三年，冤魂向当时已被任命为廉访使的父亲窦天章申冤。窦天章重审了这起案件，查明了真相，将张驴儿斩首示众，太守桃杌革职，永不录用，帮凶赛卢医发配充军。窦娥的千古奇冤终于昭雪。

关汉卿创作《窦娥冤》时，正值元朝统治的黑暗时期，社会混乱，贪官横行，冤狱不断。《窦娥冤》不光是一部文学作品那么简单，更有深刻的社会价值。尤其是女主角窦娥，她对强权的勇敢控诉可谓惊世骇俗。在被处斩之前，她在刑场上直斥天地："地也，你不分好歹何为地！天也，你错勘贤愚枉做天！"并立下了三个看似完全不可能实现的愿望，以证明自己的奇冤。在这里，关汉卿采用了浪漫主义的手法，用丰富的想象和大胆的夸张设计了这三个超现实的愿望，以此展现贫苦百姓对伸张正义、惩治邪恶的强烈愿望。全剧浓厚的悲剧氛围、生动的故事情节、鲜明的人物形象，都因这三个愿望而变得空前醒目，整部作品也因此蒙上了奇幻的浪漫主义色彩，产生了震撼人心的艺术力量。

除《窦娥冤》外，关汉卿其他值得一读的作品还有《单刀会》《拜月亭》《救风尘》等。

《单刀会》全名《关大王独赴单刀会》，讲述了三国时期的名将关羽单刀前往鲁肃设下的宴席，最终凭借自己的机智与勇敢安然返回的故事。关汉卿借这个故事展现了自己对历史上英雄豪杰的爱慕与向往之情，宣泄了受到异族压制的汉族人民的愤懑不平，在当时的社会环境中很容易引发共鸣。

《拜月亭》全名《王瑞兰闺怨拜月亭》，讲述了在战乱时期，王尚书的女儿王瑞兰在逃亡时与母亲失散，巧遇与妹妹失散的书生蒋世隆，两人相约一起逃难，逐渐产生了感情，最终结为夫妻的故事。整个故事情节曲折，引人入胜，跟王实甫的《西厢记》、郑光祖的《倩女离魂》、白朴的《墙头马上》并称为"元代四大爱情剧"。后人据此改编了一部同名南戏作品，深受欢迎，名列元朝"四大南戏"之一。

《救风尘》全名《赵盼儿风月救风尘》，讲述了妓女宋引章被恶棍周舍的花言巧语迷惑，嫁给他为妻，却受尽虐待，之后被自己的结拜姐妹赵盼儿救出苦海的故事。这是一部喜剧，为了增强喜剧效果，关汉卿在其中加入了大量俚语、谚语、口头禅等，形成了自然生动、幽默风趣的语言风格，与《窦娥冤》等悲剧或《单刀会》等正剧大不相同，读起来令人耳目一新。另外，关汉卿的《谢天香》和《金线池》也都属于这类作品。

81.《西厢记》

王实甫

　　在《红楼梦》中，贾宝玉有一回跟林黛玉的丫鬟紫鹃开玩笑说："若共你多情小姐同鸳帐，怎舍得你叠被铺床？"这句话并不是贾宝玉的原创，而是《西厢记》里张生对莺莺的丫鬟红娘说的一句话。

　　在元朝的戏剧作品中，《西厢记》是成就最高的一部，直到现在依然家喻户晓。其作者是当时著名的戏剧作家王实甫，他生前创作了多部戏剧作品，但只有《西厢记》完整保留下来了。

　　《西厢记》的故事取材于唐朝元稹创作的一部传奇小说《莺莺传》，又名《会真记》。《莺莺传》是元稹根据自己的亲身经历改编而成的：元稹少年时期和一个名叫崔小迎的女子相恋。后来，元稹要进京赶考，临行前和崔小迎定下白头之约。结果元稹高中后，却为了攀附权贵，狠心抛弃崔小迎，迎娶了朝廷重臣的千金。到了《莺莺传》中，元稹将自己化名为张生，崔小迎化名为崔莺莺：书生张生偶然救下崔莺莺，两人一见钟情，张生却因贪慕富贵，对崔莺莺始乱终弃，最终两人劳燕分飞。

　　《莺莺传》问世后广为流传，王实甫便在此基础上创作了《西厢记》。《西厢记》的故事很多人都听过，大致情节如下：

　　崔莺莺是前朝宰相之女，父亲去世后，她和母亲崔夫人运送父亲的灵柩返回故乡安葬，途中经过普救寺暂住。莺莺在寺中游览时，遇到了暂住在寺中的书生张生，两人互生情愫。

不久，叛将孙飞虎率领军队，将普救寺团团包围，逼迫莺莺做自己的压寨夫人。情急之下，崔夫人宣布，不管是什么人，只要能将孙飞虎的军队击退，自己就将女儿许配给他。张生闻言，急忙给自己的结义兄弟、将军杜确写信求救。杜确及时赶来，将孙飞虎打退，解了普救寺之围。张生本以为自己这下便能和莺莺双宿双栖了，想不到崔夫人竟然出尔反尔，拒绝将女儿嫁给救命恩人张生，理由是莺莺的父亲生前已经将她许配给郑尚书的儿子郑恒。面对强横的崔夫人，张生和莺莺都束手无策，好在莺莺的丫鬟红娘十分聪明伶俐，她想到一个法子：让崔夫人答应只要张生能高中状元，就能娶莺莺为妻。

张生带着莺莺的期待进京赶考，他果然不负所望，一举高中，随即给莺莺写信报喜。但同样爱慕莺莺的郑恒却赶在张生之前来到普救寺，谎称张生已经迎娶了卫尚书的千金。崔夫人便又将莺莺许配给了郑恒，成亲当日，张生归来，揭开真相，郑恒羞愧不已，自杀身亡。崔夫人不能再抵赖，只能成全了张生和莺莺。

相较于《莺莺传》简单描述张生对莺莺始乱终弃的故事情节，《西厢记》的情节无疑要丰富得多，人物形象也立体生动得多，更容易博取读者的好感。《莺莺传》里的张生热衷于追求功名利禄，不敢反抗崔夫人这种封建家长，甚至对莺莺始乱终弃，令人厌恶。但《西厢记》里的张生却勇于追求爱情，且怀着一颗赤子之心，既可爱又感人。莺莺对爱情的追求更是强烈，在与张生互生情愫后，她全然不顾世人的眼光，主动接近张生。送张生进京赶考时，她对张生能否高中毫不介意，只盼他早日考完，早日归来。这种毫不掺杂物质诱惑的纯洁爱情观，令人动容。除了男女主角外，《西厢记》里的红娘形象也相当突出，她本受崔夫人之命，去监视小姐的一举一动，结果却成了帮助小姐追求自由爱情的好帮手。她聪明机灵，有智有谋，周旋在张生和崔夫人之间，每每都会将强横的崔夫人逼得无言以对，说她是张生和莺莺的爱情军师，一点儿都不为过。两人最后能有情人终成眷属，实在要多谢红娘从中穿针引线。

除了饱满的故事、立体的人物形象和明确的主旨外，《西厢记》的唱词也十分突出，极富诗意，读起来就如同一首首曼妙至极的抒情诗，具有很高的艺术价值。连曹雪芹都在《红楼梦》中借林黛玉之口，毫不吝啬地赞美《西厢记》"曲词警人，余香满口"。纵观整部《西厢记》，最优美的当数《长亭送别》，即送张生进京赶考时，莺莺的两段唱词：

碧云天，黄花地，西风紧，北雁南飞。晓来谁染霜林醉？总是离人泪。

······

淋漓襟袖啼红泪，比司马青衫更湿。伯劳东去燕西飞，未登程先问归期。虽然眼底人千里，且尽生前酒一杯。未饮心先醉，眼中流血，心内成灰。

读起来艳丽凄迷，缠绵悱恻，感人至深，在当时罕有能望其项背者。

《西厢记》问世后，引发了强烈的社会反响，它对中国的爱情小说、戏剧影响深远，此后模仿、借鉴它的作品层出不穷。直到现在，依然不断有小说、戏剧仿照《西厢记》进行创作，甚至直接在此基础上加以改编，足见《西厢记》的魅力。

82.《倩女离魂》《王粲登楼》

郑光祖

　　唐传奇中有一部《离魂记》，女主角为追求自由爱情，魂魄脱离肉身，追随心爱的男子而去。元朝杂剧作家郑光祖在此基础上加以改编，创作了一部有名的杂剧《倩女离魂》，讲述了这样一个故事：

　　张倩女和王文举是一对指腹为婚的情侣。王家家境贫寒，倩女的母亲一早就想赖掉这桩婚事，等到王文举前来求婚时，她便以他还未考取功名为借口拒绝了他。为了能娶到倩女，王文举只能离开家乡，到京城参加科举考试。期间，倩女因过度思念他染上重病，卧床不起，魂魄脱离肉身，追随他来到京城，与他一起生活。几年后，王文举终于高中状元，带着倩女的魂魄返回故乡。倩女的魂魄与肉身合二为一，终于跟王文举喜结连理。

　　其中，"离魂"是全剧最关键的桥段，郑光祖将其描绘得十分细致、生动。倩女的肉身和魂魄分离，就好像分裂成了截然不同的两个人：肉身无法摆脱封建礼教的束缚，只能滞留在家中，相思成疾，表现出来的性格是逆来顺受，幽怨婉转；魂魄却挣脱束缚，跟心爱的人私奔，过着自由、快乐的生活，表现出来的性格是狂放热情、勇敢坚定的。这种强烈的对比更加凸显出全剧追求自由爱情的主题，极具艺术感染力。明朝戏剧大师汤显祖的代表作《牡丹亭》，就明显受到了这部作品影响。

而《倩女离魂》的语言也非常优美，真切自然，打动人心。其中最突出的要数倩女在病中的两段唱词：

日长也愁更长，红稀也信尤稀，春归也奄然人未归。我则道相别也数十年，我则道相隔着几万里，为数归期，则那竹院里刻遍琅玕翠。

想鬼病最关心，似宿酒迷春睡。绕晴雪杨花陌上，趁东风燕子楼西。抛闪杀我年少人，辜负了这韶华日。早是离愁添萦系，更那堪景物狼藉。愁心惊一声鸟啼，薄命趁一春事已，香魂逐一片花飞。

《王粲登楼》是郑光祖的另外一部代表作。元朝年间，大批汉人南下避难，郑光祖也是其中之一。他本是山西人，却长年居住在南方，文中王粲的思乡之情寄予着郑光祖的思乡之情，以及所有旅居南方的北方人的思乡之情。郑光祖的作品主要分为两种题材：一种是爱情故事，一种是历史故事。《倩女离魂》属于前者，《王粲登楼》属于后者。

王粲是三国时期著名的文学家，名列"建安七子"之一。《王粲登楼》就是以他为主角，讲述了这样一个故事：王粲的父亲和蔡邕将孩子指腹为亲，定下儿女婚事。王粲成年后，奉母亲之命去京城拜访蔡邕，求取功名。王粲自恃才华横溢，十分骄傲，蔡邕有心想要考验他，对他颇为怠慢，王粲愤而告辞。

暗地里，蔡邕却又让人给王粲送银子，还将他举荐给荆州牧刘表。由于王粲相貌平平又十分骄傲，在刘表那里根本得不到重用。怀才不遇的王粲为抒发满心愤懑，便登楼作赋。蔡邕将这篇赋送给皇帝过目，皇帝非常赏识王粲的才华，任命他为天下兵马大元帅。这时，蔡邕才告诉王粲，自己所做的一切只是为了磨砺他，于是二人冰释前嫌。蔡邕信守诺言，将女儿许配给了王粲。

《王粲登楼》最为人称道的是极具文采和情感的曲词，其中尤以王粲流落荆州时怀念故乡时的曲词最具感染力：

雕檐外，红日低。画栋畔，彩云飞。十二栏干、栏干在天外倚。我这里望中原，思故里。不由我感叹酸嘶，越搅的我这一片乡心碎！

除《倩女离魂》和《王粲登楼》这两部代表作外，郑光祖的作品中比较值得一读的还有《钟离春智勇定齐》和《翰林风月》。前者是一部历史剧，讲述了战国时期，齐国女子钟离春辅佐齐宣王击退外敌，振兴本国的故事，明清以来，它不断被改编成各类剧种上演；后者是一部爱情剧，讲述了富家小姐小蛮在婢女樊素的撮合下，与书生白敏中相恋、结合的故事。这两部剧的故事情节和艺术手法都有意模仿《西厢记》，部分曲词写得秀丽别致，颇为有趣。

83.《梧桐雨》《墙头马上》
   《东墙记》

白朴

　　唐朝诗人白居易有一首叙事抒情诗《井底引银瓶》，描写了一个爱情悲剧：一名女子跟心爱的男子私奔、同居，却在多年后被男子的家长以"聘则为妻，奔是妾"为由扫地出门。元朝名戏剧作家白朴据此创作了一部杂剧《墙头马上》，这个题目同样取自《井底引银瓶》："墙头马上遥相顾，一见知君即断肠。"不同的是，白朴将这个爱情悲剧改编成了一部喜剧：裴尚书的儿子裴少俊去洛阳购买花苗，偶遇总管的女儿李千金，两人一见钟情，私订终身。李千金随即来到裴少俊的住处，两人同居七年，生下两个孩子。裴尚书发现此事后，认为李千金伤风败俗，愤怒地将她赶回家去。其后，裴少俊高中状元，裴尚书又听说李家是有身份的官宦之家，于是接受了李千金，跟儿子一起将她接回来。

　　在《墙头马上》之前，民间已经出现了多部以《井底引银瓶》为素材创作的故事，其人物姓名和大致框架都已成型，这成了白朴创作《墙头马上》的基础。但跟这些前人的作品不同，白朴将该剧中的灵魂人物李千金塑造成了一个有勇气、有尊严、独具一格的女性形象。

　　一出场，李千金就对美满的爱情婚姻充满希望，且毫不掩饰，颇有现代女性的风范。偶遇裴少俊后，她断定他便是自己的如意郎君，于是展开了大胆的攻势，主动与裴少俊幽会，甚至做出了私奔、同居这种惊世骇俗的举动。在她看来，人人都有自由追求爱情、婚姻的权利，就算为之私奔也是符合情理的，任何人都无权指摘什么。所以当裴尚书发现了她和裴少俊同居生子的事后，裴尚书便咒骂她："你比无盐败坏风俗，做的是男游九郡，女嫁三夫。"她却说："我则是裴少俊一个。"裴尚书气愤地说："可不道'女慕贞洁，男效才良'，'聘则为妻，奔则为妾'，你还不归家去！"她便说："这姻缘也是天赐的。"她坚持自己的所作所为都是合情合理的，认为自己的人格容不得裴尚书这样玷污。

后来，李千金还是被逐出了裴家。等到裴家父子又去求她回来时，遭到了她的严词拒绝。事实上，她对裴少俊依然有情，但她深知相较于爱情，尊严是更重要的东西，这样的理念比她对自由爱情的勇敢追求更加宝贵。在经历了种种坎坷后，李千金终于和裴少俊团圆，既保全了爱情，更保全了自己的尊严。从这个角度说，《墙头马上》比追求自由爱情为主题的作品更别出心裁。

根据元朝史料记载，白朴生平总共创作了十五部杂剧，完整保存至今的只有三部，《墙头马上》是其中最优秀的一部，另外两部是《梧桐雨》和《东墙记》。

《梧桐雨》全名《唐明皇秋夜梧桐雨》，题目取自白居易《长恨歌》中的"秋雨梧桐叶落时"一句，讲述了唐玄宗和杨贵妃的爱情悲剧，名列中国十大悲剧之一，大致情节如下：将领安禄山延误军机，理应处斩，昏庸的唐玄宗却对他予以重用，任命他为范阳节度使。安禄山偷偷爱慕着杨贵妃，为了得到她，不惜起兵谋反。等到叛军快要打到长安时，唐玄宗慌忙带着杨贵妃匆匆出逃。当他们逃到马嵬坡时，在将士们的逼迫下，唐玄宗不得不处死了奸臣杨国忠和杨贵妃。此后，唐玄宗日夜思念杨贵妃，将她的画像挂在宫里，日夜相对。一天夜里，他在梦中跟杨贵妃相见，却被梧桐雨声惊醒。追忆往事，他不禁满怀惆怅。

《梧桐雨》的文采斐然，语言情真意切，极易引发读者的共鸣，对剧中人的处境感同身受，比如末尾处写唐玄宗对着梧桐雨思念杨贵妃：

润蒙蒙杨柳雨，凄凄院宇侵帘幕；细丝丝梅子雨，装点江干满楼阁；杏花雨红湿阑，梨花雨玉容寂寞；荷花雨翠盖翩翩，豆花雨绿叶萧条。都不似你惊魂破梦，助恨添愁，彻夜连宵。莫不是水仙弄娇，蘸杨柳洒风飘。

其中运用了大量排比、比喻、对偶等艺术手法，语言优美，字字含情，将唐玄宗内心的悲凉刻画得入木三分。

虽然《梧桐雨》讲述的是一个爱情故事，但其主旨却是揭露人生的变幻无常：堂堂帝王，却因一场叛乱失去了地位与荣华，失去了自己最爱的女人，孤独终老。正因为如此，在古代众多以唐玄宗和杨贵妃为主角创作的文学作品中，《梧桐雨》更显得新颖别致，值得一读。

《东墙记》全名《董秀英花月东墙记》，讲述了这样一个故事：书生马文辅和董秀英自幼订亲。后来马文辅父母双亡，家道中落，去向董家提亲，就借宿在董家隔壁。董秀英游园时，刚好碰到马文辅在东墙下站着赏花，两人一见钟情。董秀英让丫鬟帮忙传递书信，跟马文辅私下结合。但董老夫人嫌弃马文辅家无余财，逼迫他进京赶考。马文辅一举考中状元，最终得以迎娶董秀英。相较于《墙头马上》和《梧桐雨》，白朴的这部《东墙记》显得比较平庸，远不如前两部作品知名，甚至有种说法称，这并非白朴的作品。大家在阅读这三部作品时，可以自行比较、分析一下。

84.《汉宫秋》

马致远

　　"昭君出塞"的故事大家都很熟悉了。《汉书》中记录了相关史实，此后民间又出现了大量这一题材的文学作品，如杜甫的《咏怀古迹五首·其三》、李商隐的《王昭君》、王安石的《明妃曲》等。到了元朝，戏剧家马致远又据此创作了一部历史剧《汉宫秋》。

　　马致远名列"元曲四大家"之一，很早就开始创作散曲和杂剧。他一生创作了散曲一百二十多首，其中最出名的《天净沙·秋思》被称为秋思之祖："枯藤老树昏鸦，小桥流水人家，古道西风瘦马。夕阳西下，断肠人在天涯。"短短二十八个字，就成就了一首千古绝唱。而他创作的杂剧现在已知的有十五部，现存七部，《汉宫秋》是其中最出名的一部。

　　《汉宫秋》与"昭君出塞"的史实和前人的相关作品有相当大的出入。"昭君出塞"故事的主角自古以来都是王昭君，汉元帝不过是个小小的配角。可到了《汉宫秋》中，汉元帝一跃成为比王昭君的戏份还要多的第一主角。而原本只是画工身份的毛延寿，也摇身一变成了中大夫——剧中最大的反派人物。原先他的罪名只是贪污索贿，在《汉宫秋》中却发展到祸国殃民的程度，先是教唆汉元帝沉迷于美色，不理朝政，后又投降于匈奴，帮助其反对汉室，更成了逼迫昭君出塞的主谋。

　　《汉宫秋》中的汉元帝是个典型的文人形象，多才多艺，怜香惜玉。他在宫中巡视时，听到了王昭君的琵琶声。当时王昭君已被毛延寿排挤到冷宫，汉元帝从她的琵琶声中听出满腹幽怨，心生怜爱，于是便将她接出冷宫，对她宠爱有加。这样一来，毛延寿欺君罔上的罪名就暴露了。为了免受惩罚，他投靠了匈奴的呼韩邪单于，并怂恿单于派使臣向汉元帝提亲，迎娶王昭君，以此作为对王昭君的报复。此时的汉朝国力衰落，软弱可欺，匈奴在边境上对其虎视眈眈。匈奴使臣威胁汉元帝，若不答应这桩亲事，就派出百万雄师入侵汉室。

　　在这里，马致远花费了很多笔墨，极力渲染汉室与匈奴的矛盾，面对强横的匈奴，汉室表现得相当软弱，文武百官都胆小无能，力劝汉元帝早日送昭君出塞，以保住汉室江山。在万般无奈之下，汉元帝只能答应了他们。在马致远创作这部作品期间，蒙元和汉朝的矛盾同样十分尖锐，汉族人跟汉元帝一样无力反抗，只能屈服于异族，二者有着相同的悲哀，马致远明写汉元帝的悲哀，却暗含着身为汉族人，面对蒙古族强权统治却无能为力的悲哀。

　　而在写到昭君被逼远嫁匈奴时，马致远又独创了昭君在边疆投江殉难的情节，为这个家喻户晓的故事更增添了新意。昭君投江的壮举，既保全了汉室与匈奴的邦交，又保全了自己的民族气节与忠贞，还让呼韩邪单于将毛延寿送回汉室处决。中国历史上的文人总是宣扬"美色祸国"的论调，明明是帝王昏庸，他们却总怪罪到女子头上。从商纣王宠爱苏妲己，到周幽王为博褒姒一笑烽火戏诸侯，再到唐玄宗独宠杨贵妃引致安史之乱，好像国势衰落统统都是女子的过错。马致远却不同于这些文人，在《汉宫秋》中，他将王昭君塑造成一个为了国家、民族不惜以身殉难的刚烈女子，狠狠驳斥了这些狭隘、无耻的文人。

王昭君的离去，让汉元帝悲痛欲绝。在此，马致远又以浓墨重彩的笔调描绘了汉元帝对王昭君铭心刻骨的相思之情，言辞凄清、婉转，读起来令人怅然若失，汉元帝的痴情帝王形象跃然纸上。清朝的戏剧大家洪升曾说："情之所钟，在帝王家罕有。"历史上的确少有痴情的帝王，因为《汉宫秋》的问世，汉元帝得以跟唐玄宗、李后主等帝王一起跻身于这个少数人的行列。

除《汉宫秋》外，马致远的杂剧作品《陈抟高卧》《黄粱梦》《岳阳楼》等也可以一读，其中多讲述成仙得道的故事，颇为奇幻。

85.《赵氏孤儿》

纪君祥

　　很多人都听说过"赵氏孤儿"的故事，这个故事最早出现于战国初期的《春秋左氏传》中，不过情节比较简单。西汉时期，司马迁在《史记·赵世家》中详述了这个故事：赵氏先人在晋景公三年遭遇灭族的灾祸，赵朔的遗腹子赵武在程婴和公孙杵臼的庇护下侥幸逃生。赵武成年后，借助韩厥等人的扶持，恢复了赵氏宗位。关于这个故事在历史上是否确有其事，史学界一直存有争议。司马迁之后，西汉刘向在《新序》《说苑》中也详细记录过此事。在这些资料，尤其是在《史记·赵世家》的基础上，元朝杂剧家纪君祥创作了一部著名的历史剧——《赵氏孤儿》。

　　纪君祥生活于元朝初期，据记载，他生平总共创作了六部杂剧，但保存至今的只有《赵氏孤儿》一部，其中讲述了这样一个故事：

　　春秋时期，晋灵公昏庸，朝政由将军屠岸贾把持。以战功起家的晋国贵族赵氏，权势与声望不断膨胀，引来晋灵公和屠岸贾的忌惮。在晋灵公的默许下，屠岸贾诛杀了赵家上上下下三百余口人。赵朔的妻子庄姬刚刚生下一个儿子，就是赵氏孤儿赵武。为了保住这个幼小的生命，庄姬托赵家门客程婴偷偷将其带走。屠岸贾立誓要对赵家斩草除根，连这个刚出生的婴儿也不放过，还下令将全国半岁以下的婴儿全部处死。为保住赵武，程婴只能让自己刚出生不久的儿子代他赴死。二十年后，程婴将赵氏的血海深仇告诉了已经成人的赵武，赵武杀死屠岸贾报仇雪恨。

这部作品虽然名为"赵氏孤儿"，其实作品中真正的主角是拯救赵氏孤儿最大的功臣——程婴。他救赵氏孤儿，起初只是为了报答赵家对他的恩情。其后，泯灭人性的屠岸贾为了寻找仇人之子，下令杀死全国所有半岁以下的婴儿。为了拯救所有无辜的婴儿，也为了拯救赵氏孤儿，程婴作出了最艰难的取舍：用自己的儿子冒充赵氏孤儿。狡诈的屠岸贾残忍地在他面前杀死了他的亲生骨肉，这时他若露出半点儿破绽，就会被屠岸贾发觉，那他所做的一切牺牲便都毫无意义了。在这样的信念驱使下，程婴咬紧牙关，用无与伦比的镇静、隐忍、坚定，保住了赵氏孤儿。这个原本平凡的小人物，就这样随着剧情的推进，逐渐散发出了灼灼光芒。他保护赵氏孤儿的壮烈、决绝的方法，成就了整部作品最富悲剧性的情节。它不是属于《汉宫秋》和《梧桐雨》之类的悲剧，而是属于《窦娥冤》这种大悲剧，一如王国维在《宋元戏曲史》中所说："其最有悲剧之性质者，则如关汉卿之《窦娥冤》、纪君祥之《赵氏孤儿》。剧中虽有恶人交构其间，而其蹈汤赴火者，仍出于其主人翁之意志，即列之于世界大悲剧中，亦无愧色也。"

正因为这样，自《赵氏孤儿》自问世以来便在民间长盛不衰，被改编成多个剧种广为流传。这样一部歌颂正义、令人激情澎湃的作品，读起来必能让人深有感触。

86.《二十四孝》

郭居敬

　　中国人历来重视孝道，由此出现了一部劝人行孝的故事集《二十四孝》。这部书由元朝的郭居敬编录而成，因后世的版本多配以图画，所以又称为《二十四孝图》。全书收录了中国历朝二十四个孝子的故事，每一个都在民间流传甚广。

　　比如《扇枕温衾》一篇：东汉江夏安陆人黄香九岁丧母，侍父尽孝。夏天天气炎热，黄香每晚都用扇子把父亲的床扇凉，然后再让父亲躺上去，让父亲能睡个好觉。冬天天气寒冷，黄香每晚都在父亲睡觉前脱下衣服，钻进父亲的被窝，用自己的身体将被窝暖热，然后再让父亲睡觉。黄香小小年纪便能有如此孝心，尤其令人赞叹，所以在《二十四孝》记录的孝子中，黄香被推举为首位,《扇枕温衾》也成了全书知名度最高的故事。

　　又如《戏彩娱亲》一篇：春秋时期，楚国隐士老莱子事亲至孝，他七十岁时，父母犹健在，所以他从不觉得自己已步入古稀之年，照样每日在父母膝下承欢。他故意穿上五彩斑斓的衣服，装扮得像小孩子一样，并在父母面前模仿小孩子的一举一动。有一回，他给父母送水，佯装摔倒，在地上哇哇啼哭，不肯起来，宛如一个撒娇的小孩，逗得父母哈哈大笑。这篇故事在全书中相当特别，老莱子对孝顺的理解明显有别于书中其他孝子，他非常重视从精神方面带给父母愉悦，这点不少现代人都无法领会，更无法做到。

《二十四孝》中孝子的身份十分多样，有男人，有女人，有老人，有小孩，有平民，有官员，甚至还有皇帝。《亲尝汤药》一篇，讲的就是汉文帝刘恒孝敬母亲的故事。汉文帝的母亲薄太后卧病三年，汉文帝时常目不交睫、衣不解带地照料母亲。母亲服食的汤药，他都要亲口尝过后才能放心给母亲服用。如此孝行，令天下人敬仰。可见在古人眼中，行孝是不分等级、不计身份的，所有人都应孝敬自己的父母。

虽然在劝人行孝方面，《二十四孝》永远不会过时，可在具体的行孝方式上，书中很多内容俨然已变成了糟粕。

比如《埋儿奉母》一篇，东汉隆虑（今河南安阳林州市）人，一说河内温县（今河南温县西南）人郭巨的妻子生下一个男孩，但郭家家贫，郭巨担心养活这个孩子会影响自己供养母亲，于是跟妻子商量，儿子可以再生，母亲却只有一个，不如埋掉儿子，节省下粮食供养母亲，妻子答应了。正当夫妻二人挖坑时，在地下两尺深处意外地挖到一坛黄金，上面写着"天赐郭巨，官不得取，民不得夺"的字样。靠着这些黄金，郭巨终于得以孝敬母亲，兼养儿子。郭巨行孝固然没错，但为了行孝要杀死自己的亲生骨肉，无论是什么理由，都让人难以接受。

又如《芦衣顺母》一篇，春秋时期鲁国人闵子骞生母早亡，父亲又娶了个后妻，生下两个儿子。继母经常虐待闵子骞，冬天给自己的两个儿子穿用棉花做的冬衣，却给闵子骞穿用芦花做的所谓"棉衣"。闵子骞整天冻得直哆嗦，却不肯告诉父亲。可纸包不住火，父亲后来还是知道了此事，便怒气冲冲地想要休妻，闵子骞跪求父亲宽恕继母，说留下继母，只有他一个人受冻，赶走继母，他跟两个弟弟便都要受冻。父亲被他打动，答应了他。继母知道这件事后悔恨交加，从此对他视如己出。事实上，闵子骞饱受虐待，却一直隐忍，这不是孝，是愚孝。若非父亲及早发现，他不知还要受多少委屈。这种中国传统的隐忍求全观念，令很多今人反感。好在故事的结局和上一篇《埋儿奉母》一样，最终迎来一个光明温暖的结局。

我们在阅读《二十四孝》时，要兼具借鉴与批判的精神，借鉴书中的精华，批判书中的糟粕。

87.《宋史》

脱脱、阿鲁图等

　　元朝建立之初，元世祖忽必烈就曾计划修撰《宋史》，但由于种种原因，一直没有付诸实践。到了至正三年，也就是公元 1343 年，元顺帝下令修撰《宋史》《辽史》和《金史》。一开始由中书右丞相脱脱担当主编，另外召集了三十人，大多是汉族文人，有些还是当时的名人，比如欧阳玄、张起岩、李好文等。到了第二年，脱脱因病请辞，元顺帝便让阿鲁图担任中书右丞相，并主持三史的修撰工作。可阿鲁图连汉字都不认识，根本无法参与修撰，只能尽力给予修撰人员一切可能的人力、物力和财力支持。在阿鲁图的大力支持下，三史终于在至正五年，也就是公元 1345 年完成，其中规模最大的《宋史》是最后完成的，前后耗时两年半。

　　成书后的《宋史》约有五百万字，分为四百九十六卷，其中本纪四十七卷，志一百六十二卷，表三十二卷，列传二百五十五卷，是"二十四史"中篇幅最大的官修史书。书中比例最大的是"列传"，约占全书比例的二分之一，包含了两千多人的列传，还单独列出《奸臣》四卷、《叛臣》三卷，为蔡京、秦桧这些宋朝历史上有名的奸臣、叛臣作传。《宋史》中体现出明显的尊崇道学的倾向，特意在"列传"中列出《道学》四卷，为宋朝的周敦颐、程颢、程颐、朱熹等道学名人作传。"志"约占全书比例的三分之一，仅次于"列传"。《宋史》中总共有十五志，具体分为天文、五行、律历、地理、河渠、礼、乐、仪卫、舆服、选举、职官、食货、兵、刑、艺文，其中比较突出的有《职官志》，将宋朝从中央到地方各级官僚机构的组织状况详细描述了出来。另外，《地理志》《食货志》《兵志》也编得十分翔实。

《宋史》有着相当完备的体例，将此前纪传体史书中的各种体例——纪、传、表、志全都包含在内，还做了一定创新。两宋时期，经济繁荣，文化艺术活跃，科技进步。《宋史》中对这段时期的政治、经济、军事、文化、民族关系、典章制度等都做了详细记录。在现存所有重要的宋朝历史资料中，唯一贯通两宋三百二十年历史，保留下大量记录的就是《宋史》，尤其是其中的十五志，涉及宋朝社会生活的方方面面，记录详细，为后人研究宋朝历史提供了丰富的资料。另外，《宋史》中还保存了很多已经失传的古籍，堪称保存宋朝官方与私家史料最系统的著作。我们要了解宋朝历史，入门书的首选便是《宋史》。

不过，由于修撰过程太过仓促，作者仅用了两年半就完成了这部恢宏巨制，书中不可避免地会出现很多疏漏，如对资料的挑选不用心，考证不足，书的整体编排不够合理；结构有些混乱，详略失当，如北宋详细，南宋则太简略等。以列传为例，尽管书中列出了两千多人的列传，但依然漏掉了不少重要的历史人物，或者即使列出来了也不够详细，如生祭文天祥的王炎午、南宋著名诗人刘克庄等都没有列传。而且书中对变法人士存在偏见，否定了王安石变法，甚至将变法派的吕惠卿、章敦等人列入奸臣列传，有失偏颇。鉴于此，明清两朝很多人都尝试纠正或补充《宋史》，出现了《宋史新编》《宋史翼》等作品。阅读《宋史》时，可以找到这些作品以辅助阅读。

88.《琵琶记》

高明

　　宋朝有一部戏叫《赵贞女蔡二郎》，讲述了一个书生高中状元后狠心抛弃结发妻子的故事。其中的男主角蔡二郎的原型是东汉文学家蔡邕，字伯喈，不过戏文中的故事都是从民间传说中来的，不足为信。只是这种书生高中后就抛弃妻子的现象，在宋朝的确很常见，因为宋朝很重视科举取士，一旦在科举考试中高中，就能入朝为官。到了元朝，由于是尚武的蒙古族统治全国，科举制度曾一度中断了七十多年，出身平凡的读书人无法再凭借科举入仕，在社会上的地位便一落千丈，也因此赢得了广泛的同情，这导致元朝文学作品中的书生多以正面形象出现。元朝末年，戏剧家高明以《赵贞女蔡二郎》为蓝本，创作了一部戏剧《琵琶记》，其中就对男主角蔡伯喈，也就是原来的蔡二郎做了很多正面改动，整个故事情节最终演变成了这样：

　　书生蔡伯喈和赵五娘成亲以后非常恩爱。不久，朝廷举行科举考试，蔡伯喈不想去参加，因为他的父母已经年迈，他若走了，照顾他们的重担便落到了赵五娘一个人身上，再者，他本身也对功名没有多大兴趣。然而，他的父亲蔡公却一心盼着儿子能考取功名，光宗耀祖。孝顺的蔡伯喈为了完成父亲的心愿，只能告别父母妻子，进京赶考。

考完发榜，蔡伯喈居然高中状元。朝中的牛丞相十分欣赏他，想招他为东床快婿，却遭到他的拒绝。为了尽早回去跟父母妻子团聚，蔡伯喈上书皇帝，请求派自己到故乡为官。皇帝不肯，执意安排他留在京城，还逼迫他跟牛丞相的女儿牛氏完婚。

蔡伯喈进京后，故乡发生旱灾，妻子赵五娘含辛茹苦地侍奉公婆，让公婆吃米，自己吃糠。后来，公婆都去世了，赵五娘将他们下葬，背着琵琶一路卖唱乞讨，到京城寻找丈夫。到了京城，赵五娘循着线索找到牛府，见到了牛氏。牛氏为人善良，知道了赵五娘的身世，安排她跟蔡伯喈见了面。从赵五娘处，蔡伯喈得知自己的父母都已去世，悲痛欲绝，带着赵五娘和牛氏一起返回家乡守孝。

《琵琶记》中的蔡伯喈虽然性格懦弱，总被别人牵着鼻子走，但他的所作所为都是值得谅解的。他进京赶考，是出于对父亲的孝；他接受皇帝的安排，留在京城，娶牛氏为妻，是出于对君主的忠，两件事都实非他所愿。妻子和父母在家中遭遇饥荒，受尽折磨，最终家破人亡，他全然不知情。重遇妻子后，他毫不犹豫地承认了她的身份，与她回乡守孝，显然是个有责任感、重情重义的人。元朝民间对读书人的同情与谅解，在高明对蔡伯喈这个人物的塑造中得到了很好的展现。

高明的《琵琶记》最有特色的一点在于它的叙事采用双线结构：一条线索是蔡伯喈进京赶考，留在京城做官，与牛氏成婚；另一条线索是赵五娘在家侍奉公婆，尝尽艰辛。两条线索彼此交错，轮番展现蔡伯喈在京城的富足优越和赵五娘在故乡的艰难困苦，相互推进，其中如《成婚》和《食糠》、《弹琴》和《尝药》、《筑坟》和《赏月》这几折都写得十分出彩，其相互之间形成了鲜明的对比，突出了戏剧冲突，增强了作品的悲剧色彩。这种写作手法在当时是非常少见的，对后世的作品也影响深远，如明传奇就在其影响下广泛采用了双线结构。

　　而在语言方面，《琵琶记》也取得了相当大的成功。在两条叙事线索中，蔡伯喈这条线索中的角色都非富即贵，有学识修养，因此语言都很文雅；而赵五娘这条线索中的人物都是普通的乡下百姓，没读过什么书，因此语言都很质朴。两种语言风格迥然不同，却和谐地出现在了同一部戏中。

　　无论是在结构、语言、思想内容，还是人物塑造方面，《琵琶记》都是一部相当出色的文学作品，有必要列入读书计划中。

89.《岛夷志略》

汪大渊

　　元朝年间，意大利旅行家马可·波罗将自己在中国游历的见闻写成了一部《马克·波罗游记》。同样是在元朝，中国也出现了一位"东方的马可·波罗"，他便是著名的民间航海家汪大渊，他将自己到海外远航的见闻写成了一部《岛夷志略》。

　　汪大渊是江西南昌人，他曾在少年时期到当时中国南方最大的商业港口泉州游历，从当地很多中外商人、水手口中了解到世界各地的风土人情，心中萌生了无限的向往。公元1330年，时年二十岁的汪大渊从泉州搭乘远洋商船，开始了人生第一次远航，途经海南岛、占城、马六甲、爪哇、苏门答腊、缅甸、印度、波斯、阿拉伯、埃及，横渡地中海抵达摩洛哥，然后返回埃及，再从红海到索马里、莫桑比克，横渡印度洋返回斯里兰卡、苏门答腊和爪哇，途经澳洲来到加里曼丹、菲律宾，最终于1334年返回泉州。公元1337年，汪大渊再度从泉州启航，途经南洋群岛、阿拉伯海、波斯湾、红海、地中海、非洲莫桑比克海峡、澳大利亚各地，1339年返回泉州。

　　两次远航过后，汪大渊开始整理自己的手记，将沿途观察到的各国风土人情、社会经济状况编写成了一部《岛夷志》。汪大渊的创作态度非常严肃，书中所记"皆身所游焉，耳目所

亲见，传说之事则不载焉"，因此十分真实可信。《岛夷志》
成书后，他又摘录其中的主要内容，写成了一部《岛夷志略》。
元朝末年，战乱不断，《岛夷志》的大部分内容散失，之后彻
底失传，十分可惜，好在有《岛夷志略》流传至今。

　　《岛夷志略》全书共一卷，著有一百多篇纪略，涉及亚洲、
非洲、大洋洲等二百二十多个国家和地区，其中最具历史价值
的要数对台湾、澎湖、澳大利亚的记录。作者对台湾、澎湖的
记录首次在历史古籍中明确了台湾、澎湖是中国的领土，其中
提及"土商兴贩，以乐其利。地隶泉州晋江县，至元年间，立
巡检司，以周岁额办盐课中统钱钞一十锭二十五两，别无科差"，
即表示两地当时已经建立了受中央管理的地方行政、军事和财
政机构，从而形成了两地与中央政府的隶属关系。而澳大利亚
见闻在《岛夷志略》中占据了两篇，分别是"麻那里"和"罗
娑斯"，其中记录了当时的澳大利亚人，有些"男女异形，不
织不衣，以鸟羽掩身，食无烟火，惟有茹毛饮血，巢居穴处而
已"，有些"穿五色绡短衫，以朋加刺布为独幅裙系之"。还
记录了当地有种红似火焰的"石楠树"，以及一种身材高大、
灰毛红嘴的"仙鹤"。这是世界上最早的关于澳大利亚的文字
记录，在汪大渊到达澳大利亚将近两个世纪后，欧洲人才知道
世界上存在这样一块大陆。

　　另外，书中对海外华侨生活状况的记录也有很高的价值。
比如记录了帝汶岛当时居住着从泉州过去的中国商人，柬埔寨、
新加坡等地有中国人居住，伊朗西北部某地的酋长由一名姓陈
的中国人担任等等，都令人大开眼界。

　　在中国历朝历代的地理著作中，《岛夷志略》占据着非同

一般的地位。因为中国古代的这类著作多是作者从他人口中打探途中见闻，然后整理而来的，而汪大渊的《岛夷志略》却全都是自己的亲身经历，记录准确，内容丰富，远非其余同类作品所能比拟。元、明两朝的地理著作，都深受《岛夷志略》的影响，如曾随郑和下西洋的翻译官马欢所著的《瀛涯胜览》，以及另一位翻译官费信所著的《星槎胜览》，明朝地理学家张燮所著的《东西洋考》等。

因为书中牵涉的地理范围相当广，是研究古代亚非等地的地理、历史状况的重要作品，所以《岛夷志略》在国际上也产生了很大的影响。西方学者从十九世纪中期就留意到了这部著作，对其进行翻译、考证。到了二十世纪，《岛夷志略》对西方学者的吸引力有增无减，与此相关的论文不断涌现。而作为中国人，更应对这部中国人所写的地理著作有所了解。

90.《元史》

宋濂、王祎等

　　明太祖朱元璋对修史相当重视，他登基当年便命令宋濂、王祎主持修撰《元史》。元朝是由蒙古族建立的，官方文字是蒙古文。元朝重要的官修史书《元朝秘史》也是用蒙古文写成的。另外，元世祖忽必烈在位期间，设立了翰林国史院，编纂国史，后又设立了蒙古翰林院，专门用蒙古文记录历史。元朝除最后一位皇帝元顺帝外，其余皇帝都有比较完整的"实录"，这些都成了明朝修撰《元史》的重要史料。而为了弥补元顺帝"实录"的缺失，明太祖曾派出欧阳佑等十二名采访官到北京、山东等地搜集史料。除此之外，元朝的《后妃功臣列传》《皇朝经世大典》及《元典章》等记录元朝典章制度的著作，宋朝人所作的《黑鞑事略》《蒙鞑备录》《长春真人西游记》等作品，也为《元史》提供了重要史料。这些都为《元史》的修撰提供了很大的便利。

　　《元史》的修撰分为两个阶段。第一阶段始于洪武二年二月初一，由左丞相李善长担任监修，宋濂、王祎担任主编，此外还有汪克宽、胡翰、赵壎等十六人参与其中。一百八十八天过后，即在当年的八月十一日，该书完成了一百五十九卷，包括本纪三十七卷，志五十三卷，表六卷，列传六十三卷。元顺帝在位期间的历史因史料不足，没有修撰。待明太祖命令欧阳佑等采访官搜集完资料后，才在洪武三年二月六日开始了第二阶段的修撰。这一阶段的主编依旧是宋濂、王祎，另有赵埙、朱右、贝琼等十五人参与其中。一百四十三天过后，即在当年的七月初一修撰完成，两个阶段总共耗时三百三十一天。

最终成书的《元史》包括本纪四十七卷，列传九十七卷，志五十八卷，表八卷，共计二百一十卷。其中本纪篇幅最长的是《世祖本纪》和《顺帝本纪》，前者多达十四卷，后者也多达十卷。之所以会这样，是因为元世祖和元顺帝在位的时间都很长，相关的史料也很丰富。而其余本纪，如成吉思汗和蒙哥汗的本纪就因为史料太少，分别只有一卷。列传包括十四种，多数承袭之前的史书，只有《释老》是首创，其记录了宗教方面的列传。由于这些列传中叙述的事件都有具体的时间记录，因此更具参考意义。志详细记录了元朝的典章制度，保留大量宝贵的史料，尤其是《天文志》《历志》《地理志》和《河渠志》。《天文志》记录了元朝著名科学家郭守敬的科研成果；《历志》是以元朝历算家李谦的《授时历议》和郭守敬的《授时历经》为依据编撰而成的；《地理志》是以《大元一统志》为依据编撰而成的；《河渠志》是以《海运纪原》《河防通议》等史料为依据编撰而成的；《大元一统志》等史料现在已经失传，其内容全依赖《元史》才保留下来。表包括《后妃表》《宗室世系表》《诸王表》《诸公主表》《三公表》《宰相年表》六种。

作为最早的全面、系统记录元朝历史的著作，整部《元史》体例完整，叙事明白，语言文字通俗易懂，甚至保留了元朝的很多方言俚语，满足了明太祖"文词勿致于艰深，事迹务令于明白"的要求，称得上是一部优秀的史书，尤其是书中保留了比其他元朝正史更丰富的史料。不过，书中各章节的篇幅安排明显失衡，如前面提到的《世祖本纪》居然占了本纪总篇幅的三分之一，历来为人诟病。但这也正体现了《元史》修撰的实事求是精神，史料多的就多编撰，史料少的就少编撰，尽最大可能保留原始史料。另有很多传统史家认为，很多不值得写入史书中的内容也出现在了《元史》中，例如为佛教、道教人物以及科技人才所作的列传等，都真实再现了元朝的社会状况。

然而，由于修撰时间太过仓促等原因，《元史》也存在很多不足。编撰者虽然在明太祖的支持下搜集了大量史料，但因元朝末年长年战乱，仍有很多史料散失，短时间内难以搜集。而且当时明朝刚刚建国，部分史料尚未获得。如《元史》修成后，大将常遇春才在攻克开平后取得了元顺帝北逃时带走的珍贵史料，但这时已经来不及再编入《元史》了。另外，由于元朝的史料很多都是用蒙古文写成的，牵涉到翻译问题，编撰者对不少史料的利用都不够充分。而不同史料中的重复和矛盾内容，也因修撰人员太多，时间太短，考订不足，呈现在了成书后的《元史》中，如很多重要的历史人物在书中缺席，重复记述同一个历史事件，为同一个历史人物作两次传，译名不统一，史实谬误等。这些都令《元史》饱受批判，清朝学者钱大昕甚至表示："古今史成之速，未有如《元史》者，而文之陋劣，亦无如《元史》者。"

为此，后世的学者多次对《元史》进行修订、补充。如明成祖朱棣在位时，解缙奉命写成了《元史正误》，修正了《元史》的错误。《元史》的修撰者朱右写成了《元史拾遗》，作为对《元史》的修正与补充。清朝更出现了《元史类编》《元史新编》《元书》等多部相关作品。清末民初，学者柯劭忞以《元史》为蓝本，花费三十年时间，独立编撰了《新元史》。不过这些作品都无法取代《元史》的地位，但读者在阅读《元史》时以它们做参考，可收获更多。

91.《水浒传》

施耐庵

　　提到《水浒传》中的一百零八位好汉，很多人都如数家珍。在《水浒传》问世数百年后，它的魅力依然丝毫不减。这部以中国古代农民起义为题材的白话文章回体小说，在中国文学史上占据着重要的地位，名列"四大名著"之一。一般认为，这部书的作者是施耐庵，但也有种说法说，《水浒传》是由施耐庵及其弟子罗贯中合著的，施耐庵写成此书后，罗贯中曾对其进行加工、增补。

　　施耐庵生活于元末明初时期，江苏人氏，历史上对他的生平记录得很少。据说，他为人仗义，喜欢惩奸除恶，颇有《水浒传》中那些义薄云天的英雄豪杰的风范。民间流传着很多关于他的故事，比如他曾在元宵节赏灯时，将一个调戏良家妇女的恶霸打倒。之后，恶霸纠结同党，向他寻仇，却再次落败，从此不敢再去找他的麻烦。施耐庵不光武功高强，还是个文武全才，他十九岁考中秀才，二十九岁中了举人，三十五岁高中进士，入仕为官。可惜他为人耿直，不喜欢攀附权贵，因此在官场上屡遭排挤，很快就辞官返乡，成了一名教书先生。他闲暇时开始创作小说，写成了之后名满天下的《水浒传》。《水浒传》原名《江湖豪客传》，书写成后，施耐庵对这个书名很不满意。他的学生罗贯中便提议他改书名为《水浒传》。施耐庵觉得甚妙，"水浒"也就是水边的意思，有"在野"的含义，而且正合了《诗经》中"古公亶父，来朝走马，率西水浒，至于岐下"的典故，随即将《江湖豪客传》改名为《水浒传》。

《水浒传》在民间最为人称道的是人物刻画，书中的一百零八将，各具特色，栩栩如生，令人一见难忘。特别是一些重要人物，如宋江、李逵、武松等，人们随便说说就能讲出他们的一大段故事。

《水浒传》中有关人物的刻画有个特色：人物第一次出场时，都会有一段肖像描写，如写李逵"黑熊般一身粗肉，铁牛似遍体顽皮。交加一字赤黄眉，双眼赤丝乱系。怒发浑如铁刷，狰狞好似狻猊"；写鲁智深"生得面圆耳大，鼻直口方，腮边一部络腮胡须，身长八尺，腰阔十围"；写武松"身躯凛凛，相貌堂堂。一双眼光射寒星，两弯眉浑如刷漆。胸脯横阔，有万夫难敌之威风；话语轩昂，吐千丈凌云之志气。心雄胆大，似撼天狮子下云端；骨健筋强，如摇地貔貅临座上。如同天上降魔王，真是人间太岁神"。短短数字，鲜活的人物形象便已跃然纸上，其各自的性格也都初露端倪。

与很多小说中脸谱化的人物不一样，《水浒传》中很多人物的性格都颇具层次，且真实、丰富、立体，为后世的小说创作提供了很好的榜样。以鲁智深为例，他表面粗莽，实际却粗中有细，有勇有谋，这在他拳打镇关西的情节中展现得最为突出：鲁智深偶遇一对姓金的父女，得知他们被屠户镇关西欺凌后，便路见不平，拔刀相助，先送给他们银两让他们离开，之后又去找镇关西帮他们报仇。此处有一个细节：为了不连累金家父女，鲁智深在他们离开后，在一家店里的板凳上坐了足足两个时辰，估摸他们走得很远了，才起身去找镇关西。要知道，古代的两个时辰就是现在的四个小时，鲁智深这种火爆脾气，居然能安安静静地在凳子上一坐就是四个小时，真是令人刮目相看。

其后，鲁智深拳打镇关西，不想失了准头，三拳就把镇关西打死了。他知道此事一传开，自己必然会惹上官司，一命偿一命。为了争取脱身的时间，他便指着镇关西大骂："你诈死，洒家和你慢慢理会！"骂完便大步离去了。这样一来，围观者都以为镇关西只是在装死，自然不会阻拦鲁智深逃走，鲁智深顺利脱逃。

《水浒传》很喜欢安排不同的人做相同的事，通过每个人不同的做法，彰显其不同的个性。"如武松打虎后，又写李逵杀虎，又写二解争虎；潘金莲偷汉后，又写潘巧云偷汉；江州城劫法场后，又写大名府劫法场；何涛捕盗后，又写黄安捕盗；林冲起解后，又写卢俊义起解；朱仝、雷横放晁盖后，又写朱仝、雷横放宋江等。正是要故意把题目犯了，却有本事出落得无一点一画相借。"明末清初的文学批评家金圣叹如是说。

《水浒传》问世后，在社会上产生了巨大的影响，成了后世中国小说创作的典范。明清两朝，出现了多个版本的《水浒传》续作，另有很多小说、戏剧等以《水浒传》中的故事为素材，比如明朝的世情小说《金瓶梅》就是从《水浒传》中武松杀嫂的情节发展而来的。另外，《水浒传》还被翻译成了多种文字，在国外很多国家流传开来，如十八世纪流传到日本、朝鲜，朝鲜最早的小说之一《洪吉童传》和日本曲亭马琴的小说《南总里见八犬传》的创作，都受到了《水浒传》的影响。十九世纪，《水浒传》又流传到了欧美各国，出现了德语、法语、英语等译本,译名被改得五花八门,十分有趣。比如有个德语译本叫《强盗与士兵》，法语译本叫《中国的勇士们》，英语译本叫《水边》《四海之内皆兄弟》，据说还有个译本叫《105 个男人和 3 个女人的故事》，十分有趣。在欧美各国，《水浒传》同样广受好评，《大英百科全书》曾盛赞："元末明初小说《水浒传》用通俗口语形式，跻身于历史杰作之列，因此获得了普遍的喝彩，被认为是一部最富意义的文学作品。"阿根廷作家博尔赫斯说《水浒传》的故事情节"如史诗一般壮阔"，跟十七世纪西班牙的"流浪汉小说"有异曲同工之妙。

92.《三国演义》

罗贯中

　　元末明初，社会矛盾尖锐，农民起义不断爆发，群雄割据，社会动荡。长年的战乱让百姓流离失所，穷困潦倒。在这样的背景下，罗贯中创作了描写乱世的小说《三国演义》。

　　当时，三国的故事在民间流传甚广，罗贯中搜集了这些民间传说故事和《三国志》等记录三国史实的历史文献资料，用小说的方式进行加工、创作。在这个过程中，他坚持"七实三虚"的基本原则，也就是重大历史事件都源自史料，主要人物的性格、经历也都跟历史基本相符，在此基础上加入了虚构成分。为此，罗贯中做了两项工作：

　　一是根据史实将民间传说中太过荒诞、庸俗、与人物性格不符的情节删除。这些情节中比较典型的是民间传说中的因果报应，这虽然代表了百姓的美好愿望，却显得十分荒诞，尤其是跟历史小说格格不入，必须删除。

　　二是对数量繁多、杂乱的原始材料进行提炼，在内容框架符合历史的前提下，充分发挥自身的想象，将这些原始材料整理、提炼成为精彩的故事，提升小说的文学性，如"桃园三结义""连环计""赤壁之战"等精彩的故事情节，就是这样成型的。

当然，小说毕竟是小说，《三国演义》中的很多故事在经过"添枝加叶""张冠李戴"后，都跟真正的历史存在不小的差距。但若因《三国演义》不符合真实历史，就对其进行抨击，是很可笑的。小说本就是虚实结合的艺术作品，若想了解史实，应该去看《三国志》这种史料才对。今人在读《三国演义》时，应更多地将其视为一部文学作品，欣赏其文学价值。

《三国演义》的故事时间跨度很大，故事繁杂，人物众多，罗贯中用几条线索将其清晰地展现出来：汉室灭亡，魏、蜀、吴三国的兴衰，西晋一统天下。其中，魏、蜀、吴三国的兴衰是主要的线索，尤其是蜀国与魏国之争。全书井井有条，错落有致，主次分明，如此高明的叙事手法，委实令人赞叹。

小说写的是动荡的三国时期的历史，自然免不了要写战争。据统计，书中总共描绘了四十多场战争，每一场都各具特色，罕有雷同。《三国演义》在描绘战争时有个突出的特色，它不像很多小说、影视剧中那样以展现惨烈的战况为重点，而是以人物为中心，着重展现统帅的运筹帷幄，参战各方的实力对比、战略战术，情节波澜壮阔，更具史诗风范。

除了对军事政治的描述外，《三国演义》中还有一项重要的艺术成就，就是塑造了大量生动的人物，书中有名有姓的人物大约有一千二百人，这实在是个惊人的数字。

在塑造人物方面，罗贯中非常擅长采用对比、夸张的手法。以"三顾茅庐"为例，刘备为了请诸葛亮出山，三次前往其隐居的卧龙岗拜访，前两次都与他失之交臂，到了第三次才赶上他在家。当时，诸葛亮正在房里休息，刘备也不进去打扰，而是在外面恭候等他醒来。同来的关羽和张飞在外等候，等了很久也没听到动静，于是便进屋一看：诸葛亮还没醒，刘备还在原地等着。张飞大怒，对关羽说："这先生如何傲慢！见我哥哥侍立阶下，他竟高卧，推睡不起！等我去屋后放一把火，看他起不起！"关羽好不容易才把他劝住，刘备则让他们两个出去继续等候。这个情节通过对比，使得刘、关、张三人的个性愈发凸显。

再以长坂桥一战为例，曹操大军追逐赵云来到长坂桥，遇到张飞。张飞为了吓退敌军，厉声大喊，声如巨雷，"曹军闻之，尽皆股栗"，曹操身旁的夏侯杰更是"惊得肝胆碎裂，倒撞于马下"。曹操见状，回马便走。"于是诸军众将一齐望西奔走"，"一时弃枪落盔者，不计其数，人如潮涌，马似山崩，自相践踏"。此处明显采用了夸张的手法，借此将张飞勇猛的形象刻画得入木三分。

《三国演义》在塑造人物方面取得的成功，是举世公认的。金庸曾盛赞这本书，说："就文学而论，它的人物塑造功夫也确是第一流的，中国后世的小说家都从其中吸取了营养。"但这并不表示它在这方面就十全十美了。实际上，《三国演义》在这方面存在着明显的不足，比如部分人物过度夸张，有时难免失真。鲁迅就曾评价其："至于写人，亦颇有失，以致欲显刘备之长厚而似伪，状诸葛之多智而近妖。"另外，部分人物有些脸谱化，而且缺少发展变化，在这一点上，施耐庵的《水浒传》就做得更好一些，让人物性格随着其人生经历不断变化。不过瑕不掩瑜，《三国演义》依然成功塑造了大批性格鲜明生动、家喻户晓的人物，曹操、刘备、诸葛亮、关羽、张飞、周瑜、赵云等是其中塑造最成功的人物。随便提起哪个人物，很多人心目中马上就会浮现出一个活生生的形象。

　　《三国演义》问世后，在民间深受欢迎，当时读者"争相眷录，以便观览"。专业人士也对其评价甚高，胡适曾表示："《三国演义》为通俗历史教育的典范之作。"鲁迅曾说："每个中国人身上都有'三国气'，每个人心中也都有一个'三国'。"由于《三国演义》的创作大获成功，引来很多文人效仿，创作历史演义。明清两朝的历史演义，光是现存的就多达一两百种，但没有一种能与《三国演义》媲美。除了在中国影响巨大外，《三国演义》的影响还波及海外，受到国外读者的欢迎与好评。日本作家吉川英治甚至说："《三国演义》结构之宏伟与人物活动地域舞台之广大，世界古典小说均无与伦比。"

　　我们读《三国演义》，在欣赏精彩的故事之余，还能从中学习军事、政治战略和为人处世的智慧，这些在实际生活中也很受用。

93.《西游记》

吴承恩

　　《西游记》的故事在中国家喻户晓，这部由明朝小说家吴承恩创作的中国第一部长篇浪漫主义神魔小说，讲述了孙悟空、猪八戒、沙僧三人保护唐僧去西天取经，历经九九八十一难，最终取得真经的故事。孙悟空、猪八戒和沙僧都是虚构的人物，但唐僧在历史上却确有其人，他就是唐朝高僧玄奘。

　　唐朝贞观元年，玄奘从长安出发，西行五万里，前往印度佛教中心那烂陀寺求取真经。贞观十九年，玄奘带着六百五十七部佛经返回长安。之后，玄奘口述自己的西行见闻，由他的弟子辩机辑录成《大唐西域记》十二卷。不过，这部书主要讲述了玄奘西行途中见识的各国历史、地理、交通，基本没有什么故事性可言。后来，玄奘的弟子慧立、彦琮又以师父的取经经历为蓝本，创作了一部颇具神话色彩的《大唐大慈恩寺三藏法师传》。因为这本书的问世，唐僧取经的故事才开始在民间广为流传。

　　宋、元、明三朝，民间出现了很多相关的传说、话本、戏曲等。《西游记》的基本故事框架最早出现在北宋一部话本《大唐三藏取经诗话》中，孙悟空、沙僧两位主角都在其中首次露面。而元末明初杨景贤创作的杂剧《西游记》，又首次出现了猪八戒这个角色。至此，四位主角都齐全了。这些前人的作品，为吴承恩创作《西游记》打下了基础。

吴承恩是淮安府山阳县（江苏淮安）人，他自幼天分极高，又勤奋好学，博览群书，对神仙鬼怪、狐妖猴精这类题材的书籍尤其感兴趣，书中光怪陆离的神话世界，潜移默化地影响了他，对他之后创作《西游记》有着非同一般的意义。大约在五十岁时，吴承恩开始创作《西游记》，写完前十几回后因故中断多年，到了晚年又重新拾起此事，耗时七年终于完成了这部旷世著作。

吴承恩的《西游记》是一部相当有特色的文学作品，奇幻和幽默是其中最突出的特色。

先说奇幻，书中创造了一个突破生死和时空，以及神、人、妖、鬼界限的奇幻世界。在这个奇幻的世界中，有各式各样、稀奇古怪的神与妖，故事情节与场面，甚至是这些神、妖所用的法宝、武器，都极尽幻化之能事。然而，在这奇幻之中又包含着真实，特别是在人物塑造方面，抛开神、妖的法力，他们说话、做事的风格都跟凡人没什么两样，凡人有的性格缺陷他们都有，最典型的代表要数猪八戒。他从天蓬元帅沦落为猪妖，最后又被封为净坛使者，穿梭于神、妖两种身份之间，但他的性格却跟凡人没什么两样：因为贪图女色，所以他才会调戏嫦娥仙子被贬为猪妖，才会在取经路上屡屡被化身为美丽女子的妖怪欺骗；贪吃，一见到美食就垂涎三尺，偷吃人参果，一口便吞下去了，连什么味道都没尝出来；懒惰，奉师父之命出去化缘时，总是偷偷躲起来睡懒觉；自作聪明，时常想捉弄别人，却总是搬起石头砸自己的脚。这样的猪八戒，真实、生动得就跟我们身边的人一样。

再说幽默，整部《西游记》都笼罩着浓厚的喜剧氛围，亦庄亦谐，妙趣横生，因此在各个文化层次、年龄层次的读者中间都很受欢迎。以人物语言为例，比如孙悟空这个天不怕地不怕的勇士，管你是玉帝、如来，还是观音菩萨，他讽刺起来都毫不留情，管玉帝叫"玉帝老儿"，管如来佛祖叫"妖精的外甥"，观音菩萨被他诅咒为"活该一世无夫"，令人忍俊不禁。书中连如来佛祖有时都会冒出几句俏皮话，比如猪八戒在取得真经后得到一个"净坛使者"的封号，职务是掌管贡品，他却很不满意，如来就说："因汝口壮身慵，食肠宽大。盖天下四大部洲，瞻仰吾教者甚多，凡诸佛事，教汝净坛，乃是个有受用的品级，如何不好？"意思就是：你饭量这么大，天下佛教徒人数众多，香火不断，贡品神仙们吃不完，剩下的就都归你，这可是个肥差呀，有什么不好呢？读来令人忍俊不禁。

《西游记》问世后，取得了巨大的成功，引得时人纷纷效仿，后人又创作了很多神怪小说，其中最出名的要数《东游记》和《封神演义》，大家可以在阅读《西游记》之余读这两部书，不过它们跟《西游记》比起来差距还是相当明显的。

《西游记》不光在国内受欢迎，在国外也广为流传。清朝年间就出现了《西游记》第九回和第十回的法语译本，到了1924年，又出现了法语全译本，在巴黎出版。此外，《西游记》还有英语、德语、意大利语、俄语、日语等多种译本，日本、美国等国还拍过以《西游记》为题材的影视剧。

94.《金瓶梅》

兰陵笑笑生

　　说到《金瓶梅》，不少人首先想到的就是这是一部色情小说。的确，《金瓶梅》问世之初就因书中的色情内容被认定为是一部色情小说、宣淫读物，成了禁书。但这些色情情节只是这部小说的外衣，内里却远非如此。就算将这外衣完全抛开，也不影响对小说的阅读和理解。

　　小说的作者署名兰陵笑笑生，关于此人的真实身份，人们有多重猜测，但一直没有定论。"金瓶梅"这个书名源自书中三位女性角色的名字：潘金莲、李瓶儿、庞春梅。这种命名方法之后为很多作家借鉴，比如中国香港作家亦舒的一部小说《绮色佳》，书名就取自书中的三位主角的名字：陈绮罗、甄啬色、利佳上。

　　《金瓶梅》是中国第一部由文人独立创作的长篇白话世情小说，之前中国的长篇小说题材全都取自历史故事或神话传说，描写的都是英雄豪杰、神仙鬼怪做出的惊天动地的大事。《金瓶梅》却直接取材于现实社会生活，重点描绘市井人物和世俗风情，完全贴近普通人的真实生活，开创了文人独立创作长篇小说的先河，推动了中国小说现实主义创作方法的发展。此后，世情小说逐渐成为中国小说创作的主流，现实主义创作方法日渐盛行，中国的小说艺术也因此日渐成熟。

小说的开头取自《水浒传》中武松杀嫂的情节，不过作者安排潘金莲和西门庆都活了下来，展开了一个全新的故事。这之后的情节是，潘金莲嫁给西门庆做妾，跟西门庆的众妻妾李瓶儿、庞春梅等争风吃醋。而西门庆有了这么多美貌姬妾还不满足，又到处搜罗美女。为了维持他的这种骄奢淫逸的生活，他攀附权贵，巧取豪夺，处心积虑地敛财。最后，西门庆纵欲而死，树倒猢狲散，他的妻妾们也四散逃亡。

这是一部彻底暴露世情的小说，用冷眼旁观的态度写尽人世间的丑恶与虚伪。书中以西门庆一家为核心，辐射到整个市井社会和官场社会，将其中的丑恶暴露无遗。西门庆贪赃枉法，骄奢淫逸，他的众妻妾也因各色欲望扭曲了人性，而从朝廷到市井的官吏、豪绅、富商皆狼狈为奸，也是胡作非为，视百姓为鱼肉。整个社会阴暗、堕落、丑陋，已经无可救药。这完全有别于此前的《三国演义》《水浒传》和《西游记》等浪漫主义小说以歌颂为主旨——歌颂明君贤臣、英雄豪杰和美好的理想。从《金瓶梅》开始，中国出现了这样一种全新的小说：创作主旨从歌颂理想变为暴露黑暗现实，从展现美变为展现丑，写尽世情之恶，人性之丑，常用白描手法展现人物言行的矛盾，达到强烈的讽刺效果，后世的讽刺文学也深受其影响。

作为一部展现现实生活的世情小说，《金瓶梅》的故事情节较《水浒传》《三国演义》等小说显得比较平淡，发展缓慢，塑造人物成了小说写作的重点。为此，作者加入了很多跟情节发展关系不大的"闲笔"，用来展现人物性格。比如潘金莲曾因等不到西门庆而迁怒武大郎和其前妻所生的女儿迎儿，用鞭子毒打这个无辜的女孩，潘金莲性格中残暴的一面由此显露出来。书中的人物，尤其是主要人物的性格都很丰富、立体，呈现出优缺点并存的多面性特色。比如西门庆，他虽是个地地道道的淫棍，却并非全无情感，比如他对李瓶儿就有感情。李瓶儿对于西门庆来说就像心灵伴侣，他对她有着超乎寻常的感情。当李瓶儿因潘金莲的陷害病逝时，向来无情无义的西门庆居然悲痛得一跃三尺高，嚎啕大哭，展现出他一生中罕有的真情。

《金瓶梅》问世后，在社会上引发了极大的反响。在此影响下，此后中国陆续出现了多部优秀的世情小说：一种是描写才子佳人的故事和家庭生活的小说，如《红楼梦》等；另一种是描写社会生活，讽刺社会黑暗的小说，如《儒林外史》等。不过，要追溯世情小说的源头，还是要读《金瓶梅》——这部毛泽东口中描绘了"明朝真正的历史"的小说，郑振铎口中"如果净除了一切秽亵的章节，仍不失为一部伟大的写实小说"的小说，美国学者眼中能与《红楼梦》相提并论的小说。

95.《永乐大典》

解缙等

　　明成祖永乐年间，中国出现了一部被《不列颠百科全书》誉为"全世界有史以来最大的百科全书"的作品，这便是大名鼎鼎的《永乐大典》。

　　明太祖朱元璋在位时，就有意编纂一部大百科全书，不过没有成功。明成祖朱棣即位后，重新将这件事提上日程。公元1403年，明成祖召集了一百四十七人，正式开始编纂百科全书，其中的主要负责人是解缙等人。当时，明成祖表示："凡书契以来经史子集百家之书，至于天文、地志、阴阳、医卜、僧道、技艺之言，备辑为一书，毋厌浩繁！"意思就是，希望把历朝历代的各类文献都搜集起来，分门别类地加以汇总，但不对文献的原始内容做出任何修改。这是明成祖的指示，不过在具体操作时，还是出现了很多错漏与人为的删改，当然，这也是难以避免的。

　　第二年，这部百科全书便编纂完成了，名为《文献大成》，即《永乐大典》的前身。明成祖看过之后很不满意，觉得书中收录的内容远不够丰富，跟自己的期望相差甚远。于是，1405年，朱棣又命令解缙、姚广孝等人组织人员，重新开始编纂。此次编纂动用了朝堂上下乃至民间共计两千一百六十九人，正所谓"天下文艺之英，济济乎咸集于京师"。1407年，全书定稿，编纂人员于是便将书呈献给明成祖看。明成祖看后非常满意，亲自为本书写序，并赐名《永乐大典》。到了1408年冬，《永乐大典》终于抄写完毕，正式成书。整个编纂工作从 1403 年一直延续到1408年，前前后后共花费了六年时间。

成书后的《永乐大典》共计三亿七千万字，分为两万两千九百三十七卷，其中正文两万两千八百七十七卷，余下的都是目录，光是目录就有六十卷。全书被装订成册后，数量多达一万一千零九十五册。书中收录了十四世纪之前中国的重要古籍八千多种，涉及历史、地理、文学、艺术、哲学、宗教、百科文献等各个领域，堪称全世界成书最早、规模最大、内容最齐全的百科全书。

此前，中国出现的各类百科全书中收录的古籍数量，都只有《永乐大典》的五分之一或六分之一，连乾隆年间编撰的《四库全书》也只收录了三千多种古籍，根本无法与《永乐大典》媲美。而《永乐大典》的成书比法国狄德罗编纂的《百科全书》、英国的《不列颠百科全书》足足早了三个多世纪。

可惜这部旷世大典并没有被完整保存下来。1449 年，文渊阁失火，《永乐大典》的原稿付之一炬。1557 年，宫中失火，《永乐大典》正本险些被烧毁。为了保住这部前人的心血之作，1562 年，嘉靖皇帝命人开始抄写《永乐大典》副本，动用一百零九人耗费六年时间才将其抄写完毕。明清两朝交替时，《永乐大典》正本下落不明，可能已经毁于战火，还有一种猜测是被藏到了嘉靖皇帝下葬的永陵。而《永乐大典》的副本也不断丢失，据说主要是因为负责保管的人员监守自盗。乾隆年间编撰《四库全书》时，需要以《永乐大典》作为参考，清点时发现已经缺失了两千四百二十二卷，约上千册，占全书的约十分之一。清朝末年，内忧外患，动荡不安，《永乐大典》更惨遭抢掠、损坏。

时至今日，成书时多达上万册的《永乐大典》，只剩了区区四百册，并散落在世界各地的八个国家和地区的三十余处，其中只有一百六十一册被收藏在中国国家图书馆。现在我们能读到的《永乐大典》就是从世界各地的原版复制而来的，虽然已经残缺不全，但依然颇具历史价值和文献价值，值得一读。

96.《震川先生集》

归有光

　　明朝的散文领域，成就最高的要数归有光。他的散文风格质朴，感情真挚，有"明文第一"的美誉。

　　归有光出生于明朝正德年间，江苏昆山人。他先后落第八次，才在花甲之年考中进士，之后又入仕为官。他的作品集名为《震川先生集》，因他号"震川"而得名。其中主要收录了他的散文作品，代表作有《寒花葬志》和《项脊轩志》等。

　　《寒花葬志》是一篇墓志，是归有光为妻子的陪嫁丫鬟寒花所写。归有光的妻子名叫魏孺人，在寒花去世时已经辞世。归有光在《寒花葬志》中，表面是写对寒花的悲悼，实际却是抒发对亡妻的怀念。这种侧面描写的手法，使得整篇文章含蓄委婉，感人至深，而这也是归有光的散文普遍具备的一大特色。另外，归有光还很擅长选取具有鲜明特征的言行和细节描绘人物，后世黄宗羲曾评价其："一往深情，每以一二细事见之，使人欲涕。"《寒花葬志》在描绘寒花的形象时写到了三件小事：一是她十岁那年刚刚陪嫁过来，梳着两个环形发髻，穿着一条曳地的深绿色裙子；二是她有一次吃荸荠，被归有光看到了，他也想要吃，她却不给，结果两人双双被魏孺人取笑；三是魏孺人经常让寒花靠在桌子旁边吃饭，寒花吃饭时，眼眶会慢慢地动，魏孺人便指着她那样子冲着归有光笑。就是这些看似微不足道的小事，生动展现出了寒花纯真可爱的形象。而写完这些，文章便迎来了结尾："回思是时，奄忽便已十年。吁，可悲也已！"意思是，回想起当日的情景，转眼已过去十年，真让人悲伤。作者用如此简短而又平淡的感叹收尾，结尾的戛然而止带给读者无穷的回味，这同样是归有光散文的重要特色。

另一篇《项脊轩志》是借记物来叙事、抒情的散文。项脊轩是归有光青年时的书斋，作者在文章中围绕它的兴废，回忆了自己的一些家庭琐事，寄托了对已故祖母、母亲、妻子的无限哀思。全文只有短短数百字，却生动刻画出了祖母、母亲、妻子三人的形象。以母亲为例，文中写道："娘以指叩门扉曰：'儿寒乎？欲食乎？'"短短十余字，一个温柔慈母的形象已跃然纸上。作为一篇叙事抒情散文，《项脊轩志》通篇都在叙事，连《寒花葬志》中简短的两句感叹都没有，但无尽真情都在叙事中得到了淋漓尽致的体现，尤其是末尾："庭有枇杷树，吾妻死之年所手植也，今已亭亭如盖矣。"读来令人动容至极：光阴易逝，物是人非，堪比苏轼悼念亡妻的名句"十年生死两茫茫，不思量，自难忘"。

除《寒花葬志》和《项脊轩志》外，《震川先生集》中还收录了归有光的《先妣事略》《思子亭记》等悼念亲人的作品，《菊窗记》《宝界山居记》等写景、议论的作品，《书张贞女死事》《张贞女狱事》等揭露社会矛盾的作品等等，也都各具特色。

97.《本草纲目》

李时珍

在明朝之前，中国的药物分类方法都是将其分为上、中、下三品。到了明朝，出现了一种全新的分类方法，将药物分为矿物药、植物药、动物药三类，并进一步细分。矿物药分为金、玉、石、卤四部，植物药分为草、谷、菜、果、木五部，动物药分为虫、鳞、介、禽、兽、人六部。这种分类方法体现了一种"从贱至贵"，从低级到高级的生物进化观，曾受到达尔文的高度重视。这种分类方法最早出现于明朝万历年间李时珍所作的《本草纲目》中——这是一部药学著作，也是中国古代传统医学的集大成之作，在世界范围内都有很大的影响。

李时珍出生于明朝正德年间，家中世代行医。由于当时民间的医生地位低下，父亲希望他走科举入仕的道路，不要行医。李时珍遵从父命，去参加科举考试，可连续三次都名落孙山。因为他的志向是行医，不是科举。最终，他放弃科举，专心钻研医术，声名日盛。李时珍三十八岁那年，因医治好了富顺王朱厚焜的儿子，被推荐到太医院工作。在太医院期间，他经常出入药房，比较、鉴别各地药材，搜集了大量资料，并博览皇家珍贵的医学典籍，大大开拓了眼界，积累了丰富的知识。虽然李时珍只在太医院待了几年后便辞职了，但这段经历却为他日后创作《本草纲目》奠定了坚实的基础。

李时珍在多年行医及博览医学典籍的过程中，发现了前人的很多错误，因此他萌生了重新编纂一部药学书籍的念头，这便有了之后的《本草纲目》。李时珍以北宋的药学著作《经史证类备急本草》为蓝本，另外参考了八百余部书籍。不仅如此，他还到各地实际考察，足迹遍布湖广、江西、直隶等地，真正是"读万卷书，行万里路"。

　　经过二十七年的艰苦努力，李时珍终于在万历六年完成了《本草纲目》的初稿。其后十年间，他又先后三次做了修改。在他去世后第三年，《本草纲目》正式出版发行。书名中的"本草"是中药的统称，古代汉族的重要书籍多以"本草"作为名称，比如《神农本草经》《唐本草》等。而"纲目"是书的体例，"以纲挈目"，据说是李时珍从朱熹的《通鉴纲目》一书中得到的启发。

　　成书后的《本草纲目》共计五十二卷，一百九十多万字，收录了药物一千八百九十二种，其中包含新药三百七十四种，收集药方一万一千零九十六个，书中还有一千一百六十幅精美的插图，可谓图文并茂，生动翔实。李时珍在书中纠正了前人的很多错误，明确了很多模糊不清的地方，而这正是他写《本草纲目》的初衷。比如此前被当成同一种药物的"葳蕤"和"女萎"，被确定为两种不同的药物；此前被当成两种药物的"南星"和"虎掌"，被确定为同一种药物。又如一种名为"远志"的药物，此前有人说它的外形好像麻黄，不过是青色的，开白花，有人却说它的外形好像大青；还有一种名为"狗脊"的药物，有人说它像拔葜，有人说它像草薢，有人说它像贯众，众说纷纭。李时珍都亲自考察，一一确定下来。再如水银此前被认为是无毒的，长期服用能长生不老，甚至能成仙，李时珍纠

276

正了这种错误说法。正因为如此，他在世时，没有书商敢出版《本草纲目》，生怕得罪了当时执迷于用水银炼丹的皇帝和高官。此外，李时珍还在书中列举了日常生活中容易引发中毒的例子，比如用锡器盛酒，毒素会慢慢溶解在酒中，时间长了便会引发慢性中毒等。

除医药学领域外，《本草纲目》还广泛涉猎生物学、矿物学、化学等多个科学领域。以化学为例，书中记载了纯金属、金属、金属氯化物、硫化物等一系列化学反应，以及蒸馏、结晶、升华、沉淀、干燥等现代化学中的一系列操作方法。书中还提及月球上也有山河，跟地球上是一样的说法。可以说，《本草纲目》不仅是一部药学巨著，还是一部百科全书，对中国乃至全世界的医药学、植物学、动物学、矿物学、化学等的发展影响深远。

不过，因为书中收录的资料太多太丰富了，不可避免会出现一些谬误。最典型的是一些带有迷信色彩的药物，如孝子的衣帽、寡妇的床头灰、粪便等等，以今人的眼光来看很是荒诞。阅读时，遇到这类内容不妨一笑置之。

《本草纲目》自万历年间出版后，就引发了很大的反响，在国内传播甚广，成了历代医生的必备参考书。从十七世纪开始，《本草纲目》又被陆续翻译成日、德、英、法、俄五国文字，在世界范围内广泛传播，被誉为"东方药物巨典"。英国生物学家达尔文也曾从中受到启发，在自己的著作《动物和植物在家养下的变异》中，援引了《本草纲目》对鸡的七个品种及金鱼家化的记载。直到现在，《本草纲目》中很多记载依然相当实用，《中华人民共和国药典》中收录的五百余种药物和制剂中，有上百种都取自《本草纲目》。虽然这部以医药学为主的百科全书更适合专业人士阅读，但普通读者也不妨一读，增长见闻。

98.《封神演义》

许仲琳

  继《西游记》之后，明朝万历年间，国内又出版了一部鼎鼎大名的神魔小说《封神演义》，一般俗称《封神榜》，另外，它还有《商周列国全传》《武王伐纣外史》等书名。

  关于《封神演义》的作者身份，一直以来都存在很大争议。最常见的说法是许仲琳，因为明朝一个版本的《封神演义》中出现了许仲琳的署名。许仲琳的生平事迹不详，只知道他生活在明朝中后期，是应天府（今江苏南京）人士，号"钟山逸叟"。除许仲琳外，有关其作者还有陆长庚、陆西星、王世贞等说法，至今未有定论。

  《封神演义》全书共一百回，明显参考了南宋年间的《武王伐纣白话文》，另外也有可能参考了《商周演义》《昆仑八仙东游记》等作品。小说讲述了天上的神仙分为两派，参与武王伐纣的故事。整个故事大致可分为四部分：一是纣王乱政，从开头的女娲宫进香一直到黄飞虎反商；二是殷商伐西岐，从张桂芳伐西岐一直到殷郊归天；三是武王伐纣，从战孔宣到纣王自焚；四是归国封神，分封诸侯。

  作为一部神魔小说，《封神演义》从民间的神话传说中汲取了丰富的养分，极尽想象、夸张之能事。比如雷震子长出翅膀，能够飞翔；土行孙能够土遁；千里眼、顺风耳人如其名，能眼观千里，耳听八方；哪吒能在死后以莲花和鲜藕为身躯还魂；以及各路神仙、妖怪腾云驾雾、呼风唤雨、搬山移海、撒豆成兵等等，都让人大开眼界。而小说中的各色神魔，一般都会有自己独特的坐骑，种类繁多，形态各异，跟它们的主人共同组成了一个又一个极具魔幻色彩的艺术形象。

一般人读小说时，最看重两点：一是情节，二是人物。《封神演义》在这两方面都做得相当突出。在情节方面，整部小说曲折生动，比如"哪吒闹海"的情节从哪吒出生写起，陈塘关总兵李靖的夫人怀胎三年零六个月才临盆，却生下一个肉球，忽然，从肉球里面跳出一个男孩，便是哪吒。如此神奇的出生方式，让人过目难忘。哪吒七岁时去九湾河洗澡，与东海水晶宫中的夜叉和龙王之子发生冲突，大闹东海，最后将夜叉和龙王之子杀死，还将去天庭告状的龙王打个半死，因此惹来大祸。为了不连累家人，哪吒剔骨割肉还于父母。整个故事高潮迭起，层次分明，引人入胜。

又比如黄飞虎被逼反商的情节。黄家世代在商朝为官，身居高位，黄飞虎更是备受重用，被封为镇国武成王。可是商纣王却荒淫无道，为满足自己的淫欲，竟连黄飞虎的妻子都不放过。为保护自己的名节，黄飞虎的妻子自杀身亡。黄飞虎的妹妹是纣王的妃子，她痛斥纣王的恶行，却被推下摘星楼而死。黄飞虎终于忍无可忍，带着一干家将投奔周武王，准备讨伐商纣王。整个故事跌宕起伏，并将黄飞虎前后的心理变化刻画得入木三分。

在人物方面，《封神演义》塑造了大量性格鲜明的人物，无论其是神仙还是妖怪，都有血有肉，栩栩如生。如已经提到的哪吒和黄飞虎，另外还有残暴荒淫的纣王，阴险歹毒的妲己，狡诈的申公豹，机智勇猛却又贪财好色的土行孙，愚忠但耿直的闻仲等，都相当深入人心。

　　整部《封神演义》篇幅宏大，想象奇特，情节生动，人物鲜活，纵使在小说名作层出不穷的明清两朝，依然是一部难得的上佳之作。

99.《农政全书》

徐光启

众所周知，上海有个徐家汇，其实此处本名法华汇，为了纪念《农政全书》的作者、明朝科学家徐光启才改名为"徐家汇"。

徐光启曾和意大利传教士利玛窦等人共同翻译了《几何原本》等西方科学著作，独立创作了测量方面的《测量异同》等著作，主持编写了历法丛书《崇祯历书》，并研究火器制造，领兵杀敌，创作了《徐氏庖言》等军事著作。不过，要说他生平最大的成就，还是在农业方面，写成了不朽的农书《农政全书》流传后世。

徐光启出生于松江府上海县法华汇，明朝年间，法华汇还是乡村，周围一片农田。徐光启自幼便对农业生产兴趣浓厚。青年时代，他考中了秀才，以教书为生。他白天给学生上课，到了晚上就阅读古代农书，钻研农业生产技术。后来，他考中进士，入朝为官，忙于政务，但依旧对农业相当关注。四十五岁那年，徐光启的父亲去世，他在为父亲守孝的三年间，亲自在家乡耕种，总结农业生产经验，写下了《甘薯疏》《芜菁疏》等农业著作。守丧期满后，他又多次到天津开展大型农业生产试验，写下了《宜垦令》《农遗杂疏》等农业著作，这些都为他日后创作《农政全书》打下了坚实的基础。

晚年，徐光启告病还乡，继续耕种，并搜集、整理各类资料，正式开始撰写《农政全书》。期间，他援引了大量前人的文献资料，但他并不盲从古人，而是根据自己的实际经验与实地考察，取其精华，去其糟粕，批判性地摘录，并加以整理、补充。比如他在书中收录了史料中记载的从春秋时期到元朝的上百次蝗灾，然后加以分析，得出了蝗灾高发的时间段和原因，据此提出了有效的防治蝗灾的方法。从1622年到1628年，经过数年的努力，徐光启的《农政全书》终于初具规模。

崇祯皇帝登基后，徐光启重新被召进朝堂编写《崇祯历书》，没有精力再顾及《农政全书》，直到他在任职期间去世。好在当时《农政全书》的初稿已经完成，只需最后定稿。他的门人陈子龙等人继承他的遗志，将《农政全书》修订完成，在他去世六年后出版发行。

成书后的《农政全书》共计五十多万字，分为十二目，六十卷。其十二目包括农本三卷，田制两卷，农事六卷，水利九卷，农器四卷，树艺六卷，蚕桑四卷，蚕桑广类两卷，种植四卷，牧养一卷，制造一卷，荒政十八卷。

从内容上说，全书大致可分为农政和农业技术两部分，二者约各占一半篇幅，前者是纲领，后者是实现纲领的技术保障。其中的农政部分，如荒政、水利等，是此前的《齐民要术》等各类农书中很少谈及的。《农政全书》却对此展开了详细的论述，特别是"荒政"，高达十八卷，名列全书十二目之首，约占了全书三分之一的篇幅。其中综合论述了历朝的备荒政策，统计了历代的水旱虫灾，分析了各种救灾措施，还附录了能充饥的植物多达四百余种，可谓功德无量，影响深远。至于"水利"，书中直接指出"水利者，农之本也，无水则无田矣"，主张根据西北、京师各地的不同情况，因地制宜，兴修水利，并将其与屯垦储粮、稳固国防、增强国力等紧密结合起来。

在重视农政的同时，徐光启还拿出了一半篇幅，总结并丰富了此前汉族的民间农业技术。比如书中记录了甘薯，也就是红薯的种植技术，这是徐光启自己总结的。当时他听说福建有人种植甘薯，就引进了一些种子，自己试种。成功以后，他自己总结经验，写成了一篇《甘薯疏》，后来又将其收录到《农政全书》中，用以指导百姓种植甘薯，加速甘薯推广。又如书中记录了棉花的种植技术，此前的很多农书中都出现过相关记录，但都很简略。《农政全书》用六千余字的篇幅，详细介绍了长江三角洲地区的棉花种植经验，还总结了棉花丰收的十四字要诀："精拣核，早下种，深根，短干，稀科，肥壅"，细致实用，深受百姓欢迎。据统计，《农政全书》中总共记录了一百五十九种植物的种植方法，堪称中国古代农作物栽培理论的集大成者。

100.《焚书》《续焚书》

李贽

　　中国古代出现了大量禁书，明朝思想家李贽所著的《焚书》就是其中之一。《焚书》共六卷，问世于明朝万历年间，是一部哲学及文学著作。李贽去世后，他的门人汪本轲又把他的作品编辑成册，取名为《续焚书》，共五卷。两部书收录了李贽生前所写的书信、杂著、史评、诗文、读史短文等作品。

　　李贽生活于明朝晚期，当时的社会动荡不安，社会矛盾日益尖锐，传统的孔孟之道、程朱理学等遭到了猛烈冲击，李贽就是反抗这类思想的勇敢斗士，这在他的《焚书》和《续焚书》中得到了全面的展现。李贽对维护封建礼教、满口仁义道德的假道学最为痛恨，在书中直斥这些人口是心非，虚伪至极，"实多恶也，而专谈志仁无恶；实偏私所好也，而专谈泛爱博爱；实执定己见也，而专谈不可自是"，"及乎开口谈学，便说尔为自己，我为他人；尔为自私，我欲利他"，事实上却是"读书而求高第，居官而求尊显"，不过是借着道学这块"敲门砖"为自己谋取高官厚禄罢了。

　　明朝的统治者极力推崇孔孟之道，李贽却在书中否认了儒家的正统地位，否定孔孟学说是"道冠古今"的"万世至论"，还大胆采用戏谑的笔调讽刺孔子，说孔子不过是个普通人，没什么了不起的。不仅如此，他还提出了"生知"说，"天下无一人不生知，无一物不生知，亦无一刻不生知"，"人人有生知，人人有佛性"，他否定认识正确与否要以孔子为标准的思想具有解放思想的进步作用，但以"人人生知"反对"圣人生知"说，其观点还是有局限和缺陷的。

李贽还在书中大胆揭露了统治者对百姓的残酷压榨，尤其是作者在《焚书》中对《水浒传》的点评。而在探求拯救百姓的方法时，李贽希望统治阶级中能出现识才善用之人，好好对有才之士加以利用，给他们报效国家的机会。这在今人看来依然有很大的局限性，而且强求古人跳出时代的窠臼显然不够现实。另外，在《焚书》中，李贽还大胆地为饱受压迫的女性鸣不平，这在当时的社会环境下是相当难得的。

作为两部哲学著作，《焚书》和《续焚书》用了相当长的篇幅介绍了李贽的哲学思想，其核心是主观唯心主义的，认为万物的本源是"真心"，世间所有物质与精神都只存在于"真心"中。而这所谓的"真心"就是童心、初心，也就是不受外界影响的"我"的心，可将其称为"清净本源"，世间万物都在一念之间，是真心的显现物，是真心的因素与成分。李贽的哲学思想中还包含着朴素的唯物主义思想，比如他在书中指出"穿衣吃饭，即人伦物理"，也就是人的道德、精神等现象都存在于物质生活中。另外，书中还有很多朴素的辩证法思想，比如《续焚书》中提出凡事皆有两个方面，相互对应，"善与恶对，犹阴与阳对，刚与柔对，男与女对"。

李贽的这两部作品反传统、反权威、大胆狂放，难怪会受到当时和后世很多进步学者的大力推崇。不过，对于当时的统治者来说，这两部书却好比洪水猛兽，他们多次下令对其进行焚毁。可越是这样，它们在民间就流传得越广，直到今天，我们依然有幸能读到这两部佳作。

101.《牡丹亭》《邯郸记》
《紫钗记》《南柯记》

汤显祖

　　元、明两朝,《西厢记》在民间广受欢迎,是首屈一指的"畅销"书。后来,它的垄断地位被另一部书打破了,此书一出,"家传户诵,几令《西厢》减价",这便是明朝戏剧大师汤显祖所作的《牡丹亭》。

　　《牡丹亭》又名《还魂记》,是汤显祖最负盛名的代表作,和《西厢记》《长生殿》《桃花扇》并称为中国四大古典戏剧。汤显祖是明朝三百余年间唯一的一位戏剧大家,他文采出众,二十六岁便出了一部诗集《红泉逸草》。他虽有才华,却在科场上屡次失利,后来终于考中进士,入仕为官,却又因直言敢谏,被贬到偏远地区为官。几年后,汤显祖对当时腐败的朝廷感到失望,加上几位亲人接连去世,在心灰意冷之下,他毅然辞官归隐,返回故乡江西临川,专心进行文学创作。《牡丹亭》就创作于这段时期,跟他的其余三部代表作合称为"临川四梦"。

　　《牡丹亭》的基本情节取自明朝的话本小说《杜丽娘慕色还魂》,讲述了官家小姐杜丽娘和贫寒书生柳梦梅离奇、曲折的爱情故事:

　　书生柳梦梅在梦中见到一个美丽的姑娘站在花园的梅树

下，醒来以后便对她念念不忘。三年后，柳梦梅进京赶考，途经梅花庵观，在其中的太湖石下发现了杜丽娘的自画像，惊觉她就是自己梦到的那个姑娘，不禁满腹疑惑。

原来杜丽娘是南安太守杜宝之女，她跟随老师陈最良读书，读到《诗经》中《关雎》一篇时，春情萌动，梦到一名书生手拿垂柳，向自己求爱，两人还在牡丹亭中幽会。梦醒后，杜丽娘整日思念梦中的书生，最终相思成疾，病入膏肓。临死前，她要求家人将自己安葬在花园的梅树下，还吩咐丫鬟春香把自己的自画像藏在太湖石底。当时，杜宝升任淮阳安抚使，便委托陈最良安葬了女儿，并为她修建了梅花庵观。

柳梦梅捡到杜丽娘的画像后，杜丽娘的魂魄经常前来与他幽会。于是，柳梦梅便把她的坟墓挖开，她竟起死回生，与柳梦梅结为夫妻，陪他进京赶考。

陈最良发现杜丽娘的坟墓被破坏，便告发柳梦梅犯了盗墓罪。柳梦梅考完试后，受杜丽娘的委托，不顾当时正值战乱，冒着生命危险送家书给她的父母，说她已经还魂，结果却被杜宝以盗墓的罪名囚禁了起来。没过多久，朝廷放榜，柳梦梅中了状元，杜宝还是不肯接受他，强迫女儿跟他离异。他们无法调和这些矛盾，便请皇帝主持公道。皇帝对杜丽娘和柳梦梅这段奇缘甚为惊叹，最终成全了他们。

《牡丹亭》有着极高的艺术价值，书中对浪漫主义手法的应用，使得整个故事情节起伏跌宕，曲折离奇，充满了奇幻的浪漫主义色彩，读来引人入胜。

书中还塑造了非常生动、立体的人物形象，特别是女主角杜丽娘和前代《西厢记》里的崔莺莺、后代《红楼梦》里的林黛玉一脉相承，都是中国古代文学史上勇敢追求自由爱情的经典女性形象。杜丽娘的性格很有层次：刚出场时，她只是个柔弱、本分的官家小姐；后来因与柳梦梅相恋，为了维护自己的爱情，跟阎罗王、老师、父亲展开了针锋相对的激烈对抗；最终还闹到朝堂上，在皇帝面前据理力争。这份胆识令须眉男子都自叹弗如，更何况是生活在那种社会环境下的闺阁女子？

在光彩照人的杜丽娘的映衬下，男主角柳梦梅显得有些逊色，但在爱情面前，他同样表现得忠贞、勇敢。为了爱情，他甘冒各种风险，掘墓开棺，冒着炮火去给妻子的父母送信，虽被岳父囚禁毒打却不屈服，还在金銮殿上大胆揭露位高权重的岳父的真面目。也只有这样一个为爱执着的男人，才能衬得起如此完美的杜丽娘。

除了两位男女主角外，杜丽娘的丫鬟春香的形象也塑造得相当成功。杜丽娘从柔弱、本分到勇敢、刚烈的转变，跟春香一步步的引导密不可分。这个活泼、可爱的小丫鬟，跟《西厢记》中的红娘一样，成了文学史上最令人难忘的丫鬟之一。

另外，书中的语言文字奇巧、华丽、感情充沛，尤其是《惊梦》一折中，杜丽娘的一段唱词：

原来姹紫嫣红开遍，似这般都付与断井颓垣。良辰美景奈何天，赏心乐事谁家院！朝飞暮卷，云霞翠轩；雨丝风片，烟波画船。锦屏人忒看得这韶光贱！

其余诸如"情不知所起，一往而深"，"如花美眷，似水流年"等，也都是流传甚广的名句。

《牡丹亭》问世后，在社会上引发了极大的反响，很多女性都被杜丽娘勇敢追求爱情的举动所感动，书中追求自由爱情和个性解放的思潮，在后世也愈演愈烈。

　　除了《牡丹亭》，汤显祖"临川四梦"中的另外三部作品也很值得一读，分别是《邯郸记》《紫钗记》和《南柯记》。

　　《邯郸记》从唐传奇《枕中记》中取材，讲述了吕洞宾帮卢生成仙的故事，其中大半内容都描绘卢生在官场的沉浮，写尽了官场的丑态，颇具批判时政的现实意义。而且整部作品结构精巧，情节紧凑，文学价值颇高，在"临川四梦"中排名第二，仅次于《牡丹亭》。

　　《紫钗记》原名《紫箫记》，是汤显祖的处女作戏剧。故事源自唐传奇《霍小玉传》，讲述了书生李益偶然捡到了一支紫玉钗，与钗的主人霍小玉相恋，历尽坎坷，两人终于团圆的故事。跟汤显祖之后的作品相比，《紫钗记》显得有些逊色，故事情节发展缓慢，抒情力度较弱，语言过分追求骈俪，流畅度不足。

　　《南柯记》取材于唐传奇《南柯太守传》，讲述了唐朝游侠淳于棼梦游蚂蚁国的奇幻故事。在末尾处，淳于棼说："人间君臣眷属，蝼蚁何殊？一切苦乐兴衰，南柯无二。"这便是整部作品的主旨——人生如梦，与之对应的出路就是成佛。

102.《传习录》

王守仁

　　明朝有位十二岁的少年写了一首很有名的诗《蔽月山房》："山近月远觉月小，便道此山大于月。若人有眼大如天，当见山高月更阔。"这首诗语言平实，却蕴涵着深刻的哲理。'再联系到作者的年龄，更令人不由得叹服。这位少年长大后，便是明朝著名的哲学家王守仁，他毕生的哲学思想都包含在了一部《传习录》中，书名出自《论语》中的"传不习乎"一句。

　　王守仁，原名王云，自号阳明子，世称阳明先生，又称王阳明，是王羲之的后人。他的父亲王华曾中过状元，在父亲的影响下，王守仁少年时期便博览群书，文采斐然。王守仁二十七岁那年考中进士，入朝为官。当时正值大宦官刘瑾把持朝政，朝廷上下无人不对其忌惮三分。偏偏王守仁不畏权贵，上书罗列刘瑾的罪名，因此被廷杖四十，并被贬黜到偏远的贵州龙场任职。

　　赴任途中，王守仁遭到刘瑾派出的特务的追杀，他假装跳水自杀才躲过一劫。最终，他平安赶到贵州龙场，在龙场任职期间，他将所有空闲时间都用于研究哲学，最终得以"龙场悟道"，提出了一种主观唯心主义观点：心即是理，世间一切事物的根本在于心，心创造了世间一切，"心外无理，心外无物"。这便是儒学的一个重要分支"心学"的主要观点。"心学"最早能追溯到孟子，此后北宋哲学家程颢开其端，南宋陆九渊则大启其门径，与朱熹的理学分庭抗礼。王守仁首次提出了"心学"二字，并首次建立了清晰、独立的心学学术脉络。之后，他开始广收弟子，传播自己的理论。

《传习录》一书是由王守仁的门人薛侃等人编辑刊行的，书中收录了王守仁生平的语录和论学书信，他的主要心学思想都包含在其中。全书分为上、中、下三卷，上卷是王守仁跟弟子徐爱论述《大学》的宗旨，阐释了他的"格物致新说""心与理一""知行合一"的思想，由他本人亲自审阅。其中，"知行合一"的思想就是把理论和实践相结合，近代著名教育家陶行知终生奉行这一教育指导思想。中卷是和友人论学的书信，都是王守仁亲笔所写，展现了他"致良知""知行合一""心物合一""天人合一""天地万物为一体"等哲学思想。下卷是和弟子的谈话录，虽然未经王守仁本人亲自审阅，但也具体解说了他晚年的思想。比如其中提到他与弟子一番对话，弟子问："南山的花开花落，怎么会跟我的心产生关联？"王守仁回答说："尔未看此花时，此花与尔心同归于寂。尔来看此花时，则此花颜色一时明白起来，便知此花不在尔的心外。"而下卷中更提到了"四句教"："无善无恶是心之体，有善有恶是意之动，知善知恶是良知，为善去恶是格物。"这是对王守仁所有哲学思想的高度概括与总结，明确指出心的本体十分纯洁、无善无恶，可一旦产生了意念，随即便会出现善与恶，区分善与恶的能力便是孟子口中的"良知"，而儒学理论的重点之一"格物"在此处便是"为善去恶"。

王守仁的心学思想在国内外都备受推崇，日本军事家东乡平八郎更曾立誓"一生俯首拜阳明"。对哲学感兴趣的读者，不妨读读他这部《传习录》，相信必能获益匪浅。

103.《袁中郎全集》

袁宏道

　　明朝后期，文坛出现了一个新的流派"公安派"，代表人物有袁宏道和其兄袁宗道、其弟袁中道，因三兄弟的故乡在湖北公安而得名。三兄弟中，以袁宏道成就最高。他的文学创作主张是，反对"文必秦汉，诗必盛唐"，认为创作要与时代密切相关，不应一味模仿古人，所谓"世道既变，文亦因之。今之不必摹古者也，亦势也"，并且也不应厚古薄今。他提出了"独抒性灵，不拘格套"的性灵说，倡导表现作者的个性化思想感情，直抒胸臆，有感即发，信笔而成，不事雕琢，趣味横生，这成了"公安派"文学创作的核心思想。不过，在题材方面，"公安派"显得比较狭隘，选择的基本都是自然景色和日常生活，极少涉及社会现实。

　　袁宏道的文集名为《袁中郎全集》，"中郎"是他的字。全书共四十卷，包括文集二十五卷，诗集十五卷，前者是全书的精华所在，其中最有名的要数《虎丘记》。这是一篇散文游记，记录了中秋之夜苏州百姓游虎丘的盛况。文中最精彩的是对唱歌场面的描绘，从最初的"唱者千百，声若聚蚊，不可辨识"，到最后的"一夫登场，四座屏息，音若细发，响彻云际，每度一字，几尽一刻，飞鸟为之徘徊，壮士听而下泪矣"，层层深入，意境优美。写完这一场面，作者马上笔锋一转，开始描绘虎丘的自然风光："剑泉深不可测，飞岩如削。千顷云得天池诸山作案，峦壑竞秀，最可觞客。但过午则日光射人，不堪久坐耳。"这种突兀的写法，正合了"公安派"随性而发、潇洒不羁的"性灵说"创作主张。

而书中收录的散文游记《西湖游记二则》中的《西湖二》也有很高的知名度。这篇游记只有短短两百余字，属于散文中的小品文。文中描绘了作者春日游西湖欣赏到的美景，但有别于寻常游人，作者没有选在"午、未、申三时"游西湖，而是特意去欣赏西湖的"月景""朝烟""夕岚"，没有选择赏梅，却"为桃花所恋"，审美观如此独特，并加上用笔详略的独特安排，名为"西湖"，但真正描绘西湖的语句并不多，更多的是刻画西湖的趣味和灵性，比如描绘西湖的桃花，"余时为桃花所恋，竟不忍去湖上。由断桥至苏堤一带，绿烟红雾，弥漫二十余里"，西湖的游人，"歌吹为风，粉汗为雨，罗纨之盛，多于堤畔之草，艳冶极矣"，不拘格套，清新自然，是典型的公安派风格。

此外，《袁中郎全集》中收录的散文代表作还有《晚游六桥待月记》《满井游记》等，也都十分值得一读。而书中收录的诗歌，成就虽比不上散文，却也有少数佳作，比如《戏题飞来峰》《初至绍兴》等。前者描绘了飞来峰的壮丽古朴："高古而鲜妍，杨雄不能赋。白玉簇其巅，青莲借其色。"后者描绘了山阴淳朴的风土民情："闻说山阴县，今来始一过。船方尖履小，士比鲫鱼多。聚集山如市，交光水似罗。家家开老酒，只少唱吴歌。"

除袁宏道外，"公安派"的另两位代表袁宗道和袁中道也有一些比较优秀的作品。阅读《袁中郎全集》时，不妨同时阅读。

104.《三言二拍》

冯梦龙、凌濛初

    所谓"三言二拍"，就是对明朝出现的五部短篇白话小说集的合称，其中"三言"是指冯梦龙所著的《喻世明言》《警世通言》和《醒世恒言》，"二拍"是指凌濛初所著的《初刻拍案惊奇》和《二刻拍案惊奇》。

    "三言"每部四十篇，共计一百二十篇，都是冯梦龙根据宋元和明朝年间的话本增删、润饰而成的，题材广泛，内容丰富，主要可分为以下三种类型：

    一是爱情故事，如《卖油郎独占花魁》《玉堂春落难逢夫》《金玉奴棒打薄情郎》等，其中最出名、艺术成就最高的当属《警世通言》中的《杜十娘怒沉百宝箱》一篇：明朝万历年间，京师名妓杜十娘一心想要从良，选中了一个名叫李甲的公子哥儿托付终身，跟随李甲乘船回乡。哪知所托非人，李甲为人懦弱、自私，他担心回家后会被严父所不容，并受一个名叫孙富的富家公子挑唆，偷偷将杜十娘卖给了孙富。杜十娘得知此事后失望至极，佯装答应了这笔交易，却在交易之时取出装有自己全部积蓄的百宝箱，一边怒斥负心的李甲和歹毒的孙富，一边将一件件价值连城的奇珍异宝纷纷投入滚滚江水之中，最后投江自杀。小说塑造了杜十娘这个美好的女性形象，在她的映衬下，两个男性角色李甲和孙富愈发显得猥琐、卑劣。面对欺骗和背叛，杜十娘选择了最激烈的复仇，怒沉百宝箱的情节，不管是在当时还是现在都极富感染力。

除爱情故事外，"三言"中还包括诸如《吴保安弃家赎友》《施润泽滩阙遇友》的友情故事，以及诸如《灌园叟晚逢仙女》《沈小霞相会出师表》《卢太学诗酒傲王侯》的阶级斗争故事，都各具特色。

"二拍"每部四十篇，共八十篇，是凌濛初在冯梦龙"三言"的影响下写成的。跟"三言"不同的是，"二拍"中的故事多数都是凌濛初原创的，内容主要可分为四种类型：一是描写爱情和女性问题的，二是描写商人和商业活动的，三是描写官场的，四是描写社会风貌的。"二拍"在组织情节方面尤为突出，语言也比较生动，并展现了相当进步的男女平等思想，比如《二刻拍案惊奇》中《满少卿饥附饱飏》一篇中的这段议论："假如男人死了，女人再嫁，便道是失了节，玷了名，污了身子，是个行不得的事，万口訾议；及至男人家丧了妻子，却又凭他续弦再娶，置妾买婢，做出若干的勾当，把死的丢在脑后，不提起了，并没有人道他薄幸负心。"这在当时是相当惊世骇俗的。可惜"二拍"中包含了太多迷信思想和色情内容，其文学价值相较于"三言"要逊色一些。不过，整体说来，它依旧是"三言"之后最具影响力的白话小说集。

在艺术展现手法方面，"三言"和"二拍"十分相近。以语言为例，二者都通俗易懂。比如"三言"中很多故事都改编自话本，而话本中常常会出现大段的文言文，冯梦龙将其全部改为口语，理解起来毫无难度。而"二拍"深受"三言"影响，在这方面也做得非常好，就算现在我们再读也能很容易理解。

在情节安排方面，为了增加故事的曲折性，"三言二拍"经常用到一些巧合与误会，既在意料之外，又在情理之中。《醒世恒言》中的《一文钱小隙造奇冤》便是一个非常典型的例子：两个孩子为了一文钱争执，引得各自的母亲在街上对骂。对骂内容让其中一家的夫妻互相猜忌，妻子上吊自杀，却错死在别人家门口。这家人见到尸体后惊慌失措，偷偷将尸体搬到别的地方，又阴差阳错地引发了多桩命案。最终，因这一文钱的争执，导致十三条人命枉死。故事情节乍看令人匪夷所思，细究却发现十分符合逻辑。

而为了增加故事的趣味性，"三言二拍"还经常采用悲剧与喜剧情节交叉的手法。比如《警世恒言》中《玉堂春落难逢夫》一篇，讲述了妓女苏三和王景隆坎坷波折的爱情故事，在悲惨的情节中加插了一些喜剧情节，读起来十分有趣。

《三言二拍》是宋、元、明三朝最重要的白话短篇小说集，此后便迎来了中国古代的白话短篇小说创作高潮，不过罕有能达到"三言二拍"这种高度的作品。所以要了解中国古代的白话短篇小说，阅读《三言二拍》应该是最好的选择。

105.《徐霞客游记》

徐弘祖

　　明朝末年，湘水一艘客船遭遇强盗抢劫，一名旅客的行李、旅费都被洗劫一空，靠跳水逃跑才保住了性命。当时有人劝他结束此次旅行，早日回家，并愿意资助他回家的旅费。他却婉拒了，将身上的衣物典当了换了些钱，坚持完成了此次旅行。这名固执的旅客便是明末著名的地理学家、旅行家徐霞客。他一生之中有三十多年都在旅行途中，这种旅行绝非普通人的游山玩水，而是名副其实的冒险，各种各样的危险对于他来说宛如家常便饭，以至于热衷冒险的现代旅行家将他这种精神称为"徐霞客精神"，并视他为偶像。

　　徐霞客本名徐弘祖，"霞客"是他的号，世人更习惯称他为徐霞客，他的代表作也被称为《徐霞客游记》。这部主要用日记体写成的著作，记录了徐霞客三十多年的旅行见闻，是一部伟大的地理巨著，也是一部优秀的旅游名篇。

　　明朝万历年间，徐霞客出生于富庶的江苏江阴一户书香世家。他的父亲徐有勉淡泊名利，宁愿在乡间过着悠闲洒脱的生活，也不愿进入仕途。徐霞客受其影响，对做官也没有多大兴趣。少年时代，他博览群书，尤其对地理、历史之类的书籍兴趣浓厚，将所有钱都用来买书，没钱时甚至会变卖衣物换取书籍。通过阅读，徐霞客对祖国的名山大川心生无限向往。

徐霞客二十二岁那年，萌生了外出游历的想法，并得到了母亲的支持。其后三十余年，直至去世，徐霞客一直在祖国各地游览，他游遍了大半个中国，足迹遍及华东、华北、中南、西南四大地区，江苏、浙江、安徽、福建、山东、河北、山西、陕西、河南、江西、广东、广西、湖南、湖北、贵州、云南十六个省份，以及现在的北京、天津、上海三个市，泰山、普陀山、天台山、雁荡山、九华山、黄山、武夷山、庐山、华山、武当山、五台山、衡山等名山，太湖、黄河、富春江、闽江、钱塘江、湘水、黄果树瀑布、滇池、洱海等大川。在此期间，无论环境多么恶劣，旅途多么让人疲惫，徐霞客都坚持写日记，将自己的旅途经历、考察成果和心得体会详细记录下来，这才有了之后的《徐霞客游记》。

徐霞客去世以后，后人将他所写的十七篇名山游记和《滇游日记》《黔游日记》等作品加以收集、整理，出版了这部传承数百载的《徐霞客游记》。此后，民间藏书家又不断对其进行校订、增补。现存的《徐霞客游记》共计六十多万字，有十卷本、十二卷本、二十卷本多个版本。书中对地理、水文、地质、植物等现象都做了相当详细的记录，有很高的地理学价值。比如书中记录了大量植物的生态品种，指出植物分布与开花时间受地形、气温等的影响。又如书中纠正了此前文献中对一些水道源流的记载谬误，此前一千多年间，人们都误以为长江的源头是甘肃天水境内的一座山，徐霞客正确指出金沙江才是长江的上源。再如书中出现了中国历史上首次对地热现象的详细描述，更在世界范围内首次记录了喀斯特石灰岩地貌，比欧洲最早对喀斯特地貌进行考察和描述的爱士倍尔的记录早一百年，比欧洲最早对喀斯特地貌进行系统分类的瑙曼早两百多年。为了详细考察并科学记录这种地貌，徐霞客单是在广西、贵州、云南三省，便亲自考察了多达二百七十多个岩洞，这使得他的考察结果更加真实可靠。

除地理价值外，《徐霞客游记》还有很高的历史价值。书中在记游的同时，时常兼顾当地的居民生活、风俗民情、少数民族的部落分布、土司间的战争兼并等在正史中很少出现的内容。比如书中对衡阳石鼓山中石鼓书院的详细记录，便为后世人修复石鼓书院提供了宝贵的历史资料。另外，徐霞客文采斐然，撰写的游记还颇具文学价值。他的词汇量相当丰富，且极具创新精神，用词新颖，不落窠臼，写景写物细致生动，并兼具抒情，寓情于景，情景交融，展现出很高的艺术性，完全可以当成文学散文阅读。

《徐霞客游记》具备多重意义，对地理学家而言，它是相当珍贵的地理学研究资料，对普通读者而言，它更像一本精彩至极的旅游指南，令人眼界大开。明末清初诗人钱谦益评价其："此世间真文字、大文字、奇文字。"英国科学家李约瑟评价其："《徐霞客游记》读来并不像是十七世纪的学者所写的东西，倒像是一位二十世纪的野外勘测家所写的考察记录。"在问世数百年后，这部巨著依然散发着迷人的魅力。

106.《王季重集》

王思任

　　清朝的乾隆皇帝曾下令销毁一部书——《王季重集》，这是明末文学家王思任的诗文集，"季重"是他的字。这部书惨遭销毁，并非因为书中的内容，而是因为王思任本人一直力主反清，清兵攻破绍兴后，他甚至绝食而死，誓死效忠明朝，如此忠义，令人敬佩。好在《王季重集》并没有因此失传，一直流传至今。

　　王思任是山阴（今浙江绍兴）人，明朝万历年间，二十岁的王思任考中进士，入仕为官，在陕西兴平、安徽当涂等县担任县令，政绩颇佳，却屡遭排挤，之后又任袁州推官、九江佥事等官职。顺治三年，清兵攻破绍兴，王思任绝食殉国而死。

　　王思任身处乱世，又仕途坎坷，他曾三度遭到贬黜，因此非常推崇陶渊明，向往纵情山水的出世生活，表现在他的诗文创作中，便多是山水游记。《王季重集》收录的诗文以山水游记为主，其中的代表作有《天姥》《游五台山记》等。《天姥》中用轻松诙谐的语调描绘了天姥山及其周围的环境，十分洒脱不羁："……过会墅，入太平庵看竹，俱汲桶大，碧骨雨寒，而毛叶离縰，不啻云凤之尾 ……山是桐柏门户，所谓'半壁见海'，'空中闻鸡'……天台如天姥者，仅当儿孙内一魁父，焉能‘势拔五岳掩赤城’耶……"《游五台山记》则描述了一次畅快的雪中旅行，酣畅淋漓地展现出诗人的真性情："……唯是寒瘦之性，爱雨而贪雪，谓雨可以减事，雪可以益心也。而善游也，误入皓冥，吸吞元气，恍惚置身于邃古之初……"

在向往出世的同时，王思任又满怀爱国热忱，创作了不少爱国题材的诗歌，比如《王季重集》中收录的《于忠肃墓》一诗。于忠肃便是明朝民族英雄于谦，"忠肃"是他的号："涕割西湖水，于坟对岳坟。孤烟埋碧血，太白黯妖氛。社稷留还我，头颅掷与君。南城得意骨，何处暮杨闻？"字里行间展现了王思任立誓效仿于谦，报效国家的雄心壮志。

王思任的诗文文笔特色鲜明：放纵诙谐，不加修饰，嬉笑怒骂，毫无顾忌，以至于被人斥责为"入鬼入魔"，"滑稽太甚，有伤大雅"。明末清初诗人钱谦益曾评价他："季重为诗，才情烂漫，无复持择，入鬼入魔，恶道岔出。"他本人也在评价有"诗鬼"之称的唐朝诗人李贺的诗歌时，暗示了自己的诗文风格："故以其哀激之思，必作涩晦之调，喜用鬼字，泣字，死字，血字，如此之类，幽冷溪深，法当矢乏，敖陶孙考之为食露盘也。"但也正因为如此，王思任的诗作才得以在明、清两朝的文坛中独树一帜，引人注目。

107.《天工开物》

宋应星

　　历史上曾有相当长的一段时期，只有中国是世界上能大规模炼锌的国家，这要归功于明朝崇祯年间一部科技著作——《天工开物》。这部书有"中国十七世纪的工艺百科全书"的美誉，综合了当时中国的农业和手工业生产技术，作者是明末清初著名科学家宋应星。

　　宋应星早年曾五次进京参加科举考试，都名落孙山，不过他却借此机会大大增长了见识。他在田间作坊中掌握了大量生产知识，之后在此基础上将其加以总结、整理，写成了《天工开物》一书。书名取自《尚书·皋陶谟》中的"天工人其代之"，以及《易·系辞》中的"开物成务"，连在一起便是"盖人巧造成异物也"。

　　全书共十八篇，分为上、中、下三卷，按照"贵五谷而贱金玉"之义的顺序排列。上卷记录了谷物豆麻的栽培、加工方法，蚕丝棉苎的纺织、染色技术，还有制盐、制糖工艺；中卷记录了砖瓦、陶瓷的制作方法，车船的建造，金属的铸锻，煤炭、石灰、硫磺、白矾的开采与烧制，还有榨油方法和造纸术等；下卷记录了金属矿物的开采与冶炼，兵器的制造，颜料、酒曲的生产，还有珠玉的采集、加工等。为方便理解，书中还附有一百二十余幅插图，图文并茂，生动形象。

　　书中记录的很多生产技术在当时居于世界领先水平，比如在世界范围内首次科学论述了锌和铜锌合金即黄铜，明确指出锌是一种新金属，并首次记录了冶炼锌的方法。而其中对用金属锌取代锌化合物炼制黄铜的方法的记录，也是此前从未出现过的。

在记录这些丰富的农业与手工业生产技术的同时，书中还记录了一些相关的生物学和物理学等方面的知识。例如在生物学方面，书中记录了农民培育水稻、大麦新品种的案例，研究了土壤、气候和栽培方法会对农作物的品种变化产生怎样的影响，还记录了不同品种的蚕蛾杂交引发的变异，证明人为的努力能改变动植物品种的特性，推进了中国古代生态变异理论的发展，从理论方面为人工培育动植物新品种提供了依据。又如在物理学方面，书中记录的风车、船舵、灌钢、排除煤矿瓦斯的方法、熔融等内容，都牵涉到大量力学、热学物理知识。

作为全世界首部农业和手工业生产的综合性著作，《天工开物》系统总结了中国古代的各项生产技术，建立了完善的科学体系，其中记述的很多技术一直沿用到近代。

明朝末年，《天工开物》在社会上传播极广。可惜到了清朝，它的传播越来越艰难，原因就是书中出现了诸如"东北夷"之类的反清字样。乾隆年间修《四库全书》时，朝廷甚至借着收书的名义销毁了大量《天工开物》，以至于在当时的市面上几乎看不到这部书了。好在《天工开物》并没有因此失传，还被翻译成日语、法语、英语、德语、俄语等多国语言，在东亚和欧美各国广泛传播，书中的制墨、制铜、养蚕、用竹造纸、冶锌等技术，都对西方产生了很大的影响。达尔文在读了《天工开物》中养蚕部分的译本后，更将其称为"权威著作"，还视其为论证人工选择和人工变异的重要例证。

对于现在的读者来说，要了解中国古代的农业和手工业技术，开拓眼界，读《天工开物》可以说是一个相当不错的选择。

108.《天下郡国利病书》《日知录》

顾炎武

　　明清之交，社会动荡，民生多艰，多部力图挽救国家和民族于危难之间的著作应运而生，顾炎武的《天下郡国利病书》便是其中之一。

　　顾炎武是江苏昆山人，本名绛，明朝灭亡后因仰慕南宋爱国诗人王炎午而改名为炎武。因其故居旁边有亭林湖，学者尊称其为亭林先生。《天下郡国利病书》是他最出名的代表作。

　　这部作品共计一百二十卷，是一部记录明朝时期中国各地社会政治经济状况的历史及地理著作。全书以郡国的利病贯彻始终，重点记录了兵防、赋役和水利三方面的内容。特别是兵防部分，详细摘录了与当时全国各地的形势、险要、卫所、城堡、关寨、民兵、兵力配备、粮草供应、屯田、农民起义及其余社会动乱等方面相关的各类资料，内容翔实，极具参考价值。书中还有极其丰富的赋役、屯垦、水利、漕运等资料，为研究明朝社会政治经济提供了重要史料。而书中对边疆形势与沿革的叙述也非常细致，对后人了解中国古代边境各个国家和地区的状况，提供了重要的参考资料。

　　为了写作这部书，顾炎武花费了巨大的心血，不光通读了

《史记》《汉书》《后汉书》《三国志》等"二十一史",还阅读了各郡国地方志、名人文集、奏章文册等资料,总数多达几万卷。单是搜集资料还不够,他还亲自到南北各地进行实地考察,行程两三万里。这种实事求是的治学精神,很值得后人借鉴。

此外,顾炎武还有一部代表作《日知录》,也颇值得一读。这是顾炎武历经三十多年才写成的一部大型学术札记,用他的话说就是"稽古有得,随时札记,久而类次成书",旨在经世致用。书名取自《论语》中的"日知其所亡,月无忘其所能,可谓好学也已矣"。全书共三十二卷,上千个条目,每个条目长短不一,最长的有五千多字,最短的只有寥寥几个字。这本书内容丰富,涉及汉族经史、诗文、训诂、名物、典章制度、天文、地理、吏治等多个方面。书中出现了很多广为传诵的名句,比如"国家兴亡,匹夫有责","礼义廉耻,是谓四维"等等。

在写作《日知录》的过程中,顾炎武同样坚持严谨、实事求是的态度,注意收集第一手资料。他曾说当时的人写书就像将古人采铜于山铸成的旧钱用作废铜铸钱,不光毁坏了古人的传世之宝,铸出的钱也十分粗鄙。而他写作《日知录》却是直接"采铜于山",因此取得了更高的成就。

除了这两部著作外,顾炎武的代表作还有《天下郡国利病书》的姊妹篇《肇域志》,这是一部囊括全国范围的地理总志,可惜部分内容现已失传。另有研究汉语上古音的专业著作《音学五书》,诗文集《顾亭林诗文集》等。如果大家有兴趣,可以都找来阅读一下。

109.《明夷待访录》 《明儒学案》

黄宗羲

　　法国在 1789 年大革命期间颁布了一部《人权宣言》，而中国早在一个世纪之前，就出现了"另一部《人权宣言》"，这便是黄宗羲的《明夷待访录》。

　　黄宗羲出生于明朝万历年间，浙江余姚人，早年力主抗清，因此遭到清廷通缉，祸及家人。顺治十年，黄宗羲开始著书立说，于康熙年间完成了《明夷待访录》《明儒学案》等代表作。

　　《明夷待访录》成书是一部具有启蒙性质的批判君主专制的著作。书名中的"明夷"取自《周易》，意思是有智慧的人处于患难之中，"待访"是指等待后世的明君来采纳。全书共分为二十一篇，开篇《原君》便揭露了封建君主的罪恶，指出皇帝是唯一荼毒百姓的贼子、"天下之大害者""敲剥者"，应以"天下为主，君为客"，反对君主专制。之后又提出君主专制下的权利与义务不对等，且没有公法可言，为实现人权平等，天下太平，一定要废除君主专制，废除秦汉以来的"非法之法"；要"为天下，非为君也；为万民，非为一姓也"，"天下之治乱，不在一姓之兴亡，而在万民之忧乐"；为官者"不以天下为事，则君之仆妾也；以天下为事，则君之师友也"，这些观点是对孟子"民为贵，社稷次之，君为轻"思想的进一步发挥，在当时的社会环境下是相当惊世骇俗的，因此有人称其为"另一部《人权宣言》"，不过这本书成书却比《人权宣言》和法国思想家卢梭的《社会契约论》早了整整一个世纪。

不过，受时代所限，黄宗羲在这部书中并未提出推翻君权，他认为只限于对其加以限制。尽管如此，此书依旧对后世产生了极大的影响。清末民初，康有为、梁启超、谭嗣同等维新派，章太炎、邹容、陈天华等革命派，都深受这部书中民权思想的影响。

康熙十五年，黄宗羲又完成了自己的另外一部代表作《明儒学案》。所谓"学案"，就是记录学派内容、师生传承、学说发展的书。黄宗羲的《明儒学案》，顾名思义，便是一部系统总结明朝汉族传统学术思想发展演变及其流派的学术史著作。全书共计六十二卷，记录了明朝二百一十名学者。首卷《师说》提纲挈领，列出了方孝孺等二十五名学者。此后又分别列出了十七个学案，基本依照时间先后顺序和学术流派传承顺序。各个学案的结构都比较统一，包括案序、传和语录三个部分。案序是对学派基本状况的概述，例如学派的主要学术观点、主要代表人物、与其他学派的关系等，传是学派学者的传记，语录是学派的名言，还有附加的评论。全书结构分明，论述全面，观点独到，阅读后能让读者对整个明朝的学术史有完整、清晰的认知，是一部不可多得的学术佳作。

黄宗羲博学多识，著作丰富，总数多达三百余卷，涉及历史、地理、经学、律历、数学、诗文等多种类型。除上述两部代表作外，还有《宋元学案》《孟子师说》《易学象数论》等作品，也都各具特色。

110.《闲情偶寄》《笠翁十种曲》《十二楼》《无声戏》

李渔

　　《闲情偶寄》是明末清初文学家、戏曲家李渔所作的一部戏曲理论著作，也是中国最早的系统的戏曲理论著作。李渔六十岁左右开始系统总结自己一生的艺术和生活经验，写成了这部《闲情偶寄》，又名《笠翁偶集》，"笠翁"是李渔的号。

　　全书分为八部：词曲、演习、声容、居室、器玩、饮馔、种植、颐养。前两部讲述的是戏曲理论："词曲"论述的是戏曲结构、词采、音律、宾白、科诨和格局；"演习"论述的是选剧、变调、授曲、教白和脱套；"声容"中的"习技"部分论述了教女子读书、写诗、表演歌舞、演奏乐器的方法。这几部分是李渔在前人戏曲理论经验的基础上，结合自己的艺术实践经验，对中国古代戏曲理论的全面总结，论述了戏曲从创作、导演、表演、教习，到语言、音乐、服装等方方面面的内容，形成了一个内容丰富、自成体系、颇具民族特色的戏曲理论体系，是中国古典戏曲理论的集大成之作。在它问世一个世纪后，法国文学家狄德罗才创立了自己的戏曲理论体系，而在它创立全世界最早的导演学两个世纪后，俄国戏剧大师斯坦尼斯拉夫斯基才提出了导演学理论。

　　书中的"声容"除"习技"以外的部分和后面的五部，主要论述的是养生之道、建筑园林，涉及当时民间日常生活和世俗风情的各个方面，对生活在现代的我们提高生活品位，保持身心健康依然有很大的借鉴价值。以"饮馔"部为例，讲述了李渔在饮食方面的主张，主要有二十四字原则：重蔬食，崇俭约，尚真味，主清淡，忌油腻，讲洁美，慎杀生，求食益。时至今日，依然为人所推崇。

由于《闲情偶寄》开头部分讲的都是专业的戏曲理论，相对枯燥，我们在阅读时，可以先略过这部分内容，从后面读起，更容易培养自己的兴趣。据说，李渔本人也曾这样建议读者阅读。当时有位对戏曲理论毫无兴趣的朋友，向李渔借阅了这本书，翻看了十几页，发现里面都是枯燥的戏曲知识，顿感兴致索然，就将书送回来了。李渔就此写了一首诗："读书不得法，开卷意先阑。此物同甘蔗，如何不倒餐？"意思是说，甘蔗最甜的是根部，吃甘蔗时要从根部吃起，读《闲情偶寄》也是一样，须从后面读起。

李渔一生总共创作了五百多万字的作品，除《闲情偶寄》外，还有杂文集《李笠翁一家言》、喜剧集《笠翁十种曲》等。

其中，《笠翁十种曲》相当有名，收录了《奈何天》《比目鱼》《蜃中楼》《怜香伴》《风筝误》《慎鸾交》《凰求凤》《巧团圆》《玉搔头》《意中缘》十部喜剧。特别是以女同性恋为题材的《怜香伴》，在中国文学史上占据着非常特殊的地位。

作为一名戏曲家，李渔只创作喜剧，这在中国戏曲史上还是头一个。关于自己为什么只写喜剧，李渔曾这样解释："传奇原为消愁设，费尽枝头歌一阕；何事将钱买哭声，反会变喜成悲咽。唯我填词不卖愁，一夫不笑是吾忧；举世尽成弥勒佛，度人秃笔始堪投。"

《笠翁十种曲》讲述的全都是才子佳人的爱情故事，情节曲折跌宕，语言通俗易懂，带有浓厚的喜剧氛围，被当时的戏剧界盛赞为"所制词曲，为本朝第一"。据记载，《笠翁十种曲》出版后十分畅销，很快就被抢购一空，并长年活跃于戏曲舞台上，深受士大夫和普通百姓的喜爱，可以说是雅俗共赏，广受欢迎。《笠翁十种曲》的书中附有版画，共计七十二幅，全部完整地保存了下来。阅读的同时观赏这些画，能获得更多的乐趣。

而在小说创作方面，李渔也取得了不小的成就，短篇小说集《十二楼》《无声戏》都是他值得一读的代表作。

《十二楼》，又名《觉世名言》，共十二篇。"十二楼"这个名词在《史记》《汉书》中都曾出现过，指代仙人的住所，也就是仙境。李渔以"十二楼"命名此书还有一重意思：其中每篇都以一座楼的名字命名，基本每篇的故事情节和人物都会牵涉到楼。十二个故事大部分都是李渔自己原创的，《三与楼》和《闻过楼》两篇写的还是李渔自己的经历。在中国白话小说史上，这是作者首次将自己的经历写成小说的主要故事情节。

李渔的写作风格清新、幽默，没有深刻的内涵，却又极具娱乐性，《十二楼》就是如此。每个故事都有其鲜明的主题、线索和主要人物，情节安排十分独特、曲折，存在大量悬念，在符合逻辑、情理的前提下给人一种意想不到的感觉，结局虽然令人匪夷所思，却又符合逻辑，这些都使得整个故事极具可读性。

《无声戏》又名《连城璧》，里面收录了十八篇小说。"无声戏"之名，跟"有声戏"（也就是戏曲正好相反之意），即展现的是人生舞台上活生生的剧情。跟《十二楼》的故事多为原创不同，《无声戏》中的故事多来自民间传说。李渔创作这部小说集的主要目的是为了惩恶劝善，李渔将以往的艺术创作风格同样贯彻到了这部作品中。在语言方面，《无声戏》中的每篇都十分通俗易懂、生动诙谐，因此在民间流传甚广，"读书人、不读书人及妇人小儿同看"；在情节方面，故事跌宕起伏却又合乎情理，且脉络清晰，主次分明；在人物塑造方面，各种身份、地位的人都被刻画得入木三分，作者对角色心理的把握尤其到位。

除《十二楼》和《无声戏》外，李渔的小说《肉蒲团》也颇为有名，讲述了风流才子未央生四处猎艳，最终遭到报应，后来大彻大悟，遁入空门，修成正果的故事。李渔在其中提出了颇为前卫的性观念，这在当时的社会环境中非常难得。

111.《明史》

张廷玉等

公元1645年,即清军入关第二年,顺治皇帝便下诏修撰《明史》。当时清廷在政治上还未站稳脚跟,便急急忙忙为前朝修史,目的昭然若揭,无非是为了公告天下,明朝已经灭亡,否认南明弘光政权,同时笼络已经投降清廷的明朝官员。然而,由于当时政局动荡,史料匮乏,人员不足,诏令最终变成了一纸空文,修史工作毫无成果。这便是《明史》修撰的初始阶段。

直至康熙平定"三藩之乱"过后,《明史》的修撰工作才正式开始。康熙十七年,也就是公元1678年,康熙皇帝下令召集博学鸿儒,于第二年三月从召集的一百四十三人中选取了一等二十人,二等三十二人,开始修撰《明史》。这便是第二阶段的开始。当时有名的文学家朱彝尊、尤侗、毛奇龄等人都参与其中,史学家万斯同更是其中的大功臣。

这一编撰阶段持续了四十多年,直至康熙去世。此时,《明史》已初具雏形,但依然未能完成。直到乾隆四年,即公元 1739 年,清廷三度组织人手,修改明史稿,最终修撰完成了《明史》。由于第三阶段的修撰工作由张廷玉主持,所以之后流传的《明史》便题为张廷玉等撰。

最终成书的《明史》包括本纪二十四卷,列传二百二十卷,志七十五卷,表十三卷,共计三百三十六卷。书中的本纪部分,从卷数上说只占全书不到十分之一，从篇幅上说只占全书不到二十五分之一，这一比例是相当小的。很明显，《明史》是把本纪当成了全书的纲领，放在最前面，让读者阅读时首先对明朝的历史概况有所了解，然后再深入了解各个细节，这是《明史》体例中的一大特色。另外，《明史》的本纪部分还有一大特色，就是不盲目依从明朝实录，而以真实历史为依据。比如建文帝被明成祖赶下皇位后，其在位四年的实录就被明朝史官附录于《明太祖实录》之后，并没有单独列出。《明史》中却专门编撰了独立的一卷《恭闵帝纪》，这种处理方式显然更加公允。

书中的列传部分大致沿袭了之前的体例，采用以类分传的形式，比如将陈友谅、张士诚、方国珍、明玉珍这些元末农民起义军领袖合为一卷作传，将郭子兴、韩林儿、刘福通这些明朝开国元勋合为一卷作传等。此外，列传中还有很多采取以事附传的体例，比如《马录传》在为马录立传之余，还将与他相关的"李福达之狱"中受牵连的颜颐寿、聂贤、汤沐、刘琦、卢琼、沈汉、王科一同立传。而《明史》中还有两种比较特殊的列传，即《外国传》和《西域传》，记录了明朝和其余国家、地区的关系，保留了大量中亚、东南亚等地区的相关史料。

志的部分按照天、地、礼、乐的顺序排列。其中，《天文志》由汤斌编撰而成，展现了明朝天文学的成果，特别是由西方传教士引入的西方天文学知识。不过，由于汤斌并非天文学方面的专业人才，由他编撰的《天文志》语言上相对艰涩难懂，算不上出彩。他另外还编撰了其后的《五行志》和《历志》，也都不算成功，前者出现了很多缺漏和错误，后者则难以理解。接下来是《地理志》，其中详细记录了明朝各地的地理沿革，虽然也有缺漏和错误，但整体而言还是比较成功的。《礼志》详细记录了明朝的各类礼制，颇具可取之处，不过理解起来比较困难，对官民之礼的记述也太过简单。其后的《乐志》《仪卫志》《舆服志》也都与礼制相关，却分别论述，因此更加完备。《选举志》出自进士出身的陆之手，叙述清晰，通俗易懂，颇具可读性；《职官志》是志中之重，以明朝官制主体六部为主，叙述翔实，还列出了明朝在边疆少数民族地区设立的土司制度，虽篇幅不长，却使得该部分更加完备；《食货志》记录了明朝社会经济的方方面面；《河渠志》主要记录了水利，而非河渠，在内容方面与《食货志》互为补充；《兵志》详细记录了明朝的军政；《刑法志》记录了颇具特色的明朝刑律；《艺文志》的序和正文分别由当时的目录学名家倪灿和黄虞稷编撰而成，分为经、史、子、集四大部分，经部收录书目九百零五部，史部收录书目一千三百一十六部，子部收录书目九百七十部，集部收录书目一千三百九十八部，共计四千五百八十九部，为后世了解明朝书籍目录提供了重要的依据。

《明史》的表分为五部分：一是诸王世表；二是功臣世表；三是外戚恩泽侯表，主要记录了外戚的封赏、封爵状况；四是宰辅年表，主要记录了明太祖废除丞相之前的左右丞相、参知政事等职位的任免，以及明太祖废除丞相，明成祖设立内阁后内阁大学士的任免；第五部分是七卿年表，罗列了明代六部和都察院最高长官的更迭。

《明史》的篇幅在"二十四史"中仅次于《宋史》，修撰时间和花费精力却居于"二十四史"之首，是公认的一部水准较高的史书。全书无论是在史料的考订、利用、对历史事件的贯通上，还是在语言文字的运用方面都相当成功，为历朝学者称赞。清朝学者赵翼曾盛赞："近代诸史自欧阳公《五代史》外 ……然未有如《明史》之完善者。"现代作家余秋雨也曾表示："《明史》后来成为整个二十四史中写得较好的一部，这是我们直到今天还要承认的事实。"这样一部规模宏大的史书，阅读时需要付出相当的耐心，但最终的获益必然也更大。

112.《桃花扇》

孔尚任

　　清初戏剧界有南北两泰斗，分别是南方的洪升和北方的孔尚任，人称"南洪北孔"。时人有种说法："纵使元人多院本，勾栏争唱孔洪词"，可见孔尚任和洪升的作品有多受欢迎。孔尚任最具代表性的作品是一部传奇剧本《桃花扇》。

　　孔尚任是山东曲阜人，孔子的第六十四代孙。《桃花扇》是他花费十余年时间，三易其稿写成的，主要讲述了这样一个故事：

　　明朝灭亡前夕，复社文人侯方域旅居南京，与秦淮名妓李香君相爱。之前曾依附大宦官魏忠贤的阮大铖为了笼络侯方域，送给他三百两白银为李香君置办嫁妆。定情当晚，侯方域在扇子上题诗，将其作为信物送给李香君。翌日，李香君发现嫁妆是阮大铖送的，马上全部退还，阮大铖因此对二人怀恨在心。

　　清兵入关后，阮大铖和凤阳总督马士英拥立福王在南京建立南明弘光政权，与清廷对抗。之后，阮大铖利用手中大权，大肆搜捕复社文人，侯方域被迫告别李香君，去扬州投奔了史可法。他走后，阮大铖就想把李香君许配给其他人。李香君不从，一头撞在桌子上，鲜血溅到她跟侯方域定情的扇子上。复社文人杨龙友信手将血迹绘成几株桃花，是为桃花扇。此后，李香君托人将这把桃花扇带给了侯方域。没过多久，李香君被安排出演阮大铖写的一出戏《燕子笺》。演出时，她临时改变戏词，在舞台上直斥马士英和阮大铖，因此遭到软禁。

第二年，清军攻破扬州，福王和马士英、阮大铖一行人逃跑，李香君也逃到栖霞山避难。过了八年，侯方域才找到李香君。此时，他已经变节，依照清廷的规定剃发易服。李香君失望至极，将桃花扇撕碎，与他决裂。侯方域羞愧离开，出家做了道士。

现在提到《桃花扇》，很多人首先想到的是李香君和侯方域的爱情故事。实际上，这部作品的意义远不止如此。孔尚任曾说，《桃花扇》是"借离合之情，写兴亡之感"。书中将李香君和侯方域悲欢离合的爱情故事跟南明弘光政权的兴衰结合在一起，揭露了弘光政权衰亡的原因，歌颂了对国家忠贞不渝的民族英雄和底层百姓，展现了明朝遗民的亡国之痛。书中描写的历史事件都跟真实的历史非常接近，如福王昏庸无道，马士英与阮大铖结党营私，史可法孤立无援，弘光政权迅速覆灭等。

《桃花扇》问世时正值清朝康熙年间，当时清廷的统治已经比较稳固了。孔尚任在这时写出这样一部作品，无疑会触动统治者的神经。据说就是因为这样，孔尚任才丢掉了官职。不过相信孔尚任不会因此懊悔，因为《桃花扇》非凡的价值远非一官半职所能比。

《桃花扇》自问世以来，最为人津津乐道的就是他所塑造的人物，国学大师王国维曾盛赞《桃花扇》在塑造人物方面的功力堪称中国戏曲史上一绝，而书中个性最突出的人物当数女主角李香君。在古代的封建社会，身为妓女的李香君虽处在社会最底层，其人格却散发出了最绚烂的光芒：善良、正直、勇敢，不贪慕虚荣，不畏惧强权，对国家、民族忠贞不二。为了抗拒自己不喜欢的婚事，她不惜以命相搏，以致头撞桌子，鲜血飞溅；为了抗议无道的阮大铖等人，她可以冒着生命危险，在舞台上当众痛斥他们；她和侯方域历尽悲欢离合，辗转多年才又重逢，侯方域身为须眉男子，都选择了投降清廷，她一个柔弱女子却斩断情丝，至死忠于自己的国家和民族。这样一个巾帼不让须眉的女子，令其余男性角色全都相形逊色。

《桃花扇》问世三百余年，依旧长盛不衰，已经被改编成黄梅戏、京剧、话剧多个剧种，频频上演。《桃花扇》于康熙年间首次上演时，就在社会各界引发了强烈的反响。虽然孔尚任因此丢了官职，却不妨碍康熙皇帝欣赏这部戏，他自勉能以史为鉴，不要重蹈弘光王朝的覆辙。

113. 《长生殿》

洪升

　　作为与孔尚任齐名的清朝戏剧大家，洪升最负盛名的代表作是《长生殿》。洪升是浙江钱塘人，出生于官宦世家。青年时期，洪升到京城游学，因擅长写诗文，在京城小有名气。后来，他的父亲因被人污蔑遭到放逐，家道中落，洪升由此开始关注社会现实和民间疾苦。他花费十多年的时间，三易其稿，写成了《长生殿》，该剧在京城上演，引来极大的反响。可惜好景不长，《长生殿》就因在康熙的孝懿仁皇后的丧期内上演，被冠以"大不敬"的罪名。洪升虽未入狱，却在京城饱受冷遇，不得不离开京城，重返故乡。后来，曹雪芹的祖父曹寅在南京排演全本的《长生殿》，邀请洪升前去观看。返回途中，洪升因醉酒失足落水而亡。

　　所谓"长生殿"，就是昔日长安的华清池——唐玄宗和杨贵妃七夕盟誓之地，在古代很多文学作品中都出现过，最出名的是白居易在《长恨歌》中的两句："七月七日长生殿，夜半无人私语时。"而洪升的《长生殿》同样写的是唐玄宗和杨贵妃的爱情故事：

　　唐玄宗自登基后励精图治，国力日渐强盛，因此自满，耽于声色，下旨选美。才貌双全的杨玉环被选中，册封为贵妃，享尽荣宠，她的哥哥杨国忠被封为右相，三个姐妹也都被册封为夫人。其中虢国夫人不施脂粉，淡雅美丽，被唐玄宗宠幸。后来，唐玄宗私召梅妃，杨贵妃醋意横生，口不择言，惹恼了唐玄宗。唐玄宗愤而让高力士送她回娘家，之后却又十分后悔。高力士将此事告知杨贵妃，她将自己的一缕头发剪下来，托高力士送给唐玄宗。唐玄宗见到头发，非常感动，连夜将杨贵妃接回宫中，两人冰释前嫌，于七夕之夜在长生殿立誓，永不分离。此后，杨贵妃集万千宠爱于一身。为了她，唐玄宗不惜劳民伤财，还千里迢迢从海南运来新鲜荔枝给她吃。两人终日玩乐，唐玄宗根本无暇理会政事。

这段时期，安禄山通过贿赂杨国忠，得到唐玄宗的重用，被任命为范阳节度使。他招兵买马，积蓄力量，终于起兵谋反。叛军一路势如破竹，攻到长安。唐玄宗带着杨贵妃和一些大臣匆忙逃离，走到马嵬坡时发生兵变。唐玄宗在将士们的逼迫下处死了杨国忠，并赐杨贵妃自尽。后来，安禄山叛军被大将郭子仪击败，唐玄宗重返长安，日夜思念杨贵妃，还让人为她招魂，最终打动了上天，到天上与杨贵妃重逢，两人长相厮守，永不分离。

在洪升创作《长生殿》之前，民间已经出现过很多以唐玄宗和杨贵妃的爱情故事为题材创作的艺术作品，无一例外都是悲剧。洪升却将结局改成了二人大团圆，以此寄托自己对理想爱情的向往与追求。

《长生殿》有着很高的艺术成就：在语言方面，清丽、婉转，打动人心；在人物塑造方面，多面、立体、人性化，尤其是女主角杨贵妃，既美丽温柔，才貌双全，又有着恋爱中的女人都有的嫉妒心，整体形象真实可信，颇具说服力。

虽然讲述的是一个浪漫的爱情故事，但《长生殿》中又加插了很多历史事件和反映百姓疾苦的内容，比如唐玄宗为了让杨贵妃吃到新鲜荔枝，让人快马兼程，将刚刚采摘下来的荔枝从海南运到数千里外的长安。沿途大片农田被马蹄踩坏，百姓的心血付诸东流，还有的百姓因躲闪不及，惨死在马蹄下。这些在与唐玄宗和杨贵妃穷奢极欲的生活对比下，极具现实意义和讽刺意义。洪升创作《长生殿》时正值清朝初年，很多文学作品都在探究前朝灭亡的教训以警醒清廷，《长生殿》也不例外，书中描绘了唐玄宗的荒淫、昏庸给国家和百姓带来的巨大灾难，正好可以给清朝皇帝以借鉴。

《长生殿》自问世以来便广受欢迎，直到现在依然是戏剧舞台上的常演剧目。阅读这部作品时，也可以去看看相关的演出，相信对理解作品会有帮助。

114.《三十六计》

杨南柯

史书记载，南朝宋将檀道济"檀公三十六策，走为上计，汝父子唯应走耳"，意思是败局已定，无法挽回，于是撤退便成了上策。"三十六计"这个词语一直被后世沿用，到了明末清初，这个词语的应用越来越广，时人便以此为题，根据中国古代的军事思想和战斗经验总结编撰了一部兵书——《三十六计》。

《三十六计》的原作者是杨南柯，是秦朝咸阳人。《三十六计》全书包含六套，分别是胜战计、敌战计、攻战计、混战计、并战计、败战计。其中前三套是占据优势时用的计，后三套是占据劣势时用的计。每套又包含六计，共三十六计。

为了方便记忆，曾有人取每一计中的一个字，组成了一首诗："金玉檀公策，借以擒劫贼，鱼蛇海间笑，羊虎桃桑隔。树暗走痴故，釜空苦远客，屋梁有美尸，击魏连伐虢。"除"檀公策"三字外，其余依次代表"金蝉脱壳、抛砖引玉、借刀杀人、以逸待劳、擒贼擒王、趁火打劫、关门捉贼、浑水摸鱼、打草惊蛇、瞒天过海、反间计、笑里藏刀、顺手牵羊、调虎离山、李代桃僵、指桑骂槐、隔岸观火、树上开花、暗度陈仓、走为上、假痴不癫、欲擒故纵、釜底抽薪、空城计、苦肉计、远交近攻、反客为主、上屋抽梯、偷梁换柱、无中生有、美人

322

计、借尸还魂、声东击西、围魏救赵、连环计、假道伐虢"这三十六计。

三十六计中的大部分故事都家喻户晓，不必多加解释，如金蝉脱壳、擒贼擒王、反间计、调虎离山、暗度陈仓、走为上、欲擒故纵、空城计、苦肉计、美人计、声东击西、围魏救赵等，都是人们很熟悉的。

以"围魏救赵"为例，战国时期，魏国围攻赵国都城邯郸，赵国向齐国求救，齐王派出田忌、孙膑率军救赵。当时，田忌准备直接赶赴邯郸。孙膑却说，魏国的精锐部队目前都集中在邯郸，国内兵力空虚，若在这时进攻魏国的都城大梁，魏军必然会回师自救。田忌接纳了这个提议，向大梁进军。魏军果然上钩，匆匆回国。齐军趁其长途跋涉、精疲力竭之际，一举将其击败，解除了邯郸之困。之后，这种"围魏救赵"的计策常为兵家所用。《三十六计》将其收入第一套胜战计中，指出"共敌不如分敌，敌阳不如敌阴"，意思是攻打集中的敌人，不如先想办法将其分散，再分别进攻，先打击气势弱的敌人，后打击气势强的敌人。用在实战中就是，当敌人太强大时，就要避免与之正面交锋，应采用迂回的战术，分散敌人的兵力，然后集中进攻敌人的薄弱环节。

又如"欲擒故纵"，即为了深入掌控敌人，可以先故意放他一马，让他放松戒备，将自己的缺陷暴露出来，最后再乘机将他收服。比如西晋末年，大将石勒为消灭意图谋反的幽州都督王浚，就采用了"欲擒故纵"的计策。当时王浚实力强大，石勒担心很难击败他，就先用计蒙蔽他，用大量珍宝贿赂他，还写信对他表示愿意拥戴他做君主。不久，王浚有一名叫游统的部下，背叛了王浚，去投奔石勒。石勒将其处死，并将其首级献给王浚，王浚终于对石勒彻底放松了戒备。其后，幽州遭遇水灾，百姓食不果腹，王浚却不顾百姓死活，增加苛捐杂税，引来民怨沸腾，军心动摇。石勒认为时机到了，便亲自率军攻打幽州。王浚还以为他是来拥戴自己称帝的，完全没有做好应战的准备，很快兵败被擒。至此，石勒的欲擒故纵之计终于取得了成效。

除此之外，三十六计中也有一些计策单看字面意思比较难以理解，比如"树上开花"。《三十六计》中说："此树本无花，而树则可以有花。剪彩贴之，不细察者不易发。使花与树交相辉映，而成玲珑全局也。此盖布精兵于友军之阵，完其势以威敌也。"意思是树上本没有"花"，却需要"花"，可以人为剪出彩花，贴在树上，不仔细观察很难分辨真假。"花"和"树"交相辉映，便玲珑剔透、满堂生辉。也就是在友军的阵地上布下己方的精兵强将，造成强大的声势，以震慑敌人。在具体应用时，就是自己原本实力弱小，却要借助各种因素，造成自己实力很强的假象。战国时期，齐人田单就曾用这个计策，击退了实力远超过己方的燕军。当时田单命人集中了上千头牛，在牛角上绑了尖刀，尾巴上扎了浸油的芦苇，牛身上还披了五彩龙纹外衣。夜里，田单下令点燃牛尾巴上的芦苇，受惊的牛疯狂奔向燕军大营，五千齐国勇士紧随其后，另有军民擂鼓呐喊，为他们助威。燕军被他们的声势吓得惊慌失措，自乱阵脚，迅速落败。

《三十六计》中的计策都有很高的实用价值，并被推广运用到政治、外交、经济等很多领域。它除了在中国广泛流传外，还传到了世界各国，受到了很多外国人的推崇。

115.《醒世姻缘传》

西周生

　　明、清两朝出现了多部优秀的世情小说，继《金瓶梅》之后，清朝顺治年间又出现了一部《醒世姻缘传》，讲述了明朝发生的一个两世姻缘、轮回报应的故事。书的作者署名为"西周生"，但关于此人的真实身份一直存有争议，最具影响力的说法便是作者是《聊斋志异》的作者蒲松龄。清乾隆年间的著名藏书家鲍廷博曾说："留仙（蒲松龄的字）尚有《醒世姻缘》小说。"晚清文史学家李慈铭也曾说："《醒世姻缘》，清蒲松龄撰。"胡适曾经以《醒世姻缘传》中的大致情节和蒲松龄《聊斋志异》中的一篇《江城》十分相近为依据进行考证，得出了《醒世姻缘传》的作者就是蒲松龄的结论。除此之外还有多种对作者身份的猜测，现在还没有定论。

　　《醒世姻缘传》原名《恶姻缘》，全书共一百回，写了两世姻缘，前二十二回写的是前世姻缘：浪子晁源带着妓女珍哥出去打猎，打到了一只仙狐，并将其剥皮。后来，晁源娶珍哥为妾，珍哥污蔑他的原配计氏跟和尚有染，计氏不堪受辱，上吊自杀。后七十八回写的是后世姻缘：晁源死后转世投胎，成了狄希陈。前世被他杀死并剥皮的仙狐转世成了他的原配妻子薛素姐。前世被他和珍哥逼死的原配计氏转世成为他的妾室童寄姐。珍哥则转世成为他们家的丫鬟珍珠。狄希陈畏妻如虎，薛素姐和童寄姐则凶悍异常，总是想出各种各样残忍、古怪的方法虐待丈夫，棒打、鞭笞、针刺、火烧，无所不用其极。不仅如此，她们还把珍珠活活逼死了。受尽折磨的狄希陈生不如死，直到有个高僧胡无翳把他们几人的前世因果说给他听，他才明白自己为何会受到这样的折磨。胡无翳还教给他一个化解的方法，诵读一万遍《金刚经》。他照着去做，果然消除了这段冤孽。

《醒世姻缘传》中出现的人物身份五花八门：官员、乡绅、塾师、媒婆、江湖郎中、商人、尼姑、妓女、地痞无赖等应有尽有，作者写尽世间百态，一如徐志摩评价的那样，"把中下层社会的各色人等的骨髓都挑了出来供我们鉴赏"。作者很明显受到了《金瓶梅》的影响，写的都是社会家庭中的寻常琐事，真实、细致，贴近生活原貌，富有鲜活的生活气息，他还在此基础上又加入了一些夸张的手法，颇具幽默、讽刺效果。例如写后世姻缘中，薛素姐殴打狄希陈，一巴掌打在狄希陈脸上，声音大到"外边的都道是天上打霹雳，都仰着看天"，夸张得让人捧腹。

虽然小说中贯穿了佛教的因果报应思想，弥漫着荒诞无稽的色彩，且写作手法十分夸张，但整体而言依旧是相当写实的，展现了当时包括家庭生活在内的广阔的社会生活面貌，是一部十分丰富、翔实的文化史料。张爱玲曾盛赞"它跟清朝另外一部小说《海上花》是最好的写实作品，应该被列入世界名著"。可以说，我们读《醒世姻缘传》，读的不光是小说，也是一段丰富的社会历史。

116.《聊斋志异》

蒲松龄

　　中国的志怪小说集，前有《搜神记》《幽明录》等，后来，清朝又出现了一部脍炙人口的《聊斋志异》，简称《聊斋》，作者是清朝小说家蒲松龄。书名中的"聊斋"是蒲松龄的书斋名，"志"是记述的意思，"异"便是奇闻异事，"聊斋志异"的意思便是在聊斋中记述奇闻异事。

　　蒲松龄出生于书香世家，他早年也曾想借助科举入仕，可惜屡试不第，只能以教书为生。他自幼便对民间的鬼神故事兴致浓厚，大约在四十岁时，他开始利用业余时间创作《聊斋志异》。据说，蒲松龄曾为了搜集素材，在家门口开了一家茶馆，来喝茶的人可以用一个故事代替茶钱。借助这个方法，蒲松龄搜集了大量离奇的故事，经过整理、加工过后，他都将其收录到了《聊斋志异》中。

　　蒲松龄呕心沥血三十余年，才完成了《聊斋志异》，全书将近五百篇，内容丰富，主要分为以下几种类型：

　　一是爱情故事，占据着全书最大的比重，故事的主要人物大多不惧封建礼教，勇敢追求自由爱情。这类名篇有《莲香》《小谢》《连城》《宦娘》《鸦头》等。以《鸦头》为例：狐仙鸦头在母亲的逼迫下，跟姐姐化身为人形，在妓院迷惑嫖客害人。后来，鸦头遇到了书生王文，两人坠入爱河。鸦头勇敢地反抗母亲，跟王文私奔，可惜没过多久又被抓回来。当时她已经身怀有孕，之后生下一个儿子，取名王孜。痴情的王文苦苦寻觅了鸦头十年，没有找到她，却遇到了自己的儿子王孜。王孜长大后，成了一名杀狐能手，成功将母亲救回，一家人团聚。鸦头和王文为追求爱情，勇敢反抗，尝尽艰辛，令人动容。

二是抨击科举制度对读书人的摧残。作为科举制度的受害者，蒲松龄在这方面很有发言权，《叶生》《司文郎》《于去恶》《王子安》等都是这类名篇。以《叶生》为例：叶生"文章词赋，冠绝当时"，无奈却屡试不中。丁乘鹤赏识他的才华，多次周济他。后来，叶生得了重病，命不久矣，丁公依然不忍心抛下他。叶生去世后，魂魄依然跟随着丁公，还费尽心血教授丁公的儿子，最终让其成名。丁公子感恩图报，资助叶生的儿子读书。因为科举考试的种种弊病，历史上出现了很多像叶生这样才华横溢却屡试不第的人，蒲松龄便是其中之一，他借着叶生的悲惨经历，来为全天下的读书人鸣不平。

三是揭露统治阶级的残暴和对人民的压迫，极具社会意义，如《席方平》《促织》《梦狼》《梅女》等。《促织》是其中相当有名的一篇：明朝宣德年间，皇室盛行斗蟋蟀，每年都要向民间征收蟋蟀。陕西华阴县的县令为了巴结上司，揽下了这桩差事，又将任务分摊给本县百姓。这一年，县里有个叫成名的读书人负责征收蟋蟀，他收不到，就被县令打了上百板子，两腿鲜血直流。后来他好不容易在一个巫婆的帮助下找到了一只善斗的蟋蟀，却被九岁的儿子不小心弄死了。孩子害怕得跳了井，救上来时已经断了气，成名和妻子悲痛欲绝。当天夜里，孩子奇迹般地又醒过来了，却是木木呆呆的，只想睡觉。成名却还在担心蟋蟀的事，一夜未眠。第二天早上，他听到有蟋蟀叫，便循声抓到了一只蟋蟀，它个头虽小，却极其勇猛善斗。他喜出望外，将它献上去。皇帝非常喜欢这只蟋蟀，对献宝有功的县令、巡抚大加封赏，成名也受到重赏。一年后，成名的儿子精神复原，说自己曾变成一只善斗的蟋蟀。只是因为一只小小的蟋蟀，成名便险些家破人亡，同样也是因为一只小小的蟋蟀，众人便鸡犬升天，实在是讽刺至极。

《聊斋志异》是一部有着很高文学价值的小说集，具体体现在三个方面：一是在故事情节上，篇幅较长的章节情节丰富，起伏跌宕，引人入胜，如《促织》《连城》《画皮》等；篇幅较短的章节则情节简单，几乎算不上是一个故事，如《王子安》《婴宁》等。这种情节方面的差异，大大丰富了小说的类型和形式，为后人的小说创作提供了启示。二是在人物塑造上，《聊斋志异》塑造了大批鲜明、生动的人物形象，特别是塑造了很多可爱的鬼狐。老舍曾评价它说："鬼狐有性格，笑骂成文章。"郭沫若也曾评价说："写鬼写妖，高人一等；刺贪刺虐，入骨三分。"三是在语言上，《聊斋志异》虽然是一部文言文小说集，却融合了很多充满生活气息的口语，相较于一般的文言文，理解起来要容易很多。

整体而言，《聊斋志异》题材广泛，内容丰富，结构布局巧妙严谨，故事情节曲折离奇，人物形象生动立体，文笔简洁，描绘细腻，是中国古典文言文短篇小说当之无愧的巅峰之作。

《聊斋志异》问世后，在中国影响巨大，还流传到国外，影响了国外很多知名作家的艺术创作，如日本作家芥川龙之介——《罗生门》的作者，就曾仿照《聊斋志异》创作志怪小说。到了今时今日，中国的很多志怪小说依然带有明显借鉴《聊斋志异》的痕迹，但没有一位作者能超越蒲松龄的成就。

117.《纳兰词》

纳兰性德

　　词这种文学体裁在宋代发展到巅峰后，在之后的元、明两朝却一蹶不振，进入清朝后才重新发展起来。而要读清朝的词，首选便是《纳兰词》，这是清朝最著名的词人纳兰性德的词作集。纳兰性德二十四岁时，将自己的词作编成一部《侧帽集》，又将之后创作的词编成一部《饮水词》。后人将两部词集增遗补缺，合成了一部《纳兰词》。

　　纳兰性德，字容若，满洲正黄旗人。父亲是清朝名臣纳兰明珠，母亲是亲王之女，纳兰氏是清初满族最显赫的八大姓氏之一，也就是后来的"叶赫那拉氏"。出身如此显贵的纳兰性德自幼饱读诗书，文武兼修，十七岁入国子监，十八岁考中举人，二十二岁便考中了进士。因为他才华出众，又身份显赫，被授予康熙御前一等侍卫，多次随康熙出巡。如此少年英才，本应在官场上前途无量才是，可纳兰性德却对做官毫无兴趣，从骨子里厌恶官场的庸俗与虚伪，正所谓"身在高门广厦，常有山泽鱼鸟之思"，而写作才是他真正的兴趣所在。

　　纳兰性德的词风格清新隽永，凄切感人，跟南唐后主李煜的词风格很相近，另外还受花间派词人和晏几道的影响。纳兰性德的词现存三百四十八首，都收录在《纳兰词》中，题材涉及方方面面，成就最突出的要数爱情词，例如《木兰花令·拟古决绝词柬友》：

> 人生若只如初见，何事秋风悲画扇。
>
> 等闲变却故人心，却道故人心易变。
>
> 骊山语罢清宵半，泪雨霖铃终不怨。
>
> 何如薄幸锦衣郎，比翼连枝当日愿。

开头"人生若只如初见"，被广为传诵，意思是有情人应总像初相识一样甜蜜、快乐地相处，为什么你我现在却彼此离弃？其中"何事秋风悲画扇"借用了汉成帝的宠妃班婕妤的典故。班婕妤被赵飞燕陷害，失去了汉成帝的宠爱。后世便有人创作了一首诗《怨歌行》，用秋扇闲置的比喻抒发班婕妤遭到遗弃的怨情。南朝梁文人刘孝绰又写了一首诗《班婕妤怨》，其中提到"妾身似秋扇"，于是后世便用秋扇闲置比喻女子被遗弃。整首词写的是一名被男子狠心抛弃的女子控诉男子的凉薄无情，表示要跟男子断绝关系，"虽说意在'决绝'，还是一腔怨情，这就更加深婉动人"。

纳兰性德的爱情词中包含着大量悼亡词，读起来十分凄切感人。这些悼亡词都是他为亡妻卢氏写的。纳兰性德跟卢氏十分相爱，但两人只在一起生活了三年，卢氏就因难产离开了人世，纳兰为此伤心不已，曾创作大量感人至深的词作纪念她。《画堂春·一生一代一双人》是其中相当出名的一首：

> 一生一代一双人，争教两处销魂。相思相望不相亲，天为谁春？
>
> 浆向蓝桥易乞，药成碧海难奔。若容相访饮牛津，相对忘贫。

上片说相亲相爱的"一双人"无端端被拆散；下片借用典故，说若能像牛郎织女一样重聚，即使抛弃富贵荣华，过贫苦的日子，也甘之如饴。词人用这样一首简洁明了、浑然天成的词作，表达了自己愿追随亡妻而去的心愿。词中开头两句现已是家喻户晓的名句。

又比如《蝶恋花·辛苦最怜天上月》：

辛苦最怜天上月，一昔如环，昔昔都成玦。若似月轮终皎洁，不辞冰雪为卿热。

无那尘缘容易绝，燕子依然，软踏帘钩说。唱罢秋坟愁未歇，春丛认取双栖蝶。

上片以月亮的圆缺变幻比喻爱情不能一直圆满，词人愿付出一切代价，换取如满月般皎洁的爱情。下片写妻子去世之后，词人的孤独与悲痛，幻想能与亡妻化为蝴蝶，双宿双栖。整首词缠绵悱恻，哀怨凄婉，确实是当之无愧的传世名篇。

除爱情词外，纳兰性德创作的一些边塞词也十分优秀，比如《长相思·山一程》：

山一程，水一程，身向榆关那畔行，夜深千帐灯。
风一更，雪一更，聒碎乡心梦不成，故园无此声。

词中描绘了边关的将士们对故乡的思念之情，整首词采用白描手法，自然真切，简洁质朴，浑然天成，感人至深。

《纳兰词》问世后，影响极大，当时有种说法："家家争唱饮水词，纳兰心事几人知？"王国维曾评价说："纳兰容若以自然之眼观物，以自然之舌言情，此初入中原未染汉人风气，故能真切如此，北宋以来，一人而已。"晚清词人况周颐也盛赞纳兰性德是"国初第一词人"，他的作品十分值得一读。

118.《说岳全传》
钱彩、金丰

　　岳飞的故事在中国可以说是家喻户晓，且一直在民间广为流传。元、明两朝，民间出现了很多相关的戏曲、小说等作品，如元杂剧《地藏王征东窗事记》，明传奇《精忠记》，明朝小说《大宋中兴通俗演义》《岳武穆王精忠传》《岳武穆尽忠报国传》等。《说岳全传》在前人这些作品的基础上，对岳飞的故事重新进行加工、改造，写成了这部成就最高的"说岳"小说。

　　小说全称《新增精忠演义说本岳王全传》，出版于乾隆年间。题为"仁和钱彩锦文氏编次"，"永福金丰大有氏增订"，意思是仁和县人氏钱彩（字锦文）编撰，永福县人氏金丰（字大有）增删修改而成，所以后世一般题为钱彩著、金丰增订。

　　关于钱彩和金丰的身世，史料上都没有记载。钱彩所在的仁和县，隶属于现在的浙江杭州，但在当地的地方志上根本找不到钱彩的名字，由此可以推测他并未取得什么功名或做出过什么成就。不过，能写出《说岳全传》，说明他的文化修养很高。这部小说在乾隆年间曾被列为禁书，原因应该是书中对金朝历史和女真人形象的丑化，惹怒了女真人的后裔——满族统治者。有人据此推测，钱彩本人或其父辈、祖辈有可能是明朝的遗老遗少，对清朝的统治不满，所以写《说岳全传》，表面上是写对金朝和女真人的憎恶，实际却是发泄对"满清"政府的深恶痛绝。而另外一位作者金丰所在的永福县，隶属于广西省。《说岳全传》中有他为此书所作的序言，根据其内容可推测他曾在贵州省余庆县生活。关于两位作者的资料，仅限于此。

全书共计二十卷，八十回，以岳飞之死为界，分为两部分：第一部分包括前六十一回，讲述了岳飞的一生，尤其是他的显赫战功；第二部分包括后十九回，讲述了岳飞死后，终于沉冤得雪。小说一开头先写了岳飞和秦桧的前世冤仇，岳飞前世是佛顶全翅大鹏，而秦桧是虬龙，因大鹏啄瞎了虬龙的左眼而结仇。大鹏投胎到岳家后，虬龙为了报仇，发大水淹了岳家庄。岳飞及其母亲在陈抟老祖的帮助下逃过一劫。虬龙因发大水违犯天条被处斩，转世投胎为秦桧。岳飞在母亲的严格教育下渐渐长大，文武双全。靖康之变后，康王赵构登基为宋高宗，建立南宋，召岳飞抗击金兀术统领的金兵。岳飞不负所望，接连挫败金兵，最后准备直捣军事重镇黄龙府时，被十二道金牌紧急召回京城，随后被秦桧以"莫须有"的罪名杀害。岳家军为了给岳飞的冤情昭雪，闹临安，祭岳坟。后来，秦桧夫妇暴死，宋高宗驾崩，宋孝宗即位，终于使岳飞沉冤得雪。岳飞之子岳雷挂帅，与金兀术交战，全歼金军，生擒金兀术。最后，忠臣都得到封赏，岳飞之灵也归位为佛顶大鹏。

在结构方面，《说岳全传》以岳飞为纵向主线，兼顾其余横向的辅线，形成了众星拱月之势，纵横交错，主干突出，条理清晰。在语言方面，小说以说书人的口气讲故事，通俗易懂，简洁流畅，有着很强的可读性；在内容方面，小说充满了传奇色彩，比如岳飞单枪闯敌营，梁红玉击鼓战金山，牛皋大笑而死等情节都写得精彩绝伦；而在人物塑造方面，小说更是取得了极高的成就，塑造出岳飞、牛皋等多个鲜明生动的形象。

岳飞作为全书的灵魂人物，作者将他的一生写得轰轰烈烈，尤其是在抗金期间，岳飞金戈铁马，屡建奇功，他的形象达到了光辉的顶点。可在面对朝廷的十二道金牌时，他又表现得十分愚忠，俯首听命，放弃唾手可得的胜利返回京城，结果丧命于风波亭。这与他在战场上的表现形成了极为强烈的对比，为他的形象赋予了浓烈的悲剧色彩。

相较于岳飞，另一位抗金将领牛皋的形象显得更为生动。他出身草莽，胆大妄为，幽默风趣，充满人情味和喜剧色彩，跟《三国演义》里的张飞，《水浒传》里的鲁智深、李逵颇为相像。他不像岳飞那样受封建教条束缚，早期他自行组织百姓抗金，南宋朝廷前来招安时，他却根本不把皇帝放在眼里，说："大凡做了皇帝，尽是无情义的，我牛皋不受皇帝的骗，不受招安。"可随着金军的侵略不断加剧，他又能以民族大义为重，加入岳飞的抗金军队，听从岳飞的号令。最后，他在战场上将金兀术打倒在地，看见往日不可一世的金兀术成了自己的手下败将，竟然大笑而死。这个出人意料的结局，使得这个人物的形象更加突出，令人难忘。

不过，《说岳全传》也存在很多不足。最突出的一点就是在传统因果报应观念的影响下，作者将宋和金，岳飞和秦桧、金兀术的矛盾都归结为前世冤仇，命数使然，这在今人看来显然并不高明。而小说最后虚构了一个大团圆结局：奸臣被处死，岳飞之子继承父志，直捣黄龙，气死金兀术，岳飞死后受封等，虽然大快人心，却降低了整部作品的格调。但瑕不掩瑜，整体而言，《说岳全传》依然是一部值得一读的佳作。

119.《红楼梦》

曹雪芹

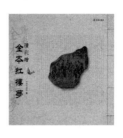

　　阅读中国古典小说，有一部绝对不能错过，那就是曹雪芹的《红楼梦》。这部鸿篇巨著名列"四大名著"之首，是举世公认的中国古典小说的巅峰之作。

　　《红楼梦》的创作与曹雪芹的身世密不可分。曹雪芹出身于官宦世家，名门望族，其家族在康熙年间曾盛极一时。康熙生平六次下江南，有四次都住在曹家，由曹雪芹的祖父曹寅负责接驾。然而，到了雍正年间，曹氏却被革职抄家，家境一落千丈。关于曹家的没落，胡适曾这样分析："我们看曹寅一生的历史，决不像一个贪官污吏；他家之所以后来衰败，他的儿子之所以亏空破产，大概都是由于他一家都爱挥霍，爱摆阔架子；讲究吃喝，讲究场面；收藏精本的书，刻行精本的书；交结文人名士，交结贵族大官，招待皇帝，至于四次五次；他们又不会理财，又不肯节省；讲究挥霍惯了，收缩不回来，以至于亏空，以至于破产抄家。"根据《红楼梦》的内容，胡适这样分析应该是很合理的。

　　曹家没落时，曹雪芹还是个少年，从此他的人生便由高峰跌到了谷底，一生穷困潦倒。正是基于这样的人生经历，他才创作了《红楼梦》。《红楼梦》是曹雪芹"将真事隐去"的自述，他将他的家族由富贵到贫穷的转变，一五一十细致地描绘出来，展现了一种"坐吃山空""树倒猢狲散"的自然趋势。

为了创作《红楼梦》，曹雪芹可谓呕心沥血，"批阅十载，增删五次"，后人评价其"字字看来皆是血，十年辛苦不寻常"。晚年，曹雪芹因幼子夭折，悲痛欲绝，以致一病不起，撒手人寰，留下一部只有前八十回、尚未完结的《红楼梦》，令后世无数读者扼腕叹息。张爱玲曾说："人生三恨：一恨海棠无香，二恨鲥鱼多刺，三恨《红楼梦》未完。"很多文人为了弥补这一遗憾，争相为《红楼梦》写续。如今，《红楼梦》已经问世两百余年，依然不时有新的续作出现，可见其影响力和受欢迎程度。现在我们看到的大多是一百二十回的《红楼梦》，其中后四十回据说是高鹗续写的。

《红楼梦》的大致故事情节，大家都已经很熟悉了，讲述了贾、王、史、薛四大家族，尤其是贾家由盛转衰的经历。据统计，《红楼梦》总共出现了四百八十多个有名有姓的人物，有鲜明个性的人物多达数十个，其中尤以贾宝玉和以林黛玉、薛宝钗为代表的"金陵十二钗"最广为人知。

贾宝玉对功名利禄毫无兴趣，不愿跟那些达官贵人往来，整日在大观园中跟姐妹、丫鬟们厮混。他对女性既怜爱又尊重，执着地追求自由爱情，是那个时代的叛逆者。

林黛玉寄人篱下，敏感孤傲，却有着旁人无法比拟的才情与美貌。她跟贾宝玉一样，执着地追求自由爱情，纵然为此受尽煎熬也不改初衷。

相较于叛逆的宝黛二人，薛宝钗却是那个时代女子的典范，因此赢得了所有人的赞扬与敬重，却唯独不能赢得贾宝玉的爱情。

书中其余角色，诸如王熙凤、贾探春、史湘云、晴雯、秦可卿、刘姥姥等也都各具个性，深入人心。

曹雪芹是个能诗会画的全才，尤其擅长写文，《红楼梦》中出现了大量颇具文学价值的诗词，有不少都家喻户晓，比如开篇提到的对本书的自评："满纸荒唐言，一把辛酸泪。都云作者痴，谁解其中味？"又如第一回中提到的跛足道人所唱的《好了歌》："世人都晓神仙好，惟有功名忘不了！"再如第二十七回中林黛玉吟诵的一首古体诗《葬花吟》："花谢花飞飞满天，红消香断有谁怜？""质本洁来还洁去，强于污淖陷渠沟。尔今死去侬收葬，未卜侬身何日丧？侬今葬花人笑痴，他年葬侬知是谁？试看春残花渐落，便是红颜老死时。一朝春尽红颜老，花落人亡两不知！"这是林黛玉感怀身世之作，其中的抒情淋漓尽致，语言如泣如诉，声声悲音，字字泣血，对于完善林黛玉的形象，展现其性格特征具有重要的意义。我们在阅读《红楼梦》时，不妨试着背诵一下这些优美的诗词。

《红楼梦》的出现对后世影响深远，从清朝开始，不断有文人模仿《红楼梦》创作小说，比如民国时期的文学流派鸳鸯蝴蝶派，特别是其中的代表作家张恨水的《金粉世家》，描写了民国大家族金家由盛转衰的经历，人称"民国版《红楼梦》"。又比如巴金的《家》、老舍的《四世同堂》、林语堂的《京华烟云》、张爱玲的诸多小说，都跟《红楼梦》一样，以家庭、家族为描绘重点，进而展现整个时代的风云变迁。另外，《红楼梦》自出现之初就在社会上掀起了一股研究热潮，长盛不衰，这便是有名的"红学"。

除文学领域外，《红楼梦》的影响力还扩展到戏曲界，取材自《红楼梦》的戏曲数以百计，其中的精品之作梅兰芳的《黛玉葬花》、荀慧生的《红楼二尤》等都广受欢迎。另有多部相关题材的电影、电视剧，其中尤以 1987 年版欧阳奋强、林晓旭主演的电视剧《红楼梦》最为经典，阅读《红楼梦》之余，也可以把这部电视剧找来看看。

另外，《红楼梦》还被翻译成多国语言，在世界各国广为流传，获得了各国主流媒体极高的评价。法国评论界曾盛赞曹雪芹"具有布鲁斯特的敏锐的目光，托尔斯泰的同情心，缪西尔的才智和幽默，巴尔扎克的洞察力和再现包括整个社会自下而上各阶层的能力"。2014 年，在英媒《每日电讯报》评选的"史上十佳亚洲小说"排行榜中，《红楼梦》当之无愧地排在了第一位。

120.《古文观止》

吴楚材、吴调侯

　　清康熙年间，浙江绍兴两位教书先生为方便教学，编了一部教材，结果竟成了清朝影响力巨大的畅销书之一，这本书便是《古文观止》。

　　《古文观止》是由吴楚材、吴调侯两人编选的一部中国历朝文集，由吴兴祚审定并作序，于康熙三十四年出版。书名"古文观止"的意思是，书中收录的全都是代表中国古代文言文最高水准的文章。吴楚材和吴调侯是叔侄关系，两人都未能考取功名，于是在家开设私塾，以教书为生，《古文观止》是两人合作为学生编的教材。一开始，两人只是编了一些简单的讲义。后来随着他们的教学经验越来越丰富，对古文的理解越来越深刻，编的讲义也越来越精深。有同乡看到后叹为观止，劝他们将其编辑成书，公之于世。两人接纳了这个提议，尽心尽力地编好书稿后，给吴楚材时任汉军副都统的伯父吴兴祚寄过去，由后者审阅过后，最终出版。

　　成书后的《古文观止》共计十二卷，收录了从先秦时期到明朝末年的二百二十二篇文章。此前中国的古文选本多效仿南朝的《昭明文选》，以条目为纲，分类十分复杂。《古文观止》却以时代为纲，作者为目，将每个作者的各种作品集于一处，简单清晰，一目了然，同时生动展现了中国散文的发展历程。

书中收录的主要是散文，另有少量韵文、骈文。其中，对汉、唐两朝选取的文章最多。在先秦作品中选取文章最多的是《左传》，在汉朝作品中选取文章最多的是《史记》，在唐宋作品中选取文章最多的是韩愈、柳宗元、欧阳修、苏轼等人的作品。书中几乎每篇都是传诵千古的名篇，且体裁多样，少有派别成见，广采博收，繁简得当，称其为"古文观止"毫不夸张。

在精心挑选历朝经典之作的同时，二吴还在每篇的末尾都加上了评注。这些评注多取自前人的评语，如《谏逐客书》等完全复制前人，《捕蛇者说》《祭十二郎文》等有一半取自前人，《吊古战场文》《留侯论》等有部分取自前人等。有些评注以文章用词为切入点，有些评注则以作者的身世为切入点，各具特色，对读者更好地理解文章很有帮助。由于《古文观止》是一部给童子学生看的教材，所以二吴无论是在选择篇目还是附加评注上，都力求稳妥、平实，广泛地吸收了此前多种选本的优点，因此更加完善。

作为一部极为优秀的古文选本，《古文观止》自问世之初便广为流传，影响深远，成了清代私塾中最常见的启蒙读本，几乎人手一册，一版再版，长盛不衰。

不过，《古文观止》也并非全无缺点，其在文章的选取上存在明显的偏颇。比如从唐宋作品选取的文章基本都是唐宋八大家所写，其余名家的作品却少有收录；又如南宋一朝居然一篇文章都没有收录；再如明朝收录的十八篇文章，大多数达不到明朝的顶尖水准，与"古文观止"的书名不符。这是因为二吴在选取文章时，主要以应对当时的科举考试为着眼点，无法服务于这一目的的文章收录的概率自然要低很多。但从整体看来，《古文观止》依旧称得上是一部古代文选佳作。可以这样说，读中国古代文选，一要读《昭明文选》，二要读《古文观止》。

121.《儒林外史》

吴敬梓

　　巴尔扎克的《欧也妮·葛朗台》、塞万提斯的《堂·吉诃德》都称得上是世界顶级的讽刺文学作品。而中国清朝也有一部讽刺文学可跻身于这一行列，这就是吴敬梓创作的长篇讽刺小说《儒林外史》。这部书以知识分子为主角，塑造了一些深受科举考试制度荼毒的儒生形象，是中国古代讽刺文学的巅峰之作。

　　吴敬梓出身于名门望族，曾祖父和祖父两代曾出过六名进士，其中包括一名榜眼、一名探花。然而，吴敬梓的父亲去世后，吴家便日渐衰落。吴敬梓早年也曾想通过科举考试出人头地，结果却没有先人的好运。他第一次参加科举考试就遭到羞辱，被指责"文章大好人大怪"。几年后，他终于看穿了科举考试的真面目，坚决拒绝再参加科举考试。到了晚年，吴敬梓穷困潦倒，过着饥寒交迫的生活，也因此看尽了人情冷暖。这样的人生经历让他对科举制度的弊端和世态炎凉有了更深刻、透彻的认识，在此基础上创作完成了《儒林外史》。

　　吴敬梓为写《儒林外史》，花费了十多年时间，写成后又多次修改，可谓费尽心力。书中塑造了大量性格鲜明生动的小人物，其中尤以周进、范进最为突出。

　　周进原本是个教书先生，对科举考试极为热衷，可惜到了花甲之年，却连个秀才都没考中。有一回，他和姐夫来到省城开科取士的考场贡院，触景生情，伤心欲绝，竟一头撞到木板上，晕了过去。醒来以后，他满心悲怆无法排解，索性嚎啕大哭，满地打滚。这一幕被几个商人见到了，他们出于怜悯，凑钱帮这个可怜的老头儿捐了个监生。周进欣喜不已，向他们叩头谢恩。后来，借着监生的身份，他居然中了举人，接着又中了进士，到广东为官。

范进的情况也跟周进差不多，时年五十余岁的他同样连秀才都没考中，家中穷困不堪，他腊月还穿着单衣，冻得直打哆嗦，广东虽然气候温暖，但腊月时节温度也不高。周进见到他，便想起了自己当年的惨状，在惺惺相惜之下，将他录取为秀才，后来又将他录取为举人，因此上演了一出"范进中举"的癫狂闹剧。

范进中举之前，家里穷得无米下炊，于是他就向邻居家借，却连一粒米都借不到，"家里已是饿了两三天"，"这十几年，不知猪油也曾吃过两三回"。穷到这种地步，范进依然不事生产，坚持要去参加科举考试，真是被科举考试迷住了心窍。他的老丈人胡屠户非常看不起他，经常辱骂他，说他是"穷鬼""现世报""烂忠厚没用的人""像你这尖嘴猴腮，也该撒泡尿自己照照"，甚至骂他的母亲是"老不死的老娘"，范进都唯唯诺诺地听着，不敢提出半点异议。

在连续考了二十多年试后，范进终于中了举人。他自己完全不敢相信，还跟前来报告喜讯的邻居说不要开他的玩笑了。等到确定这是真的后，他惊喜至极，一下子昏厥过去，不省人事。他的母亲给他灌了几口开水，将他唤醒。他醒来后却又欢喜得发了疯，"不由分说就往门外飞跑"，"一脚踹在塘里，挣起来，头发都跌散了，两手黄泥，淋淋漓漓一身的水"，这场面真是又可笑又可悲。

就在这时，有人出了一个好主意，让范进生平最畏惧的老丈人胡屠户来吓一吓他，认为应该能把他吓醒。向来不将范进放在眼里的胡屠户此刻却因女婿高中而心生顾忌，不敢这么做，好不容易才被众人说服了。胡屠夫出去找到发疯的范进，只见范进"散着头发，满脸污泥，鞋都跑掉了一只。他兀自拍着掌，口里叫道：'中了！中了！'"，"胡屠户凶神似的走到他跟前，说道：'该死的畜生！你中了甚么？'一个嘴巴打将去"，果然把范进吓醒了。

这范进一朝中举，大家对他的态度都来了个一百八十度大转弯，纷纷赶来巴结他。特别是胡屠户，洋洋自得地在大家面前吹嘘"我的这个贤婿才学又高，品貌又好"，见他的衣服后襟绉了，"低着头替他扯了几十回"，态度前后对比如此鲜明，也难怪范进拼了命也要去考取这个进士。

吴敬梓借着周进和范进的故事，对荼毒读书人的科举制度进行了辛辣的讽刺和批判，力度之强，几乎振聋发聩。现在，《儒林外史》已经被翻译成多种语言，在世界各地广为流传，成了一部世界性的文学著作。国人更应该读读这部作品，对了解中国的历史，提升自己的文学素养都将大有好处。

122.《古诗源》《唐诗别裁集》《明诗别裁集》《清诗别裁集》

沈德潜

　　沈德潜于康熙年间出生于长洲（今江苏苏州），少年时代已博览群书，满腹才华，可惜屡试不第。二十三岁那年，他开始子承父业，以教书为生，这一教便是四十多年，最终在六十多岁时考中了进士，入仕为官，此时已是乾隆年间。乾隆皇帝对沈德潜相当赏识，时常与他唱和、论诗，这使得他的诗歌、诗论在当时风靡一时。

　　在沈德潜的诗论专著中，《古诗源》是影响最大的一部。全书共十四卷，收录了七百多首诗歌，时间跨度从先秦一直到隋朝。由于沈德潜编选此书的目的在于探寻诗歌的源头，因此书中选录了大量古代歌谣与汉魏六朝的乐府诗，以及具备社会内容的诗歌作品，从而更全面地展现了中国诗歌发展的真实面貌。沈德潜倡导风雅，所以非常重视诗歌的风骨，反对过分雕琢，崇尚自然。他对曹操、左思、庾信的诗歌都相当推崇，评论称颇具风骨。不过，他最推崇的还要数陶渊明，在书中盛赞其"无意为诗，斯臻至诣"。他对陆机推崇的绮靡诗风相当反感。而这些观点就算放到现在，也依然具有很强的借鉴意义。另外，沈德潜在评论诗歌时，还非常重视其与诗人的人品、所处时代之间的联系，这是相当合理的，比如评论陶渊明："六朝第一流人物，其诗有不独步千古者耶？"

整部《古诗源》内容丰富，注释简明，阅读十分方便，堪称中国近代最流行的古诗读本，直到今天依然是一部值得一读的诗选佳作。

除《古诗源》外，《唐诗别裁集》也是沈德潜的一部相当重要的作品。这是一部唐诗选集，书名中的"别裁"二字源自杜甫《戏为六绝句》中的一句诗："别裁伪体亲风雅"，意思是区别、裁减、淘汰那些形式和内容不好的诗歌，学习《诗经》中风、雅的传统。全书共二十卷，收录了唐朝二百七十多位诗人的近两千首诗歌，并附有言简意赅的评注。

此外，沈德潜还编选了《明诗别裁集》和《清诗别裁集》，也都颇具可读性。沈德潜编选《明诗别裁集》之前，社会上已经出现了三部明诗选集，分别是陈子龙、李雯等人的《明诗选》、钱谦益的《列朝诗集》和朱彝尊的《明诗综》。沈德潜认为，三者都存在不足，于是将三者加以综合、删减，编成了这部《明诗别裁集》。全书共十二卷，收录了明朝三百四十位诗人的一千余首诗歌，其中还包含了一些无名氏以及明朝遗民诗人创作的诗歌，全面反映了明诗的概况，在后世流传甚广。《清诗别裁集》原名《国朝诗别裁集》，共三十六卷，收录了从清朝初年到乾隆年间近一千名诗人的近四千首诗，是了解这段时期中国诗歌面貌的重要参考资料。

123. 《惜抱轩全集》《古文辞类纂》《五七言今体诗钞》

姚鼐

　　清朝文坛最大的散文流派名为"桐城派"，因其重要作家都是安徽桐城人而得名。读"桐城派"的作品，就不能不读姚鼐的作品集《惜抱轩全集》。姚鼐是"桐城派"的代表作家，出生于雍正年间，乾隆年间考中进士，担任过礼部主事、四库全书纂修官等官职。四十岁时，他辞官南下，此后四十余年一直在南方多座书院中担任主讲。姚鼐的书房名叫"惜抱轩"，所以有了"惜抱轩全集"这个书名。这部书共计八十八卷，以他生平创作的散文为主，代表作如游记《登泰山记》。

　　《登泰山记》写于乾隆三十九年，文中描绘了作者冒雪登泰山看日出的全过程。正文分为五段：第一段写泰山所处的地理环境；第二段写作者从京城出发，冒着风雪抵达泰安，与友人朱子颖一同登上泰山；第三段写作者和朱子颖在泰山日观峰上的日观亭看日出；第四段以日观峰为中心，简单记叙了泰山上的一些名胜古迹；第五段概述了泰山的特色和冬日雪景。其中，第三段是全文的中心。日出之前，泰山上风雪交加，"大风扬积雪击面"，谷中云雾弥漫，形成了云海，"亭东自足下皆云漫"。这时从位于最高处的日观亭向下俯视群山，"稍见云中白若摴蒱数十立者，山也"，即群山被白雪覆盖，宛如数十个骰子。"稍见"就是隐约可见的意思，当时时间尚早，天色昏暗，所有景象都很模糊，这对即将出现的日出奇景起到了很好的烘托作用。日出之时，首先在天地相接处的云层中出现了一线奇异的色彩，很快又变成五颜六色，"极天云一线异色，须臾成五采"。随后，太阳升起来了，红得像朱砂一样，下面有红光晃动承托着它，"日上，正赤如丹，下有红光，动摇承之"。有人说，这红光便是东海。此时再看日观峰以西的山峰，有的被日光照到，有的没有，或红或白，颜色错杂，都好像在弯腰曲背鞠躬致敬，"回视日观以西峰，或得日，或否，绛皓驳色，而皆若偻"。而最后这一句与杜甫《望岳》中的名句"会当凌绝顶，一览众山小"，有异曲同工之妙。

全文虽只有不足一千字，却生动展现出雪后登山观日出的情趣，语言简洁、生动，被清末学者王先谦评价为"典要凝括"。比如文中第五段概述泰山的特色，"山多石，少土；石苍黑色，多平方，少圜。少杂树，多松，生石罅，皆平顶。冰雪，无瀑水，无鸟兽音迹。至日观数里内无树，而雪与人膝齐"。寥寥数句，便生动勾勒出了泰山多石、多松、被冰雪覆盖的景色。另外，文中多次运用比喻和拟人的修辞手法，颇为巧妙。比如写日观峰以西的山峰"皆若偻"，运用拟人化手法将人的情态赋予了山峰，形象贴切。

《登泰山记》除了是姚鼐的散文代表作外，也是"桐城派"的代表作。此外，《惜抱轩全集》中还收录了《游灵岩记》等散文游记，《伍子胥论》《李斯论》等议论文，《老子章义序》《海愚诗钞序》《刘海峰先生八十寿序》等序跋文，以及《复鲁非书》等书信，也都颇具特色。

除《惜抱轩全集》外，姚鼐还有两大代表作《古文辞类纂》和《五七言今体诗钞》，分别是他编选的散文集和诗集。其中，《古文辞类纂》共七十五卷，收录了大约七百篇散文，分为十三类，分别是论辩、序跋、奏议、书说、赠序、诏令、传状、碑志、杂记、箴铭、颂赞、辞赋和哀祭等十三类。这些散文主要是从《战国策》《史记》，以及两汉散文家、唐宋八大家、明朝归有光、清朝"桐城派"方苞和刘大櫆等人的作品中挑选出来的。另外，全书开头还列有序目，大致描述了各类文体的特点、源流及其义例。

《古文辞类纂》在乾隆四十四年出版发行，一度颇为流行，还出现了两部续作——由王先谦编选的三十四卷《续古文辞类纂》和由黎庶昌编选的二十八卷《续古文辞类纂》，收录了清朝中期以后的散文。

《五七言今体诗钞》是姚鼐编选的一部唐宋律诗集，于嘉庆年间出版。全书分为十八卷，前九卷题为《五言今体诗钞》，收录了八十七位唐朝诗人的五百六十首五言律诗；后九卷题为《七言今体诗钞》，收录了唐、宋两朝六十八位诗人的四百一十一首七言律诗，每首诗都附有点评。

姚鼐编选这部诗集，主要是为了纠正当时诗坛的弊病。他在书中肯定了盛唐时期的五言律诗"以王、孟为最"，对李白、杜甫推崇备至，两人的作品占了四卷之多，他还十分推崇苏轼和陆游，并对黄庭坚饱含着"兀傲磊落之气"的诗歌评价颇高。这些观点都对晚清诗坛产生了很大的影响。在此书的基础上，其后"桐城派"方东树创作了诗论《昭昧詹言》，高步瀛编选了《唐宋诗举要》。阅读姚鼐的《五七言今体诗钞》时，可以同时阅读一下这两部作品，作为参考。

124.《镜花缘》

李汝珍

　　女儿国因《西游记》为大家所熟知，实际上，不光是《西游记》，中国古代还有多部作品都有对女儿国的描绘，比如《镜花缘》。这是清朝小说家李汝珍创作的一部长篇神魔爱情小说。李汝珍出生于乾隆年间，学识渊博，但不屑于八股文，加上他性情耿直，不善钻营，不会迎合权贵，因此虽然有心入仕，却一直没有谋得高的官职。中年后，他开始对官场感到失望，开始潜心著书，用长达二十年的时间写成了这部《镜花缘》。

　　创作《镜花缘》期间，李汝珍借用了《山海经》一书中的一些材料，用自己丰富的想象力进行再创造。他原计划写二百回，最终写成了一百回，大致情节如下：

　　百花仙子在王母娘娘的寿宴上得罪了嫦娥仙子，向其发誓，若今后百花在不应齐放时违令齐放，自己便自愿堕入凡尘，受一世磨难。后来，心月狐奉玉帝的命令下凡。临行前，嫦娥仙子告诉她，若她能令百花齐放，便能彰显威名。心月狐下凡后转世成为武家的女儿，被唐太宗召入宫中，封为才人，便是武则天。

　　武则天登基为帝后，有一天，天降大雪，她因醉酒下令百花齐放。众花神想去请示百花仙子，却正赶上仙子外出，只能遵从武则天的命令开花。百花仙子因此被玉帝贬到人间，转世成为秀才唐敖的女儿唐小山。

唐敖在科举考试中中了探花，却被人陷害说他跟起兵讨伐武则天的徐敬业是结拜兄弟，被革去了功名。灰心丧气的唐敖索性跟自己的妻兄林之洋出海经商、游历。他们沿途经过黑齿国、白民国、淑士国、两面国、犬封国等三十多个奇怪的国家，还先后救下由十二位花仙转世的女子，接连服用了跃空草、朱草等仙家异物，身负异能，最终在小蓬莱成仙。

唐敖的女儿唐小山思父心切，逼迫林之洋带自己出海寻父，游历各处仙境，最后找到小蓬莱。唐敖通过樵夫告诉她，她可改名"闺臣"，去参加武则天的才女考试，如若考中了父女便能团聚。唐小山遵从父命，成为被武则天录取的百位才女之一。武则天设下"红文宴"，邀请百位才女各显才能，最后尽欢而散。

整部小说构思新颖，想象奇特，笔法幽默，引人入胜。特别是对其中数十个奇异国家的描绘，极尽夸张、讽刺、隐喻之能事，让人过目难忘。比如写无肠国，这个国家的人都没有肠子，"吃下物去，在腹中并不停留，一面吃了，随即一直通过"，因此排泄出来的虽然名义上是粪便，实际却并没有腐臭。于是，有些吝啬的有钱人便将这些粪便收集起来，给仆人们吃。有些有钱人实在吝啬成性，连这样的食物都不让仆人吃饱，并将仆人吃完排泄出来的粪便再收集起来，供他们再次食用，如此反复达三四次之多，直到他们吃得呕吐，以至"饭粪莫辨"，才另起炉灶。这种夸张的写法，辛辣讽刺了现实中那些为富不仁之人。

又比如写女儿国，这个国家以女性为中心，女主外，男主内，女子穿靴帽，男子穿衣裙，现实社会中男女的身份、地位等方方面面，到了这个国家都变成相反的了。而女子不管是处理政务，还是从事生产，表现出来的能力、智慧都不逊于男子。作者以此讽刺中国传统的"男尊女卑"观念，倡导男女平等，反对男权社会对女性的压迫，这不光是在当时，就算放在现代也依然具有很强的现实意义。

另外，书中还反对八股取士，反对封建迷信，反对奢侈浪费等，也都颇具进步意义。

可以说，《镜花缘》是一部既好看又有社会价值的小说。不过，其中也存在明显的缺陷，比如安排诸位才女逐个展现她们的才艺，花费巨大的篇幅罗列这些跟正文情节和人物塑造几乎没有关系的知识学问，絮絮不休，读来索然寡味，令人昏昏欲睡，鲁迅曾评价其"则论学说艺，数典谈经，连篇累牍而不能自己矣"，十分中肯。《红楼梦》中虽然也时常提到各方面的知识学问，但写得十分有趣，与正文高度契合，且点到即止，绝不会给人卖弄之感。与之相比，《镜花缘》就是彻头彻尾的卖弄了。在读到这部分内容时，不妨直接跳过，也不会影响对全文的理解。

除卖弄学识外，李汝珍还在《镜花缘》中否认了自由恋爱，将其视为一种罪恶，认为婚姻必须要遵从父母之命，媒妁之言，所以整部小说中描写的婚姻都是传统的封建婚姻，百位才女竟没有一个对自由爱情存有追求。另外，李汝珍虽然在"女儿国"等情节中反对男尊女卑，但在其余一些情节中又歧视女性，显得十分矛盾。不过，整体而言，《镜花缘》依然可算得上是一部值得一读的佳作，特别是其中的浪漫、玄幻内容，能让人大开眼界。

125.《文史通义》

章学诚

　　中国古代史学史上有理论双璧，一是唐朝刘知几所作的《史通》，二是清朝章学诚所作的《文史通义》。

　　《文史通义》的作者章学诚出生于乾隆年间，浙江绍兴人，自幼便对史学理论兴趣浓厚。青年时代，章学诚进入太学志局参与《国子监志》的编修。志局监领嫉贤妒能，不断打击、排挤才华出众的下属，章学诚受尽压制，最终忍无可忍，愤然离去。此后，在给友人的一封信中，他提到了唐朝史学家刘知几的遭遇，说刘知几曾担任史官多年，最后因无法忍受史官嫉贤妒能、人浮于事的恶劣风气而辞官，编撰了史学理论巨著《史通》。章学诚这样说，不光表明了自己离开志局的原因，也表明自己有意效仿刘知几，也要编撰一部史学理论著作，这才有了之后的《文史通义》。

　　章学诚三十五岁那年正式开始动笔编写《文史通义》，其后二十九年——直至他六十四岁去世前夕，一直笔耕不辍。章学诚一生贫寒，为了养家糊口疲于奔命，所以他编撰《文史通义》的过程十分艰辛，总是断断续续。他去世前一年，由于积劳成疾，双目失明，但他依然坚持编写。可惜最终他去世时，还是没能完成这部著作，有多个计划要写的篇目尚未开篇，真是件憾事。

最终成书的《文史通义》共九卷，分为内篇六卷和外篇三卷。书中主要包含三大内容，第一是"六经皆史"，这是全书开篇就提出的一个观点。由于在此之前，明朝王守仁已经提出了"五经亦史"的观点，因此这并非章学诚的原创。《文史通义》中指出六经都属于先王的政典，记录了古代的典章制度，并指出学术一定要跟"当时人事"相契合，这起源于章学诚"经世致用"的著名史学论断，对将史学的诞生提前至六经出现之前，扩大对古史的研究范畴和研究先秦史学，都大有裨益。

书中第二大内容谈到了历史编纂学。章学诚创造性地提出了"史德"，即史学家要尊重客观史实，拒绝主观偏见，只有这样，才能写出"良史"。章学诚还根据不同的性质，将史书分成了"撰述"和"记注"两大类，前者是史学家的"独断之学"，也就是史学著作，后者是对文献的汇总，也就是史料编纂。这是中国古代史学史上首次对史著和史料作出明确区分。另外，章学诚还论述了史书各种体例的优缺点。

书中第三大内容涉及地方志的性质、内容、体例等。宋元之后，修地方志的风气在中国各地日渐盛行，但像《文史通义》这样，将修地方志当成一种专业学问，建立系统理论还是头一回，这具有非同一般的意义。

《文史通义》是一部相当优秀的史学理论著作，不过其中也存在部分历史谬误，而且受时代所限，充斥着浓郁的忠君思想，阅读时需要留意。

126.《龚自珍全集》

龚自珍

中国有句古话"国家不幸诗家幸",意思是说,越是乱世越容易出文学大家和文学佳作,比如清末文学家龚自珍和他的《龚自珍全集》。

龚自珍是仁和(今浙江杭州)人,乾隆末年出生。龚家是当时有名的书香世家和官宦门第,龚自珍的祖父和父亲都是官员,外祖父段玉裁则是有名的学者。在他们的影响下,龚自珍自幼饱读诗书,文采斐然。然而,在科举考试中,他却屡试不第,二十七岁才考中举人,三十八岁才考中进士。中举之后他步入仕途,也一直得不到重用,只担当过内阁中书、宗人府主事、礼部主事等低微的官职。期间,他多次上书,针砭时弊,主张革除弊政,抵御列强侵略,却始终得不到重视,反而引来了权贵的不满,不断受到打压和排挤。四十八岁那年,龚自珍终于对官场彻底失望,辞官南下。之后,他在江苏丹阳的云阳书院教书为生,最后在那里暴病而亡,享年四十九岁。

龚自珍一生创作了大量诗文,留存至今的有文章三百多篇,诗词将近八百首,被后人辑成《龚自珍全集》。这些诗文都饱含着爱国热情,倡导改良主义运动,被民国著名诗人柳亚子誉为"三百年来第一流"。

龚自珍的诗歌中尤以《己亥杂诗》最为出名。这是一组诗集，创作于道光十九年。当时，龚自珍辞官南下，之后又北上接自己的家眷。南北往返途中，他看到祖国的大好河山和受苦受难的百姓，不由得感慨丛生，写下了多达三百一十五首的《己亥杂诗》。其中多咏怀和讽喻之作，内容涉及国计民生的多个方面，表达了诗人变革社会的强烈愿望。在这组诗集中，最广为传唱的是第五首和第二百二十首。

　　第五首写的是诗人离开京城时的感受。全诗可分为两部分，第一部分写离愁，"浩荡离愁白日斜，吟鞭东指即天涯"，用日暮、天涯渲染出浓重的离愁别绪。开头的"浩荡"二字，在言及离愁之深广的同时，又隐含了诗人的愤懑与不甘。"白日斜"三字勾勒出一幅夕阳西下的苍茫画面，表现了诗人离京时的满心失落。诗人要回的是美丽的江南，却称其为"天涯"，因为离开京城就意味着他一生的政治生涯结束，想到自己入仕二十年却一事无成，诗人顿觉更加苦闷不堪。但到了第二部分，诗人又移情于花，展现了自己积极向上的人生态度，"落红不是无情物，化作春泥更护花"。落花的生命虽然终结了，但是它化作春泥，就能作为肥料孕育出新的花朵。这样一来，前两句中的哀怨离愁就变成了一种崇高的献身精神。诗中晦暗的日暮、天涯、落花和充满希望的未来完美融合，构成了一种奇妙的境界，构思巧妙，寓意深刻，不愧为清诗中的佳作，尤其后两句更是家喻户晓的名句。

　　《己亥杂诗》第二百二十首是一首关于人才选拔的政治诗。诗中前两句写出了当时朝野之中死气沉沉的现状，"万马齐喑究可哀"，指出要改变这种现状，一定要借助风雷激荡一般的巨大力量；"九州风气恃风雷"，这种力量源自人才，所以朝廷应该做的就是破格录用人才；"我劝天公重抖擞，不拘一格降人才"，诗中既批判现实，揭露矛盾，又憧憬未来，呼唤变革，独辟蹊径，别开生面。而诗中选取的"九州""风雷""万马""天公"这四种雄伟的意象，更是表现出一种大气磅礴的境界，令人震撼。

至于龚自珍的散文，跟诗歌有着相同的精神，多为批判现实之作。在风格方面，有别于唐宋和清朝桐城派的散文，是对先秦两汉古文的继承和发展，代表作有《明良论》《病梅馆记》等。

《明良论》包括四篇政论文，其中指出"官愈久则气愈偷，望愈崇则谄愈固，地愈近则媚益工"，认为皇帝将臣子当成奴才，直接导致了臣子趋炎附势，明哲保身，不知廉耻，从而使得朝政更加腐败。据此，龚自珍提出了反对君主专制的观点，成了中国改良主义的先驱。

《病梅馆记》是一篇托梅议政的散文，以"病梅"指代饱受摧残的人才。清朝实行八股取士，并大兴文字狱，使人才遭受了残酷的压制与摧残，如同被人们扭曲的审美观折磨的"病梅"。作者开辟病梅馆，决定"穷予生之光阴以疗梅也哉"，其实是在表达自己渴望实行政治改革、打破思想束缚、追求个性解放的愿望。

龚自珍一生忧国忧民，将满腔的爱国热忱都融入了自己的诗文中。读《龚自珍全集》，不仅是读他的文采，更是读他的风骨与壮志。

127.《三侠五义》

石玉昆

　　很多读者都喜欢读武侠小说，但要问中国第一部武侠小说是哪一部，只怕鲜有人知——清朝石玉昆所著的《三侠五义》，这部长篇侠义公案小说被人称为"中国武侠小说的开山鼻祖"。

　　石玉昆是清朝嘉庆、咸丰、同治年间民间有名的说唱艺人。嘉庆年间，由他说唱的《龙图公案》在民间流传甚广。有人将其中的唱词删掉，改成了一部题为《龙图耳录》的小说。后来，石玉昆又对这部小说加以修改、润色，写成了这部长达一百二十回的《三侠五义》。

　　书名中的"三侠"是指北侠欧阳春、南侠展昭以及丁氏双侠丁兆兰、丁兆蕙（两人合为一侠）；"五义"是指钻天鼠卢方、彻地鼠韩彰、穿山鼠徐庆、翻江鼠蒋平及锦毛鼠白玉堂这五鼠弟兄。他们都是书中的主角，此外，书中还有包拯、公孙策等重要角色。

　　《三侠五义》把公案小说和侠义小说结合在一起，讲述了这样一个故事：北宋仁宗在位时，包拯出任开封府尹。他的得力助手公孙策设计得到了三口御赐的铜铡。包拯以刀铡国舅，除暴安良，期间得到南侠展昭的暗中相助。随后，包拯又查清了皇宫多年前发生的"狸猫换太子"一案，仁宗得以与亲生母亲团圆。展昭因屡次协助包拯，又在耀武楼献艺，被仁宗赐号"御猫"，并被封为御前四品带刀护卫，在包拯手下当差。由于"御猫"这个绰号跟五鼠相克，五鼠心中不平，便去京城挑战展昭，这便是"五鼠闹东京"。之后，五鼠归顺朝廷，并与展昭一同在开封府任职。中间穿插了韩彰、蒋平等人捉拿采花贼花蝴蝶的故事，以及包公的门生倪继祖在北侠欧阳春、黑妖狐智化、小侠艾虎等人的帮助下，铲除恶霸马强的故事。其后还讲述了包公的门生颜查散与白玉堂等人共同治理洪泽湖水患，收复军山，剪除襄阳王赵爵的故事。简单说来，《三侠五义》说的就是包拯在众侠义之士的帮助下审奇案、平冤狱，以及众侠义之士除暴安良、行侠仗义的故事。

　　《三侠五义》有着相当鲜明的艺术特色。因为小说源自说唱艺术，所以保留了宋元说唱艺术生动活泼、直接明快、口语化等特色。对人物的刻画和对环境的描绘都能跟情节发展紧密结合，丝毫不显得突兀、多余。尤其是书中对侠义之士的描绘，各具特色，性格立体，洋溢着浓厚的世俗生活气息。鲁迅评价此书"写草野豪杰，辄奕奕有神，间或衬以世态，杂以诙谐，亦每令莽夫分外生色"，十分中肯。而小说中将侠义之士除暴安良的行为和其保护清官、协助清官断案完美结合，更展现出时人对清明政治的渴望和对是非善恶鲜明的态度，就算放在现在也不会过时。

　　作为中国第一部武侠小说，《三侠五义》对后世中国小说的发展影响深远。书中谈及了点穴、暗器、剑术、刀法、轻功等多种武功，闷香、夜行衣、用毒、人皮面具等多种江湖手段，另有多种机关埋伏，都被之后的武侠小说沿用。《三侠五义》自问世后，便在文坛掀起了一股创作武侠小说的高潮，出现了续作《小五义》，改编之作《七侠五义》，以及《施公案》《三侠剑》《雍正剑侠图》《卧虎藏龙》《蜀山奇侠传》等大批优秀的武侠小说。连中国当代的武侠三大家金庸、古龙、梁羽生的作品，都明显受到了《三侠五义》的影响。

《三侠五义》的影响不光局限在文学领域，还扩展到了戏剧领域。书中的故事精彩纷呈，十分适合改编成各类戏剧，单是京剧中就有二十余部取材于《三侠五义》，如《狸猫换太子》《陈州放粮》《花蝴蝶》《打龙袍》《五鼠闹东京》等。而根据这部小说改编的电影、电视剧，同样数量繁多，有几部更是脍炙人口。阅读这部小说时，也可以把这些剧找来看看。

128.《艺概》

刘熙载

　　《艺概》是清同治年间文学理论家刘熙载撰写的一部文艺理论著作，也是中国古典美学一部重要的代表作。

　　嘉庆年间，刘熙载出生于江苏兴化一个贫寒的知识分子家庭。道光年间，他先后考中举人、进士，进入仕途。刘熙载同治年间离开官场，其生平的后十四年直至去世，一直在上海龙门书院担任主讲。期间，他将闲暇时间都用于著书立说，他生平最重要的代表作《艺概》就写于这段时期。

　　同治十二年，刘熙载对自己多年以来谈文论艺的札记集中进行整理、修订，写成了《艺概》。书名中的"概"即"举少以概乎多"，得其大意，言其概要，以简驭繁，让读者能明确概要，触类旁通。《艺概》的特色就在于此，相较于其余文学理论作品，这部作品内容精简、具体，阅读起来更加清晰，容易理解。

　　《艺概》全书分为六卷：《文概》《诗概》《赋概》《词曲概》《书概》和《经义概》，分别论述了文、诗、赋、词、书法和八股文的体制流变、性质特征、表现技巧，并评论了名家的作品。

　　全书遵循这样的格式：用寥寥几句话评价一位作家或一部作品，概述其艺术特色。这种写法表面看来跟传统的评论诗歌、诗人、诗歌流派的诗话没什么两样，实际却是有区别的。首先，传统的诗话或是词话只会牵涉到一个艺术门类，《艺概》却牵涉诗、文、词、曲、书法等多个艺术门类，这在当时是非常罕见的；其次，传统的诗话或是词话在评价作家或作品时，会在传闻逸事、史料考证方面大费周章，《艺概》却以艺术特色和艺术规律为重点，言简意赅，具有更强的理论性和美学性。并且书中这些言简意赅的评论不乏独到的见解，不仅能揭露作家作品的艺术风格，甚至能深入到作家的内心世界，比如评价《庄子》为"飞"，一个字便概括了庄子自由随性的个性。

刘熙载将文学视为"心学"，认为作家的情志是"我"和"物"相摩相荡的产物，并且"诗品出于人品"，诗品是人品的展现，要重视作品和人品、文学和现实的关联，因此书中对品格高尚的作家的作品评价更高，比如屈原的《离骚》等，同时反对模仿之作和媚俗之作，推崇有独创性的文学作品。

而纵观全书，最鲜明的特色在于探讨了艺术创作中的一系列辩证关系，概括了上百个对立统一的对应范畴，构成了艺术辩证法独特的审美体系。这一审美体系主要包括七个方面的内容：主观与客观统一的本质论，真实与虚幻统一的真实论，"一"与"不一"统一的意象论，似花还似非花统一的意境论，阳刚与阴柔统一的风格论，用古与变古统一的发展论，以及人品与诗品统一的鉴赏论。

作为一部古典美学的代表作，《艺概》既广博又精深，虽历经一个多世纪，却依然颇具魅力。

129.《儿女英雄传》

文康

　　曹雪芹家道中落，自叙身世，作《红楼梦》流传后世。清末文康同样家道中落，撰《儿女英雄传》以自遣。文康是满族镶红旗人，生活于道光初年至光绪初年，出身显赫，是大学士勒保的孙子，早年家世盛极一时，曾任理藩院郎中、徽州知府等职。可惜到了晚年，家道中落，家中诸子不肖，贵重物品被变卖殆尽。这段时期，文康独居一室，身边仅有笔墨相伴，便撰写长篇白话小说《儿女英雄传》以自遣。鲁迅曾将他的这一情况和曹雪芹写《红楼梦》对比，说："荣华已落，怆然有怀，命笔留辞，其情况盖与曹雪芹颇类。惟彼为写实，为自叙；此为理想，为叙他。"而谈到二者的区别，可以说，《红楼梦》是一部现实主义小说，《儿女英雄传》则是用理想化的笔触写成的。

　　成书后的《儿女英雄传》，又名《金玉缘》，原有五十三回，现存四十一回，失传的部分后人已经弥补，所以情节依旧比较完整，主要讲述了这样一个故事：清朝年间，一个名叫何杞的副将被奸臣纪献唐陷害，冤死狱中。何杞的女儿何玉凤改名为十三妹，行走江湖，立誓要为父亲报仇。淮阴县令安学海获罪，他的儿子安骥筹集银两，前去营救他。途中，安骥和一个名叫张金凤的姑娘在能仁寺中遭遇危险，被十三妹救下。事后十三妹做媒，将张金凤许配给安骥，并帮助安骥平安抵达淮阴救父。后来，纪献唐在朝中获罪被杀，十三妹大仇得报，再无牵挂，想遁入空门，了此余生，却被人劝阻，也嫁给了安骥，与张金凤相处如亲姐妹。本书原名《金玉缘》，就是取了十三妹玉凤名字中的"玉"字和张金凤名字中的"金"字，组合而成的。

全书融侠义、公案、言情于一炉，雅俗共赏。其中对清朝年间中国社会世态人情的描绘，宛如画了一幅细致、丰富的清朝社会风俗画。特别是对官场腐败与黑暗的描绘，有些部分就算与极富盛名的《儒林外史》相比也毫不逊色。

不过，全书最成功的地方还在于人物的塑造，尤其是对女主角十三妹的塑造。据考证，十三妹的形象源自明朝凌濛初《初刻拍案惊奇》中的一篇和清朝王士禛的《女侠》，但这两处的人物形象都比较单薄，远不及文康笔下的十三妹鲜活、立体。十三妹是个嫉恶如仇、智勇双全的侠女。小说前半部分，她行走江湖，行侠仗义，既心高气傲，又纯真可人，言语虽然咄咄逼人，却带着几分幽默风趣，可敬又可爱，就算跟其余古典名著中最深入人心的人物相比，也不逊色。可惜到了小说后半部分，她却在一门心思坚守忠孝节义的安学海的影响下，逐渐丧失了侠女气质，越来越循规蹈矩，跟当时的普通女性毫无二致。这便是文康为这位个性鲜明的侠女安排的"归宿"，用温馨的家庭生活收服十三妹"这条孽龙"。可是在今天很多人看来，这种归宿实在是个大大的败笔，严重毁坏了这个人物的性格统一性和人格魅力。

除十三妹外，小说中诸如邓九公、张金凤等人物，也都各具个性，生动形象。即便是今人看来有些迂腐的安学海，性格中也有很讨人喜欢的地方。

而小说的语言也非常有特色，不管是叙事还是对话，都以流利的北京话写成，为此后的京味小说开了个好头。胡适曾评价其"特别长处在于言语的生动，漂亮，俏皮，诙谐有风趣"，十分中肯。

　　《儿女英雄传》自问世之初便广受好评，影响巨大，甚至被誉为"一时杰作"。虽然其中一些价值观令今人难以认同，但作为一部精彩的小说、一部了解清朝世俗生活的史料，依然颇具可读性。

130.《海国图志》

魏源

　　清末洋务运动以"师夷长技以制夷"为指导思想，这句话出自当时一部著名的世界地理、历史综合性著作《海国图志》。

　　《海国图志》问世于道光年间，由魏源编著而成。魏源青年时期入仕为官，满怀爱国热忱，曾在第一次鸦片战争期间，亲赴前线与英军开战。第一次鸦片战争失败后，清政府和英国签订了《南京条约》。魏源因此对清政府失望，便辞去官职，专心著书立说。两年后，他再度进入官场，到各地担任地方官。期间，他在自己管治的辖区内兴修水利，改革漕运，实施了一系列改革，颇有成效。他力主在全国范围内实施改革，希望借此革除弊端，摆脱当时内忧外患的状态，他的著作《海国图志》也是在这段时期完成的。

　　魏源编著《海国图志》，是受林则徐的嘱托。林则徐在广州主持禁烟期间，为了解西方国家的历史与现状，让幕僚把英国人慕瑞所著的一部地理著作《世界地理大全》翻译成中文，亲自编辑、润色，最终完成了《四洲志》一书。全书不到九万字，简单地阐述了亚洲、欧洲、非洲、美洲四大洲三十余个国家的地理、历史、政治状况，是中国近代首部比较系统、完整的世界地理志书。魏源最初开始编著《海国图志》，就是以林则徐主持编译的这部《四洲志》为基础的。

《海国图志》中的大部分内容都是魏源从《四洲志》等著作中摘录编辑而成的，原创的部分很少。除《四洲志》外，书中还引用了中国历朝历代的史志十四种，古今中外的各家著述七十余种，其中外国人的著述差不多有二十种，如英国马礼逊的《外国史略》、葡萄牙马吉斯的《地理备考》等，除此之外还有一些奏折和魏源亲自了解的一些材料。

　　道光二十二年，《海国图志》的初稿出版，共计五十卷。到了道光二十七年，增加到六十卷。此后，魏源又收录了徐继畬的《瀛环志略》及其余资料，扩充到一百卷。其后又经过多次扩充，最终成稿的《海国图志》多达五百卷。

　　书中系统介绍了西方各国的地理、历史、政治状况及大量先进的科学技术，如火轮船、地雷等新式武器的制造与使用，让当时的中国人不光看到了西洋的"坚船利炮"，还看到了西方各国的商业、铁路交通、学校等状况，以及资本主义民主政体如美国的联邦制度、选举制度、议会制度等多方面内容。而这些最终都服务于一个目的，就是"师夷长技以制夷"，即学习西方先进的工业、军事技术，抵抗西方列强的侵略。这一思想对中国产生了深远的影响，清末的洋务运动、资产阶级改良派和维新派也都深受这种思想影响。不仅如此，这部书的影响力还波及海外，对日本的明治维新也发挥了不小的推动作用。

　　不过，这部书也并非十全十美，其维护清政府统治的局限性自然不言而喻，书中摘录的很多内容也未经过充分考证，因此出现了很多谬误。比如将意大利人哥伦布发现了美洲误写成英国人发现了美洲，时间上也出现了很大偏差；又如书中收录的各国地图的位置、距离、形状等很不准确，这些我们在阅读时都要留意。当然，考虑到当时的条件，魏源能做到这种程度已经相当不易。时至今日，这部书依然具有很高的价值。

131.《曾国藩家书》

曾国藩

　　《曾国藩家书》即晚清名臣曾国藩的书信集，收录了曾国藩从道光三十年到同治十年前后写的一千四百多封书信。曾国藩一生功绩卓著，他建立湘军，剿灭太平天国，发起洋务运动，被誉为晚清"中兴第一名臣"，并与张之洞、李鸿章、左宗棠并称为"晚清四大名臣"。关于为什么会有《曾国藩家书》问世，还要从太平天国运动说起。当时，曾国藩作为镇压太平天国的首要功臣，功高震主，引起了在位的咸丰皇帝的忌惮。咸丰皇帝甚至在曾国藩的湘军攻克武汉后说："去了半个洪秀全，来了一个曾国藩。"为了向朝廷表明忠心，曾国藩主动裁减湘军，并将自己隐秘的家书都刊行发表，如此光明磊落，皇帝自然不能再对他起疑心。曾国藩所写的这些家书，内容生动、平实、细致、深刻，从一开始发表便风行全国，直到今天依然广受欢迎。

　　曾国藩为人严谨、恭敬，对书信的格式非常讲究，每封家书都严格遵循称谓、启辞、正文、结语、祝辞、署名的格式，以称谓为例，对不同的人称谓各有讲究：对祖父母最为恭敬，称"孙男国藩跪禀祖父母大人万福金安"或"祖父大人万福金安"之类；对父母也非常恭敬，称"男国藩跪禀父母大人万福金安"或"男国藩跪禀父母大人膝下"之类；对叔父母同样恭敬，称"侄国藩谨启叔父母大人万福金安"或"侄国藩谨启叔父母大人座下"之类，不过不必加上"跪禀"二字；对诸位弟弟随和亲切，称"诸位贤弟足下"或"四位老弟左右"之类，其中"左右"二字表示尊敬；对妻子十分尊敬，称"欧阳夫人左右"，因为他的原配夫人复姓欧阳；对儿子则是发号施令的语气，加上"字谕"二字，其中"谕"就是告知的意思，称"字谕纪泽""字谕纪鸿儿"，"纪泽""纪鸿"是他两个儿子的名字；对侄子虽然也是长辈对晚辈，但语气要客气很多，称"字寄纪瑞侄左右"之类。

而在内容方面，这些家书涉及曾国藩的修身、持家、教子、交友、处世、用人、治学、理财、治军、从政等方方面面，为研究曾国藩乃至晚清社会提供了丰富的资料，而其中大部分内容在一百多年后的今天依然毫不落伍，普通读者能从中汲取丰富的养分。

比如治军、从政方面，这类家书多是曾国藩写给弟弟曾国荃的。彼时曾国荃镇守南京，地位显赫，曾国藩便在家书中劝诫他要戒骄戒躁，沉着冷静，多多思考，并要及早选拔替手。曾国藩还劝弟弟为官要清廉，为政要勤勉，"不寄银回家，不多赠亲族，此廉字工夫也"，"每日临睡之时，默数本日劳心者几件，劳力者几件，则知宣勤王事之处无多，更竭诚以图之，此劳字工夫也"，这些建议无论放在哪个时代都很适用。

又如持家、教子方面，曾国藩在家书中主张勤俭持家，努力治学。他教导弟弟、子侄坚持"勤、俭、谦"三字，"每用一钱，均须三思"，不要因为自己在外有权有势就骄奢放纵，这是"败家之道也"。他不主张将财产留给子孙，因为子孙若有才能，不需要这些财产也能生活无忧，反之，就算有这些财产也会败光。而子孙有没有才能的决定因素就是能否努力治学，有学识的人是不用担心吃不上饭的。

再如为人、处事方面，曾国藩在家书中崇尚坚忍实干，这也是他一生真实的写照。镇压太平天国早期，曾国藩屡战屡败，受尽京师权贵的唾骂，以至于竟羞愤得跳河自尽，幸而被左右救下。后来他想通了，觉得这是磨炼自己的好机会，便发愤图强，咬牙忍受一切挫败与羞辱，正所谓"打落牙齿和血吞"，最终镇压了太平天国，为清廷立下大功。他在家书中用自己的亲身经历，鼓励接连打了两场败仗的弟弟曾国荃。而这个道理在任何领域也都适用，令普通读者都获益匪浅。正是这种跨时代、跨领域的特性，让《曾国藩家书》直到现在依然广为流传。

132.《官场现形记》

李伯元

　　晚清文坛出现了"四大谴责小说"，分别是李伯元的《官场现形记》、吴趼人的《二十年目睹之怪现状》、刘鹗的《老残游记》和曾朴的《孽海花》，其中又尤以《官场现形记》最具代表性。

　　李伯元，名李宝嘉，别号南亭亭长，同治六年出生于江苏常州一个官宦世家、书香门第。他二十六岁考中秀才，第二年去参加乡试，本应榜上有名，却因堂伯父有"叛逆皇法之前科"受到株连而被除名。其后，李伯元到上海谋生。当时正值光绪皇帝在位、国家内忧外患之时，民间维新思潮涌动。李伯元深受其影响，开始投身于报纸行业，担当主编、主笔，揭露黑暗的社会现实，以求唤醒民众，共同挽救将被列强瓜分了的中国。为了揭露官场的黑暗，李伯元还单独创办了一份《世界繁华报》，在上面连载小说，《官场现形记》就是这样写成的。

　　《官场现形记》共六十回，描绘了晚清官场大大小小的官员腐败堕落的丑态：从军机大臣、总督巡抚这种朝廷重臣，到知县典吏这种芝麻小官，无官不贪，个个"见钱眼开，视钱如命"，鱼肉百姓，整个清廷的政治体制已经彻底腐朽，无药可救。

　　作为讽刺文学，《官场现形记》在语言方面借鉴并发展了《儒林外史》的语言。作者描写人物常用白描手法，寥寥几笔，就将人物的模样、性格勾勒出来了，又常采用夸张的手法，进一步凸显人物个性，并且善于描绘细节，使得人物更加栩栩如生。书中塑造的主要人物大多个性鲜明，令人难忘，比如好色、昏庸又喜欢作威作福的胡统领，阴险狡诈的周老爷，猥琐寒酸的赵不了，老奸巨猾的庄大老爷等。但美中不足的是，书中很多人物性格雷同，故事情节也出现了很多重复的地方，整部书给人以冗长、拖沓的感觉，影响了作品的价值。

即使如此，《官场现形记》依然是一部难得的佳作，有着很高的文学价值，特别是社会价值。文学史家陈子展曾评价它是一部社会史料，描绘了当时最下流的上流社会——官场，书中所写的官场现象，便是清朝亡国的现象。文学理论家阿英也表示，《官场现形记》虽然有很多不足，却能让读者了解晚清的政治和社会，当时的政治腐败到何种程度，外国人为什么会看不起中国，中国的官员怎样去迎合外国人，中国官员贪污的原因，百姓所受的荼毒等问题，都能在书中找到答案。

鲁迅曾对比了《儒林外史》和《官场现形记》这两部小说，说二者"尽管各有所长，多有风骨，但从广度和深度看来，还是李伯元冠其首。因为他本身的经历，决定了他充塞爱国情的反骨"。

《官场现形记》问世后，其对晚清腐败官场毫不留情的揭露、批判，在社会上引发了巨大的反响，甚至惊动了朝廷。李伯元接连收到恐吓信、子弹、砒霜之类的威胁物，靠躲在英、法租界才避过了一劫。而由于《官场现形记》在当时实在太受欢迎了，翻版盗印层出不穷。李伯元去世后，这股风气愈演愈烈，后来在上海会审公堂的调停下才确定了版权的归属，这成了晚清文坛借助诉讼维护版权的第一个案例。

133.《盛世危言》

郑观应

　　清末西方列强入侵中国，民族危机空前加剧，国内出现了多部以"救国"为主题的作品，由郑观应编撰的《盛世危言》便是其中之一，这也是他最具代表性的作品，是对他此前两部作品《救世揭要》和《易言》的扩充、完善。

　　郑观应是近代有名的启蒙思想家，并兼具实业家、教育家等多重身份。郑观应十六岁应童子试未中，便奉父亲的命令远游上海，弃学从商，取得了巨大的成功。清朝末年，中国内外交困，内有太平天国等农民起义，外有英法联军发动第二次鸦片战争，强迫清政府签订了《天津条约》《北京条约》等不平等条约。这些都让郑观应深受刺激，萌生了学习西方政治、经济，拯救国家于危难的念头。在此基础上，他逐渐形成了社会改良思想，并于1862年撰写了一部《救时揭要》，于1873年出版。在这部书中，郑观应的社会改良思想尚未成熟，他一方面主张学习西方，另外一方面又认为"一心向善，积现前莫大之功"方是救国之道。

　　就在这段时期，中国又掀起了以"师夷长技以制夷"为口号的洋务运动，郑观应积极参与其中，并阅读了大量相关著作。在这一过程中，他的社会改良思想不断发展、完善。1870—1880年间，他写成了以"自强"为宗旨的《易言》一书，这表明他的社会改良思想已经初步成型。

　　"易言"这个书名取自《诗经》中的一句话"无易由言"，

意思是不要轻易发言，显示了郑观应谦虚谨慎的态度。全书共两卷，三十六篇，上卷论述了公法、税务、鸦片、商务、火车、电报、开垦、船政等内容，下卷论述了考试、边防、火器、开矿、机器、议政、吏治、传教、水师、练兵、医道、疏流等内容。其内容关系到国家制度的方方面面，总结其主旨便是消除国内传统陋习，学习西方先进的科学技术，发展工业，奖励通商，富国强兵，并与外国建立平等的外交关系。

《易言》出版于1880年。1881年，郑观应将原稿的三十六篇删减、合并成二十篇再版。第二版比第一版明显倒退了，删除了第一版中很多精华内容，并流露出回归"天朝上国"的心态。不过，郑观应对社会改良思想的发展并没有就此止步。1894年，他终于在此前两部著作的基础上写出了振聋发聩的《盛世危言》。

由于当时政局动荡，郑观应在商场中接连遭受重创，心力交瘁，索性退隐澳门，将所有精力都用于扩编《救世揭要》和《易言》。最终成书的《盛世危言》，已经形成了成熟、完整的维新体系，提出了一个全面系统地学习西方社会的纲领。书中对中国落后于西方的很多方面直言不讳，并有针对性地提出了在政治、经济、教育、舆论、司法等多个方面改造中国社会的方案。在政治方面，提出建立议会式立宪政体，同时将政治向传媒公开，接受各方评论；在经济方面，在民间组建工商业团体，积极发展现代工业；在教育方面，从基础教育到高等教育都提出了很多新的见解；在司法方面，指出中国的法律与运用皆残暴、黑暗，要向西方学习借鉴。

在《盛世危言》中，尤为引人注目的是经济方面的"商战"论，这是郑观应经济思想的核心，也是他的首创，一如书中封面题词所言："首为商战鼓与呼。"郑观应将帝国主义对中国的侵略手段分为两种：一种是军事侵略，即"兵战"；一种是经济侵略，即"商战"。其中，商战比兵战更加隐蔽，危害更大，所以在反抗敌国侵略时，应将商战放在比兵战更优先的位置。所谓"习兵战不如习商战"，就是与其建造新式武器，用西方的方式练兵打仗，不如像西方一样竭尽所能发展商业。而要做到这一点，就要破除中国几千年以来的"以农为本""重农抑商"的陈旧观念，从传统农耕经济转变为现代工业经济，从传统自给自足的自然经济转变为现代市场经济。为此，需要建立近代企业制度，订立明确的行事规则并有效执行。另外，由于商战要用到大批现代商务人才，政府不仅要改变中国传统的士农工商等级结构，提升工商业者的社会地位，提升其素质，还要在中央六部之外设立商部，支持工商业者发展实业，并要提升相关行政工作者的素质。

《盛世危言》出版之际，中日甲午战争即将爆发，国内民族危机不断加剧，书中提出的"富强救国"的主张立即在社会上引发了巨大的反响，被誉为"医国之灵枢金匮"，在市场上极为畅销，先后重印二十多次。期间，根据时局变动，郑观应不断对书的内容予以增补，令其更加完善，将其变为了中国近代出版史上版本最多的书。清朝末年的维新派和革命派的代表人物康有为、梁启超、孙中山等，都深受这部著作的影响。书中提出的改良观念与商战理论，对中国近代思想史和商业发展也产生了非常深远的影响。而书中对当时很多社会问题的思考，就算到了今天也依然具有很强的现实意义，所以我们在阅读时不用担心这部已经问世一个多世纪的著作会落伍。另外，由于本书和此前的《救世揭要》《易言》两部著作的承继关系，若将后两部作品一并找来阅读，会对郑观应思想的前后变化有更全面的了解。

134.《天演论》

严复译

　　在清末出现的以"救国"为主题的作品中，由翻译家严复翻译的自然科学著作《天演论》占据着相当重要的地位。此书的原作者是英国生物学家赫胥黎，他因捍卫查尔斯·达尔文的进化论而有"达尔文的坚定追随者"之称。1859年，达尔文的《物种起源》出版后，其中提出的进化论观点在英国社会上引发了巨大的争议。很多科学家和教会领袖都对该观点发起了猛烈抨击。赫胥黎却选择站在达尔文这边，耗费数十年时光，验证了达尔文进化论的正确性。在此基础上，他写成了一部宣传达尔文进化论的通俗小册子《进化论与伦理学》，前半部分讲述进化论，后半部分讲述伦理学。《天演论》就是严复选取书中的进化论部分翻译而成的。

　　严复早年曾到英国留学，对西学产生了浓厚的兴趣。回国后，他积极投身于国内教育，宣传维新变法思想，并系统介绍了西方的民主与科学，将西方的社会学、政治学、经济学、哲学、自然科学介绍到中国，产生了巨大的影响。

　　《天演论》便是严复倡导西学的重要工具。严复翻译、出版这部著作，前前后后总共经历了三年，而这三年正值甲午中日战争期间，中国的民族危机空前加深，维新运动持续高涨。严复翻译这部著作，就是为了警醒民众，拯救民族危亡。1897

年 12 月，《天演论》在天津的《国闻汇编》上首次发表。

作为一名优秀的翻译家，严复提出了"信、达、雅"的翻译标准，为之后的众多翻译家所推崇。他翻译的《天演论》古雅耐读，这也是此书广受欢迎的重要原因之一。而在翻译期间，严复特意选择了意译，不完全依照原文，很多时候还会联系中国当时的实际状况，进行演绎。因此，《天演论》不光是他的翻译作品，也是他的原创作品。鲁迅曾说严复是"做"过《天演论》的，一个"做"字，生动展现出了严复为本书付出的巨大心血。

成书后的《天演论》分为导论和正文两部分，其中导论十八篇，正文十七篇，每篇都有严复自己加的题目，其中有二十八篇都有严复添加的按语。借着书中提出的生物进化观点，严复阐述了自己救亡图存的主张："物竞天择，适者生存"，"时代必进，后胜于今"。他指出，动物、植物之间都存在着生存竞争，"适者生存，不适者淘汰"，人类也是一样。而决定人类能否在竞争中取胜的因素，不是人数的多少，而是力量的强弱。面对空前的民族危机，中国人不能再盲目自大，沉浸在天朝上国的美梦中，一定要努力变弱为强，才能避免亡国灭种的悲剧。

在当时的社会环境中，《天演论》提出的这些观点对国人来说宛如当头棒喝，该书一经问世便引发了巨大的反响。出版后短短几年便风靡全国，甚至成了学校的教材、中学生的普及读物，书中诸如"天演""物竞""天择""适者生存"等新名词，迅速出现在国内的报纸刊物上。在出版后的十余年间，《天演论》总共发行过三十多种不同的版本，这是当时其他任何西学书籍都无法比拟的。很多名人、学者也都对本书推崇备至，康有为读过此书后，称严复"译《天演论》为中国西学第一者也"。著名文学家吴汝纶读过此书后，盛赞自中国翻译西书以来，无此鸿制，并亲手将全书从头到尾抄录了一遍。而当时年轻的鲁迅第一次读《天演论》时便手不释卷，"一有闲空，就照例地吃侉饼、花生米、辣椒，看《天演论》"。

除《天演论》外，严复还翻译了亚当·斯密的《国富论》（取名《原富》），孟德斯鸠的《论法的精神》（取名《法意》）等多部西学著作。大家如果有兴趣，可以在读《天演论》之余，读一下严复的这些译作。

135.《老残游记》

刘鹗

　　中国古代文学作品中不乏揭露官场黑暗的佳作，但说的多是贪官，极少有揭露"清官"暴政现象的。在这方面，清末的《老残游记》开了个先例，"历来小说皆揭赃官之恶，有揭清官之恶者，自《老残游记》始"。

　　《老残游记》是清末刘鹗创作的一部中篇小说，全书共二十回，名列"晚清四大谴责小说"之一。光绪二十九年，即1903年，刘鹗以"鸿都百炼生"的笔名首次将本书发表在《绣像小说》半月刊中。刊登到第十三回因故中断，后来又在《天津日日新闻》上重新发表了全文。"老残游记"这个书名源自书中讲述的一个名叫"老残"的江湖郎中的游历见闻。老残靠行医为生，四处流浪。他为人是非分明，侠肝义胆，对受苦受难的百姓满怀同情，倾尽所能帮助他们。

　　书中主要塑造了两个"清官"的形象：玉贤和刚弼。二人为官清廉，不贪污，不受贿，符合一般意义上的清官。但相较于那些贪污受贿的贪官，他们却有着更加强烈的欲望，就是权势。为了"做大官"，他们在辖区内严刑逼供，制造冤案，草菅人命。玉贤在曹州府为官不足一年，就用酷刑害死了两千多条人命，其中九成半是无辜的良民。辖区内发生了案件，他不详加调查，只凭主观臆断，认定谁是案犯，就将其抓起来施以酷刑，最终将其折磨至死。刚弼也同样如此，断案全凭自己的主观臆断。贾家十三口人被杀的大案，他只凭主观臆断就确定了嫌犯，将其屈打成招，酿成千古冤案。

这些所谓的"清官"造成的危害，比那些贪污受贿的贪官更甚。一如书中所言："赃官可恨，人人知之；清官尤可恨，人多不知。盖赃官自知有病，不敢公然为非；清官则自以为不要钱，何所不可？刚愎自用，小则杀人，大则误国。"

《老残游记》不光揭露了当时社会上存在的问题，还提出了解决的办法。刘鹗认为，唯一的办法就是引进西方文明，修补残破不堪的国家，这在当时颇具进步意义。

《老残游记》自1903年出版后，就在民间和学者中间引起了极大的反响。鲁迅、胡适、林语堂等都对其有很高的评价。国学大师周汝昌将这部作品的文学成就放在同时期出现的《儿女英雄传》《镜花缘》和《海上花列传》等多部著作之上，称其不光是一部谴责小说，更是一部内涵丰富的综合性作品。在国际上，《老残游记》也颇具影响力，堪称中国近代小说中在国外影响最大的一部，被翻译成英语、法语、德语、日语、俄语等多种语言，广为传播。

刘鹗在写完《老残游记》后，又创作了一部《老残游记》续，据说有十四回，现存九回。阅读《老残游记》时，也可以顺便读一下这部续作。

136.《孽海花》

曾朴、金松岑

二十世纪初，曾有一部历史小说在国内出版发行，引发轰动，短短一段时期内先后再版十余次，销售十万部左右，成了当时首屈一指的畅销书，这便是由曾朴、金松岑合著的《孽海花》。

小说最早由金松岑开始创作。1903年，他首先在杂志上发表了前两回，之后又将已经完成的前几回原稿寄给曾朴创办的小说林书社。曾朴看过后，认为小说的题材很好，为之后的创作提供了一些建议。可由于金松岑并非小说家，而是一名诗人和国学家，因此他在跟曾朴商议确定了全书的回目后，决定将之后的内容交由曾朴续写。曾朴花费三个月的时间，一口气写了二十回，由小说林书社在东晋印刷成册出版。《小说林》杂志创刊后，继续发表至第二十五回，此后又陆续发表了后续内容。

成书后的《孽海花》共三十五回，二十多万字，以状元郎金雯青和名妓傅彩云的婚姻生活为主线，讲述了同治中期到光绪后期三十年间中国的政治、文化变迁，其中或隐或现地展现了当时的一系列重大历史事件：中法战争、中俄领土争端、甲午中日战争、台湾军民反抗侵略、洋务运动、维新派兴起、资产阶级革命派领导的广州起义失败等。

全书的结构相当别致，采用"珠花"式结构，曲折回旋，将零散、繁杂的故事井井有条地连在一起，达到了浑然一体的效果。用曾朴的话来解释会更加形象："譬如穿珠，《儒林外史》等是直穿的，拿着一根线，穿一颗算一颗，一直穿到底，是一根珠练；我是蟠曲回旋着穿的，时放时收，东西交错，不离中心，是一朵珠花。"

作为一部历史小说，《孽海花》有别于中国传统意义上的历史演义小说，具备了近代意义。它将小说的故事情节跟真实的历史事件相结合，塑造出"个人与社会历史命运更紧密结合的人物"，"把小说提升到了历史哲学的地位"。而这要归功于曾朴对十九世纪法国两位伟大的作家大仲马和雨果的历史小说的深入研读。

小说篇幅不算太长，却塑造了近三百个人物，其中最出彩的要数以当时的名妓赛金花为原型的女主角傅彩云。她出身贫寒，沦落风尘，是姑苏城中的花魁，嫁给状元金雯青为妾，跟随金雯青出使西方各国。在此期间，她自信大胆，言行放纵不羁，又能操外语，在外交场上如鱼得水，无拘无束。相较于迂腐无能的男主角金雯青，傅彩云这个角色光彩照人，具备了现代女性的很多特质，就算放在现在也依然极具魅力。

除傅彩云外，书中还有很多人物也都以真实历史人物为原型，如翁叔平以翁同龢为原型，梁超如以梁启超为原型等，从而更增加了小说的历史真实性。

在语言方面，《孽海花》具有浓郁的人文风味，文笔上佳，旁征博引，含蓄隽永。可惜物极必反，书中引用的典故、史实太多，导致对当时的历史文化背景欠缺了解的读者，时常无法理解其中的言外之意。这就好比中国观众看美国喜剧，因为对美国社会文化了解不够深，所以很多笑点都无法领会。我们在阅读《孽海花》之前，不妨先翻阅一下清末的历史资料，相信会对理解小说的主旨有所帮助。

　　作为近代历史小说的代表作，《孽海花》深受读者欢迎，众多文化界名人也对其评价颇高。当时有名的小说研究专家蒋瑞藻曾说："近年新撰小说风起云涌，无虑千百种，固自不乏佳构。而才情纵逸，寓意深远者，以《孽海花》为巨擘。"鲁迅也称赞其"结构工巧，文采斐然"。不仅如此，小说还传播到了海外，被翻译成多种文字广为流传，产生了深远的影响。

137.《人间词话》《红楼梦评论》 《观堂集林》

王国维

谈到美学，就不能不提一部著作——《人间词话》。这是清末著名国学大师王国维所作的一部文学批评著作，被后世奉为美学著作的经典。

清光绪年间，王国维出生于浙江海宁一个书香世家。1895年中日甲午战争过后，大量西方科技文化涌入中国，王国维在接触到这些全新的文化与思想后，萌生了追求新学的强烈愿望。他阅读了大量相关读物，并热切盼望能出国留学。二十一岁那年，他来到上海求学。他二十三岁那年如愿以偿，到日本东京留学，回国后在南通师范学校、江苏师范学堂等任教。

在接受了西洋美学思想的洗礼后，王国维从全新的角度评论中国旧文学，于1908年写成了他最负盛名的代表作《人间词话》。"词话"就是评论词、词人、词的流派等的作品，始于宋朝，宋朝杨绘所作的《时贤本事曲子集》便是中国最早的词话专著，可惜现在已经失传。王国维的《人间词话》的体例、格式与此前的词话作品没有显著区别，但其中融入了一些全新的观念与方法，在理论方面达到了很高的水准。

全书最引人注目的是提出了"境界"说，这是整部书的核心与纲领，也是批评的标准，无论是推导诗词的演变，还是评论词人的得失、作品的优劣、词品的高低，都以"境界"为切入点。于是，"境界"说便成了全书批评理论的起点与归宿。王国维的美学思想深受德国哲学家叔本华的影响，同时又有自己的创新。叔本华只强调天才拥有赤子之心，贬低普通人的境界，王国维却在《人间词话》中对普通人的境界相当看重。叔本华重视的是智力，王国维重视的却是感情，"能写真景物、真感情者，谓之有境界"。这种"境界"说与用形象展现现实的艺术规律彼此相通，要求创作者既要深入生活，又要凌驾于生活之上。"境界"说明确揭露出了艺术境界内部的特殊矛盾，即"情"与"景"的多样化与对立统一，那些丰富多样的文学艺术作品就是在此基础上形成的。

　　《人间词话》自问世之初便获得了极高的评价，在中国美学史上占据着相当重要的地位。如若阅读中国的美学著作，这部作品不容错过。

　　除《人间词话》外，王国维的代表作还有《红楼梦评论》《观堂集林》等。《红楼梦评论》是王国维在叔本华的哲学思想基础上，从《红楼梦》的故事内容、人物塑造方面入手，系统研究《红楼梦》题旨与美学、伦理学价值的红学著作，是红学研究史上重要的代表作之一，也是中国首部中西文学比较研究论文。对红学感兴趣的读者，不妨找来这部作品读一下。

　　《观堂集林》是王国维的一部自选文集，收录了他后半生为数不多但成就颇高的代表作。书中涉猎的学科领域极为广泛，有殷墟卜辞、两周金文、战国文字、西域汉简、汉魏石经、敦煌文书、铜器定名、殷周礼制等十余种，是中国学术史上的不朽佳作，非常值得一读。

138.《革命军》

邹容

二十世纪初,中国出现了一部宣传反清斗争的著作——《革命军》。它有"国民教育之第一教科书"的美誉,作者是中国近代著名资产阶级革命家邹容。

邹容出生于光绪十一年,即1885年。当时,清政府已经腐败不堪,科举考试制度也已彻底没落,但很多读书人依然固守着科举入仕的信念。邹容是其中的异类,他自幼便受改革变法思想和西学著作的影响,鄙视功名,拒绝参加科举考试。戊戌变法过后,邹容对为变法牺牲的谭嗣同十分钦佩,曾作诗歌颂他以自勉。十七岁时,邹容自费到日本留学。当时,日本已通过明治维新走上资本主义发展的道路,这对于中国颇具借鉴意义。邹容在日本深受资本主义民主思想的影响,并阅读了卢梭的《社会契约论》、孟德斯鸠的《论法的精神》等与法国大革命和美国独立战争相关的书籍,民主思想达到了极高的水准。期间,他积极参与当地的中国留学生组织的爱国活动,不断发表革命演说,并开始创作《革命军》。可惜第二年,他便因发表这些革命言论,被清政府联合日本政府逼迫回国。此后,邹容来到上海,继续写作《革命军》,宣传革命思想。

1903年5月,《革命军》由上海大同书局出版发行,由章太炎为其作序。其后,《苏报》也发表了邹容写的《革命军》

自序及相关的评论文章。《革命军》全书共计两万余字，分为七章，分别是绪论、革命之原因、革命之教育、革命必剖清人种、革命必先去奴隶之根性、革命独立之大义及结论。书中开篇就热烈歌颂了革命事业的伟大，并指出资产阶级革命是历史发展的必然规律。面对当时内忧外患的局势，书中又提出了"欲御外侮，先清内患"的主张，彻底揭露出清政府的真面目——对内是压迫百姓的牢笼，对外是西方列强的走狗，因此必须要以革命方式推翻清政府的统治。在这一点上，邹容明显有别于保皇派的康有为、梁启超等人，他的民主思想更加进步，也更加彻底。另外，书中还指出，推翻清政府之后，要建立资产阶级民主共和国，并提出了具体的建立方案，包括二十五项纲领，如"定名中华共和国"，"建立中央政府为全国办事之总机关"，"于各省中投票公举一总议员，由各省总议员中投票公举一人为暂时大总统，为全国之代表人，又举一人为副总统，各府州县又举议员若干"，"凡为国人，男女一律平等，无上下贵贱之分"，"不得侵人自由，如言论、思想、出版等事"等，很多内容就算放到现在也毫不过时。

《革命军》的这些内容，相当于公然"劝动天下造反"，一经发表便宛如一声春雷，炸开了彼时万马齐喑的中国大地，引发了空前的反响，甚至波及海外，惊动了全世界。全书饱含激情，语言又通俗易懂，因此在民间传播极广，"国民教育之第一教科书"的名号也由此而来。鲁迅曾评价其说："倘说影响，则别的千言万语，大概都抵不过浅近直截的'革命军马前卒邹容'所作的《革命军》。"辛亥革命期间，《革命军》印刷了二十多版，总印数超过一百一十万册，堪称清朝末年最畅销的革命书刊。